Home Sweet Home

ホーム・スウィート・ホーム

杉本彩子

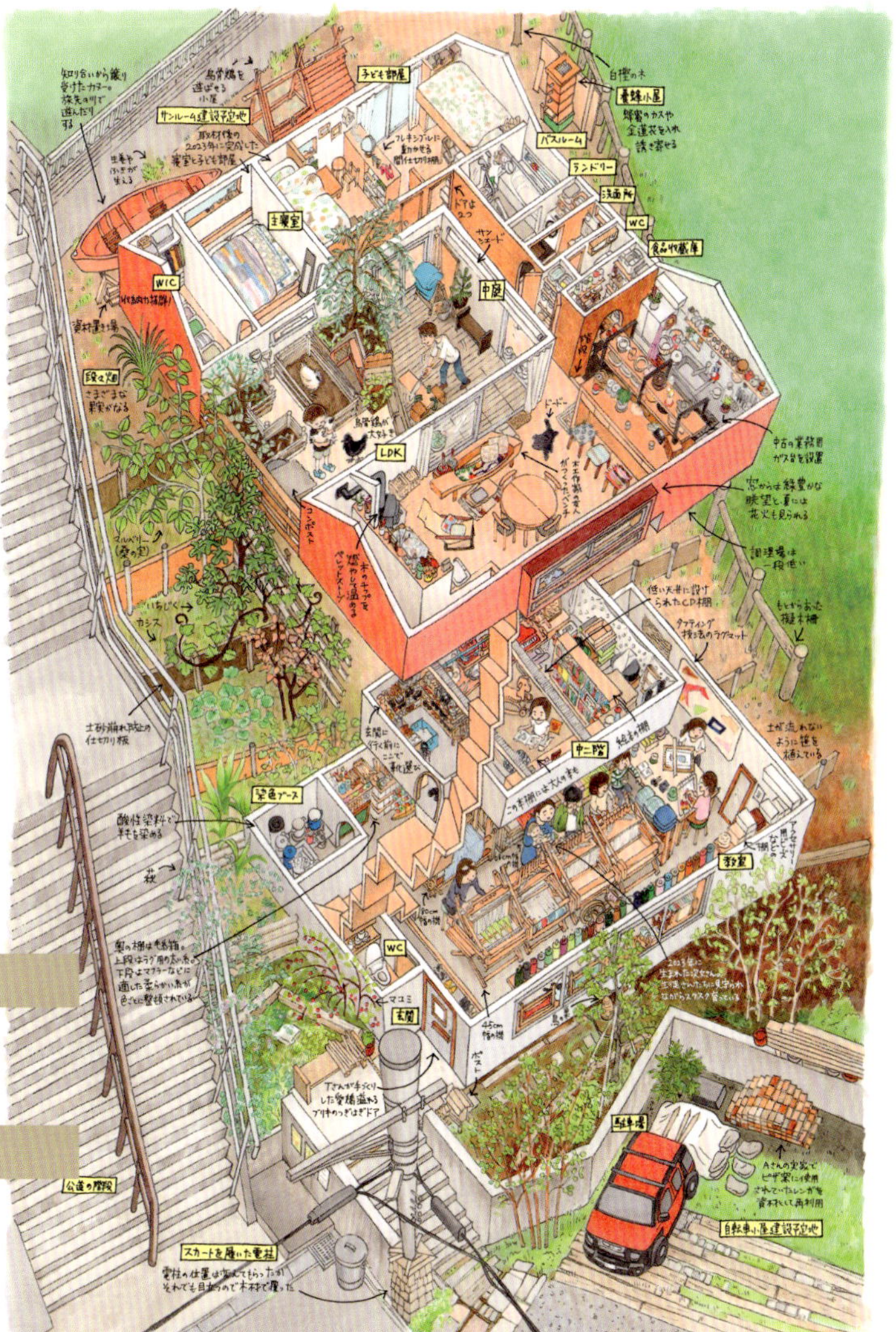

工作舎

目次

序章
家を巡る旅に出る前に
ヤドカリの渦紋の中から生まれるかたち……………004
SS［著者／立体・平面イラストレーター〈妻〉］／HS［彫刻家〈夫〉］
賃貸｜3LDK／建物面積76・64㎡｜東京都

第一章
牙《が》城《じょう》を築く

縦横斜めに線が遊ぶ
三角形の箱庭と小さきものの世界……………012
NUさん［ぬいぐるみデザイナー〈妻〉］／MUさん［クリエイティブディレクター〈夫〉］
持ち家｜3LDK／建物面積87㎡｜東京都

螺旋のリズムを内に秘めた
富士塚の傍《かたわ》らのモノリス……………026
APさん［写真家〈夫〉］／KTさん［漆工芸作家〈妻〉］
持ち家｜4SLDK／建物面積133・31㎡｜東京都

デカダンとまがい物の美学
私が私でいるために……………038
KNさん［写真家〈夫〉］／UNさん［画家〈妻〉］
持ち家｜2LDK／建物面積約50㎡｜京都府

Home Sweet Column──1　家も主役の映画やドラマ　その一……………048

第二章
蒐集と向き合う

造形作家夫妻が集める
蠟人形春子と愉快な仲間たち……………050
YFさん［造形作家〈夫〉］／MFさん［造形作家〈妻〉］
賃貸｜2LDK／建物面積47・5㎡｜東京都

電音土蔵空間から放たれる音響は
すべての境界を溶かしていく……………062
MYさん［文筆家〈夫〉］／KYさん［編集者〈妻〉］
賃貸｜住居：1SDK、仕事部屋：2R、倉庫：7R＋土間／面積不明｜埼玉県

権力者の肖像画が壁を埋める
プロパガンダグッズ・コレクターの家……………076
KHさん［映像ディレクター］
賃貸｜1DK／建物面積39・1㎡｜東京都

Home Sweet Column──2　家も主役の映画やドラマ　その二……………086

第三章 受け継ぎ 活かす

陶芸家夫妻が蘇らせた
築一五〇年の京風町家……088
YNさん［陶芸家〈夫〉］／UNさん［陶芸家〈妻〉］
賃貸｜7DK＋ギャラリー＋工房＋窯場／建物面積約400㎡｜滋賀県

絶やさぬ囲炉裏の火のように
受け継がれてゆく小さな家族の物語……104
YMさん［調律師〈夫〉］／SMさん［コンビニ店員〈妻〉］
住み込みの管理人｜3LDKS／建物面積約50㎡｜福井県

Home Sweet Column――3 住宅建築が観察できる施設案内……118

第四章 旅の途中でたたずむ

遊牧民のゲルか、宇宙船地球号か
軽やかに人生を愉しむドームの基地……120
MTさん［本屋〈夫〉］／JTさん［セラピスト〈妻〉］
持ち家｜1LDK＋ロフト＋ライブラリー／建物面積約70㎡｜長野県

旅の途中のスナップショット
仮住まいのヴィラから眺める異国の街角……134
AIさん［書家・飲食店経営者〈妻〉］／HSさん［文筆家・飲食店経営者〈夫〉］
賃貸｜3DK／建物面積約50㎡｜ソウル特別市

花から花へと舞い飛ぶ蝶の
生き抜く糧が詰まった小さな部屋で……148
MUさん［ミュージシャン・タイ料理研究家］
賃貸｜1K／建物面積約20㎡｜東京都

Home Sweet Column――4 本書の指針となった書籍たち……164

第五章 ともに生きる

あざやかに織りなす糸のように
人と自然が交差する空中農園……166
AIさん［テキスタイル作家〈妻〉］／TWさん［会社員〈夫〉］
持ち家｜4SLDK／建物面積約120㎡｜東京都

米軍ハウスのバナナの葉蔭
文化の渦から生まれるグルーヴ……176
KTさん［ミュージシャン・デザイナー］／NOさん［写真家］
賃貸｜3LDKS／建物面積79・33㎡｜東京都

小川のほとりの小さな納屋で
山と谷を蘇らせる守人の叙事詩……202
TYさん［文筆家、写真家、絵本作家〈夫〉］／KYさん［パート職員、翻訳家〈妻〉］
持ち家｜1LDK／建物面積約45㎡｜福井県

終章

記憶の中の家を俯瞰する
増築を重ねて迷宮化した、昭和初期の文化住宅……238
著者の生家　祖父の持ち家｜O家：11DKS＋書庫＋土間、M家：4DK〈二世帯住宅〉／面積不明｜東京都

あとがき……244

序章——家を巡る旅に出る前に
ヤドカリの渦紋の中から生まれるかたち

SS〔著者／立体・平面イラストレーター（妻）〕
HS〔彫刻家（夫）〕

賃貸｜3LDK
建物面積76・64㎡｜東京都

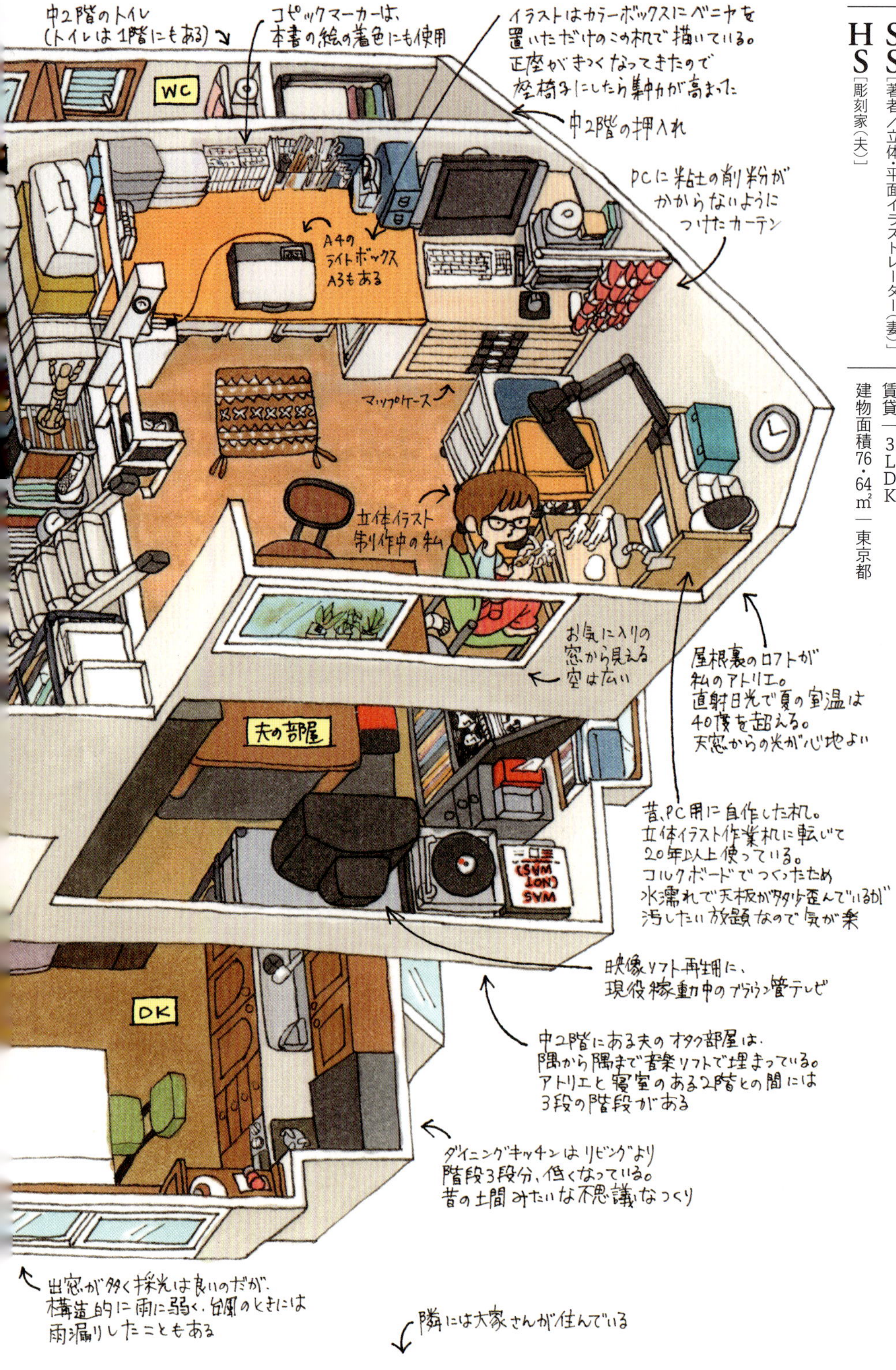

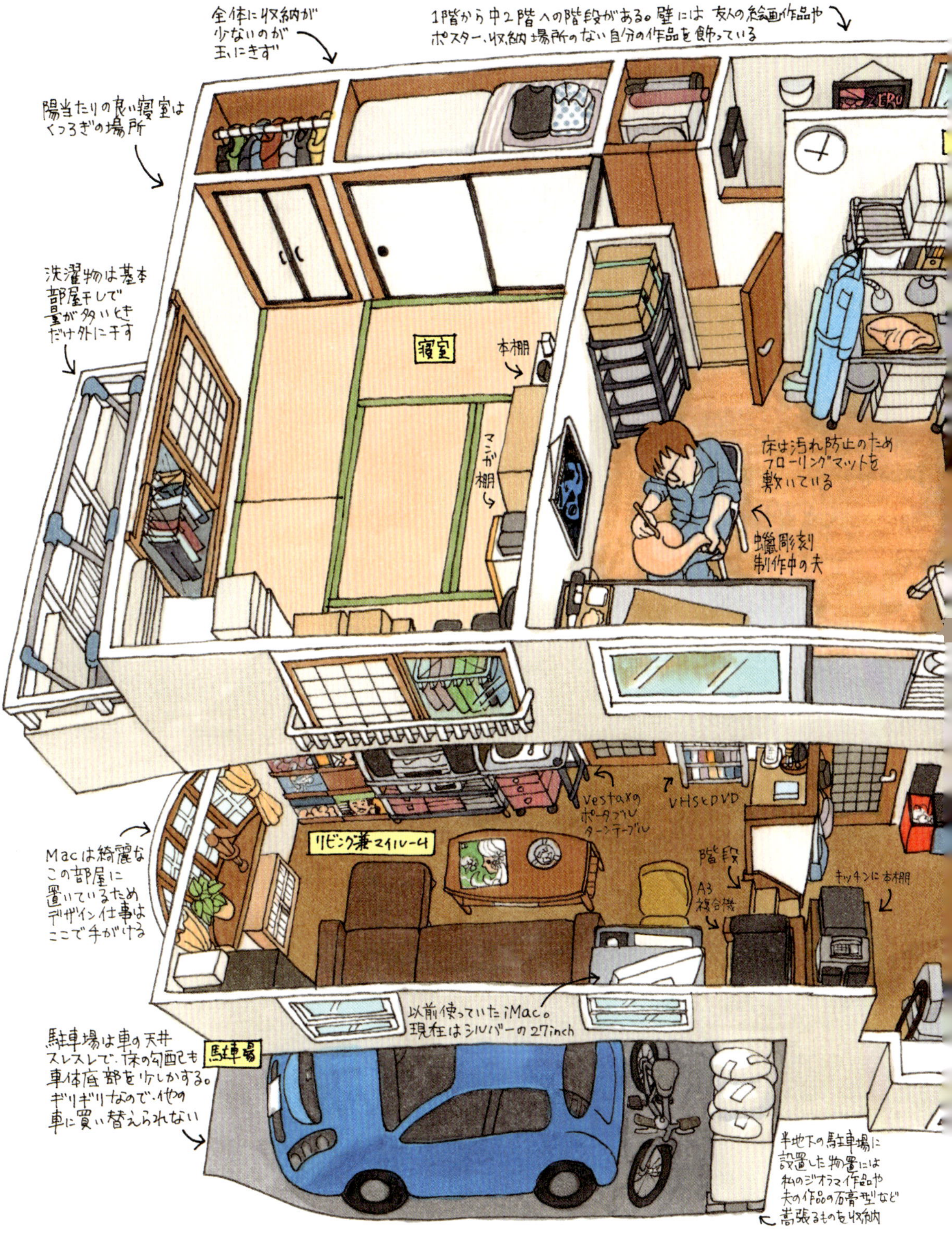
全体に収納が少ないのが玉にきず
1階から中2階への階段がある。壁には友人の絵画作品やポスター、収納場所のない自分の作品を飾っている
陽当たりの良い寝室はくつろぎの場所
洗濯物は基本部屋干しで量が多いときだけ外に干す
寝室
本棚
マンガ棚
床は汚れ防止のためフローリングマットを敷いている
蠟彫刻制作中の夫
Vestaxのポータブルターンテーブル
VHSとDVD
リビング兼マイルーム
Macは綺麗なこの部屋に置いているためデザイン仕事はここで手がける
階段
A3複合機
キッチンに本棚
以前使っていたiMac。現在はシルバーの27inch
駐車場
駐車場は車の天井スレスレで、床の勾配も車体底部を少しかする。ギリギリなので、他の車に買い替えられない
半地下の駐車場に設置した物置には私のジオラマ作品や夫の作品の石膏型など嵩張るものを収納

韓国の民族衣装
「チマチョゴリ」
ボリビアの民族衣装
「チョリータ」
著者がkucciのペンネームでつくっている立体イラスト。『プレNEOシリーズ せかいの図鑑』（小学館）「せかいのふく」で制作した人形。ビジネスマンの人形や、ジオラマ、報道番組のスタジオに置く政治家の人形をつくることも

家探しの悩み

多くの人のプライバシーを拝見させていただく前に、まずは自分を曝け出さなければと最初に描いたのが、現在私が住んでいるこの家だ。二〇一四年に描いた絵だが、今もほとんど変わっていない。

私は本書に掲載しているようなイラストも描くが、立体物もつくっている。人形やジオラマをつくって写真に撮り、イラストとして使用する「立体イラスト」を手がけてきた。

一緒に暮らす夫は、より大きな立体物をつくっている。以前は東京タワーにあった蠟人形館で、蠟人形の制作やリメイク、修理の仕事をしていたが、今は自分の作品づくりに没頭している。

二人とも場所をとる変わった仕事なので、広めで近隣への影響も少ない一軒家の賃貸に住んできた。物件数が限られるため、いつも探すのに苦労してきた。

特にマンションは、判で押したように同じ間取りの3LDKばかりが目立つ。総務省統計局の二〇二二年の労働力調査によれば、就業者人口の八九・九％を雇用者が占める日本で、売り出しやすい間取りなのだろう。でもあまりに多すぎるため、家族のかたちはこうじゃなきゃダメと言われているような気がしてくる。

「子どもは二人。雇用者なら家で過ごす時間も少なく、寝室も同室が望ましいため、夫妻の部屋は一部屋で十分」と。

そして妄想が炸裂する。

この間取りは理想の家族のかたちに当てこむ型で、不動産業界はピッタリはまる人間だけを大量生産する工場なのだ。でも型にはまらない〝不良品〟はどうなるのだろう。ベルトコンベアの傍のゴミ箱にポイッと捨てられてしまうのか？

なかなか理想の間取りにたどりつけない腹いせにいつもそんなことを考えていた。あまりに均一化しすぎている。もっとさまざまな生き方に寄り添った家のかたちがあっても良いではないか、と。

とはいえ、そんな家を自前で建てる資金もなく、ありものから探さなければならないのが現実だ。おまけに夫は私以上にこだわりが強く、転居のたびに二〇軒以上内見してもウンとは言わない性格。

結婚して最初に住んだ二軒は、そんな夫に痺れを切らした私が無理やり決めた物件だった。でもどちらも諸事情あって、四年で退去する羽目に……。

賃貸暮らしはつらいよ

これまで住んできた物件は、必ず隣に大家さんが住んでいた。

一軒目の大家さんは、夫が有名な広告代理店に勤めている専業主婦の妻。実家の庭先に小さな一軒家を建てて住んでい

たが、親が亡くなったため母屋に引っ越し、住んでいた家を貸し出したのだ。

道で会うと朗らかに挨拶してくれる明るい人だった。庭のウッドデッキで頻繁にホームパーティーを開き、いつも賑やかにしている社交家だった。

でも三年目のあるとき、急に退去通知が届いた。定期借家なのでしょうがないが思っていたより早かった。契約時には「数年ということはない」と聞いていたのだ。家の前で顔を合わせると、

「ごめんね〜！　娘が〝できちゃった結婚〟して、お金がなくなっちゃったみたいなの〜」

と、いつもの明るい調子で言われ、

「娘がね、いろいろ夢があるみたいで、家具を買いたいようだから、家の中を計らせてくれないかしら？」

と頼まれたので断った。

二軒目は、二階に小さな部屋を三世帯貸しているアパートの一階部分、もともと大家さんが住んでいた広い部屋だ。都心に近いが家賃が高く、築深で安普請の家だった。こちらの大家さんも隣に新築の家を建てて住み替えたのだ。

この方は九〇歳と高齢で、庭で頻繁にゴミを燃やしていた。郊外ならともかく豊島区の住宅街の小さな庭で焚き火をするのは危険だった。

東日本大震災の直後に契約更新があり、焚き火をやめてくれたら更新すると約束した次の日に、早速焚き火をした。同居の息子に相談すると「先も短いから自由にさせたい」と話にならず、退去することにしたが、急だったので家探しに手間取った。すると今度は息子の妻が、

「住むところがないんなら、田舎にでも帰ったらどうですかぁ？」とか、

「私が勤める会社の弁護士に相談して、退去勧告を出すこともできるけどぉ」

と、なんだかやけに煽ってくる。

しまいには敷金も返してくれなかったので逆にこちらから訴えた。敷金の大半は返ってきたが、向かいに住み、仲良くしていたご近所さん（この方もまた大家さんだった）に「訴えるなんてかわいそうだ」と言われたのが悲しかった。

追い出される、ということを経験している人は結構いると思う。けれどそのこと自体より、そのたびにかけられる心無い言葉に傷ついた。人が生きていく上で大事なのは「衣食住」だ。「衣」と「食」は簡単なのに、なぜ「住」だけこれほどハードルが高いのか。そのことは本書を書く上で、常に頭の隅に置いている。

というわけで、住まいにはまあまあ悩まされてきた私たちが、ようやく気に入って一〇年以上住んでいるのがこの家なのだ。そして、この家を見つけてきたのは、珍しく夫の方だった。

螺旋状の回転みたいな家

夫はこの家を見つけてきたとき、「螺旋状の回転みたいな家」と言った。

それって、どんな家？

実際は俯瞰図を見てもわかるように、一九八〇年代以降にありがちな、半地下の駐車場と大きめのロフトがあって、上下ともに確保出来る高低差を最大限に活

かした省スペースな一軒家だ。

その構造上、どうしても階段が多くなる。構図の都合で描けなかったが、LとDKの間以外にも、門と玄関の間、玄関と洗面所の間、一階と中二階の間、中二階と二階の間、そしてロフトへの梯子と、合計六つもの階段がある。でも夫はそこに魅力を感じたようだった。

「リビングとダイニングキッチンの間にまで三段の小さな階段があることが、部屋を移動するだけで気分転換のスイッチを入れるしかけになる」

階段を昇り降りする運動が小さなリズムを刻み、それが次第に大きな回転運動となって家中を駆け巡り、最終ステージのロフトの天窓から空に抜けて行くようだ、と。たかだか階段に、なんともリズミカルで壮大なイメージを抱いたようだが、いかにも彫刻と音楽が好きな夫らしい発想だった。

でも実際、日常生活から制作時間へと切り替えるスイッチは、フリーランスの私たちにとって大事なことだった。

物をつくる人の家

この家の隣にも大家さん一家が住んでいる。やはり隣に新居を建てて引っ越したため、住んでいた家を貸し出しのだ。

入居後すぐに気づいたのは、どうやら大家さんが内職をしているようで、日中いつでもミシンの音がすることだった。スゴゴ、スゴゴと鳴るその音を聞いていると、なぜだかとても安心した。物をつくる音というのは聞いていて心地が良いなと感じたのだ。

内見のときの様子から察するに、おそらく以前は私たちがアトリエにしている部屋で内職をしていたのだと思う。住み心地が良いのは、物をつくる人が建てた家だからかと、妙に納得してしまった。

コロナ禍のときは手づくりのマスクをプレゼントしてくれた。その頃を境に内職の仕事も引退したようで、最近は音が聞こえず少し寂しくなった。けれど変わらずご健在で、一人で散歩されている姿をよく見かける。会うと、はにかんだような笑顔で挨拶してくれる。

この家に長く居られるのは、大家さんが良い人だからという理由もある。そう考えると大家さんのパーソナリティというのは重要だが、もちろんそんな条件は物件情報に載っていない。

景色だって大事なことだ

広いリビングを売りにしている物件は数あれど、私たちにはアトリエにできる広い個室の方が必要だった。理想は十畳だが、特に築浅物件は小さな個室ばかりなのでなかなか見つからない。

けれどこの家ではそれが叶った。アトリエにしている部屋は五・五畳、ロフト部分が四・五畳。ちょっと反則技だけど、合わせて十畳なのだ。築浅めの物件で、これが叶うのはかなり貴重だった。

私は一番上のロフトスペースを仕事場にした。小さな窓を開けると、郊外ならではの大きな空が目前に広がっている。仕事で煮詰まったときにふと眺めると、心にすぅっと風が抜けるようで、創作にも良い影響を与えていると思う。

考えてみれば子どもの頃は、木があれば必ず登るほど高いところが好きだった。俯瞰図が好きなのも、高所からの視界が好きだったからだ。窓からの景色は自分にとって大切な要素なのに、これまでずっと贅沢な望みだと二の次にしてしまっていた。社会に出るとさまざまな制約の中で妥協を受け入れるのに慣れ、その弁《わきま》えこそが大人の証しと思い込む。

いや、もしかしたら私は夫を黙らせるため、偽の社会性を装っていたのではないか。ひいては自分にとっての快適さまで疎かにしてしまっていた。

制限の中から生まれるかたち

夫は小動物くらいのサイズの彫刻をつくっている。彫刻というと等身大の立像をイメージされがちなので、世間一般に夫の作品は「彫刻」と認められないかもしれない。

美大時代、樹脂で等身大の立像をつくっていた夫が、蠟で小サイズの作品をつくるようになったわけを一言で言えば「住宅事情」だ。芸術を志す者としてはなんとも格好がつかない理由だが、一般の換気設備しかない住宅で危険な樹脂素材は容易《たやす》く使えないし、狭いスペースで等身大の彫刻もつくれない。

けれど文学には私小説というジャンルがある。日常を等身大の視点で眺め、描写する手法の中にも、心を打つ作品は多い。日常で誰もが直面する「住宅事情」という〝型〟の中から生まれた技法は、その人にとっての必然であり、私小説的ではないだろうか。

むしろ巨大化するばかりで人に寄り添わない現代美術よりも批評性を備えている……、なんて言うと大仰だけど、でも制限とは必ずしもマイナス要素ばかりではない。もしかしたら恵まれた環境よりも制約という〝型〟の中からこそ、自分以外の誰にも出来ない唯一無二の表現が生まれるかもしれない。

螺旋状の回転みたいな家。夫が抱いたそのイメージから、私はヤドカリを想像した。彼らのように人様の入れ物を拝借して、いけしゃあしゃあと生きて行くのも悪くはないか、と。

皆はどうしているだろう。

自分にぴったりの〝型〟をつくる人も、〝型〟など気にしない人も、〝型〟にハマっていく人も、〝型〟破りな人も、自ずと〝型〟ができてくる人もいるだろう。

生き方の数だけ存在する、住まいのかたちを見てみたい。それらはすべて、そこに住む人の〝作品〟だから。

さて、家を巡る旅にでかけてみよう。

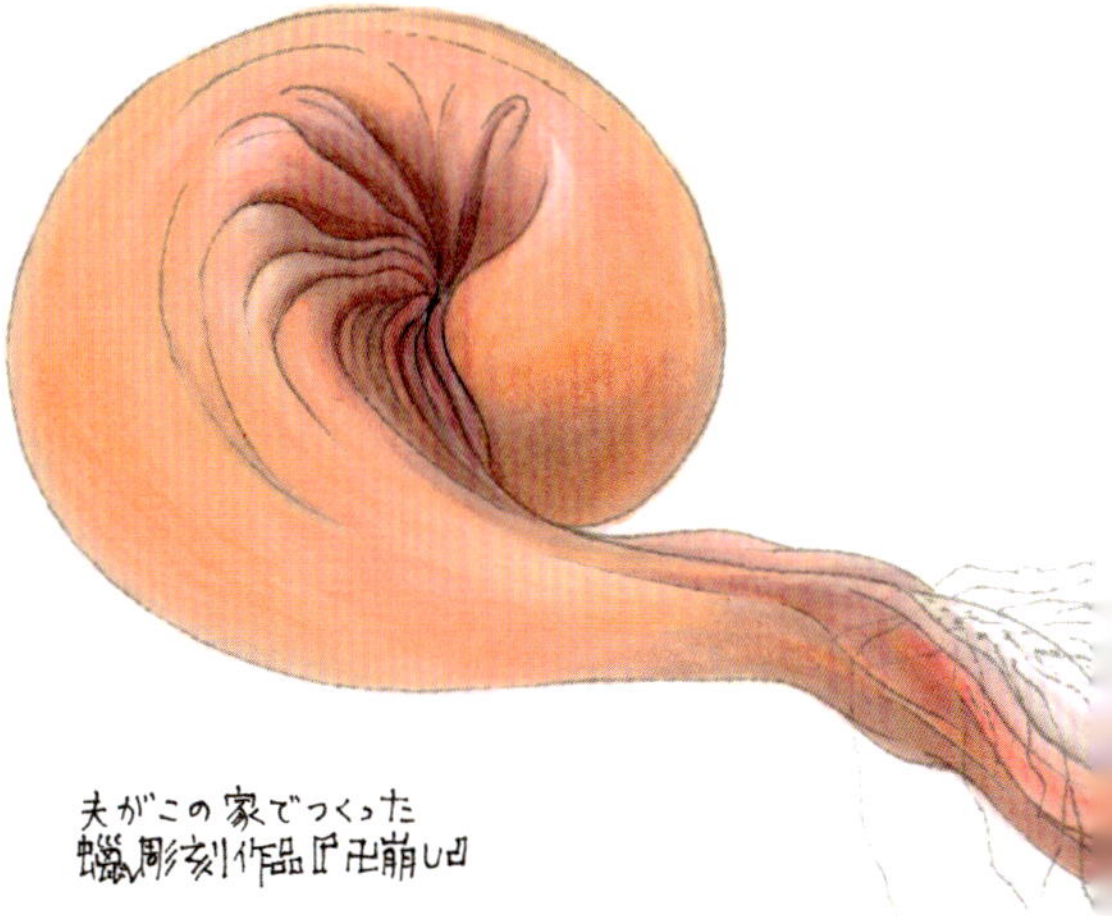

夫がこの家でつくった
蠟彫刻作品『卍崩し』

Home Sweet Home

第一章 牙《が》城《じょう》を築く

縦横斜めに線が遊ぶ三角形の箱庭と小さきものの世界

NUさん［ぬいぐるみデザイナー〈妻〉］／MUさん［クリエイティブディレクター〈夫〉］
持ち家─3LDK／建物面積87㎡─東京都

螺旋のリズムを内に秘めた富士塚の傍《かたわ》らのモノリス

APさん［写真家〈夫〉］／KTさん［漆工芸作家〈妻〉］
持ち家─4SLDK／建物面積133・31㎡─東京都

デカダンとまがい物の美学 私が私でいるために

KNさん［写真家〈夫〉］／UNさん［画家〈妻〉］
持ち家─2LDK／建物面積約50㎡─京都府

縦横斜めに線が遊ぶ 三角形の箱庭と小さきものの世界

NUさん［ぬいぐるみデザイナー（妻）］
MUさん［クリエイティブディレクター（夫）］

持ち家―3LDK
建物面積87㎡―東京都

2014.5.

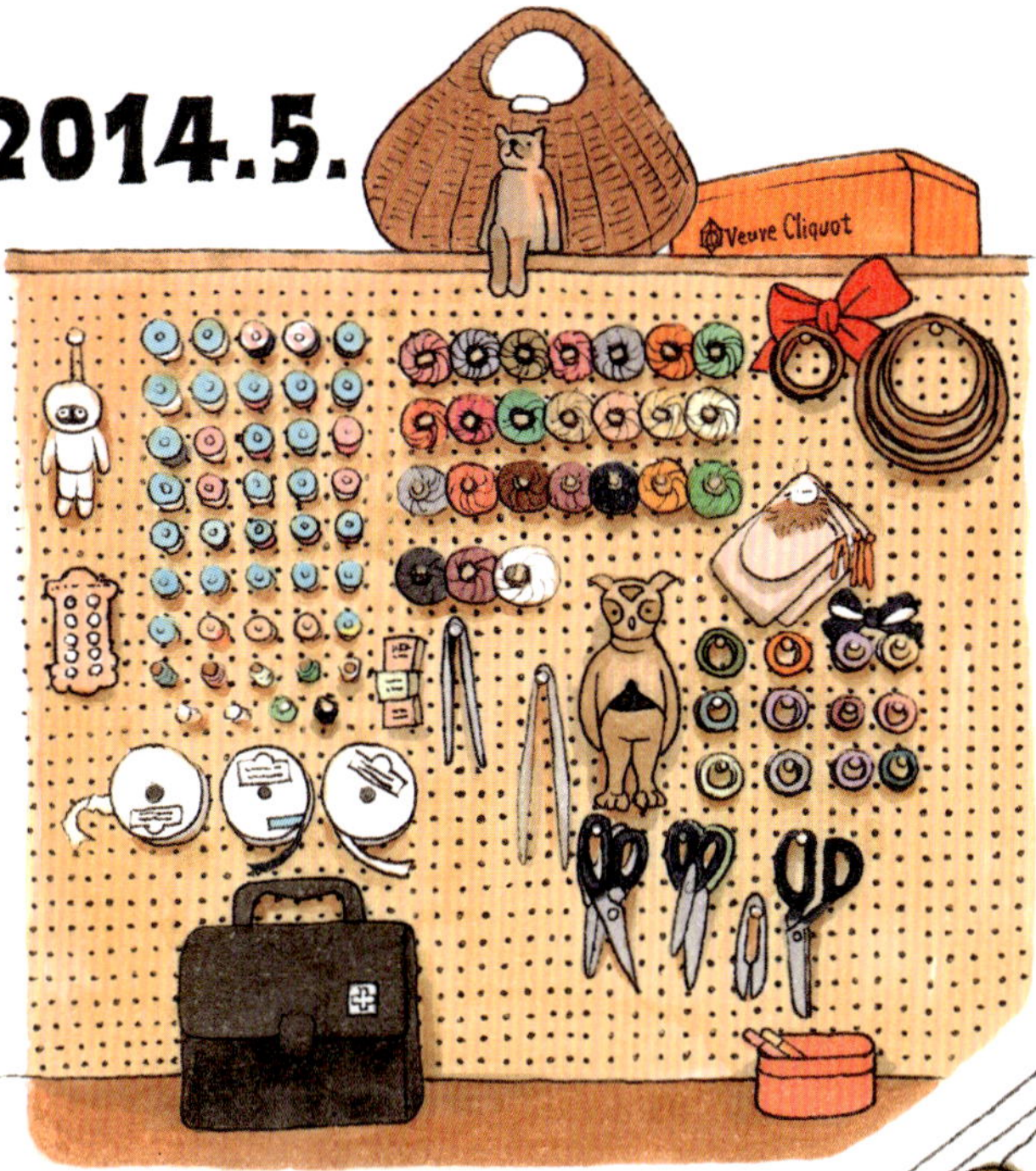

アトリエデスク正面のパンチングパネル。
糸、リボン、刺繍枠、マスキングテープ、
ボタン・ハサミ・ピンセットなどが
かわいくディスプレイされている。
奥に隙間がないので、フックはかけられないが
ほぞを差し込み使用することで
よりスッキリとした雰囲気になっている

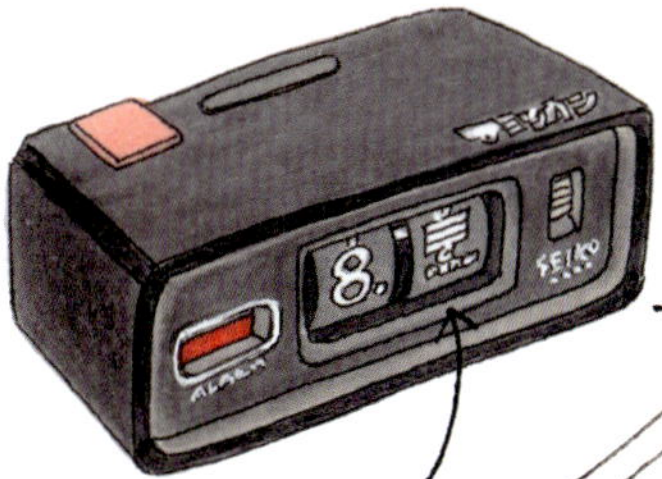

Nさんが実家を出る
際に持ってきて
ずっと大事に
している
古い時計

「00」の代わりに
ミツカンマークが
出てくる

バンクーバーオリンピックの
公式キャラ、クワッチ。
日本で売り切れていたので
海外から取り寄せたほどの
お気に入り。アトリエに増殖中

Mさんが買った
フリッツ・ハンセンの
アントチェア

多機能に使える小部屋

洗濯物干し場。夏はタイル張りの床に座ると、ひんやりしていて気持ち良い

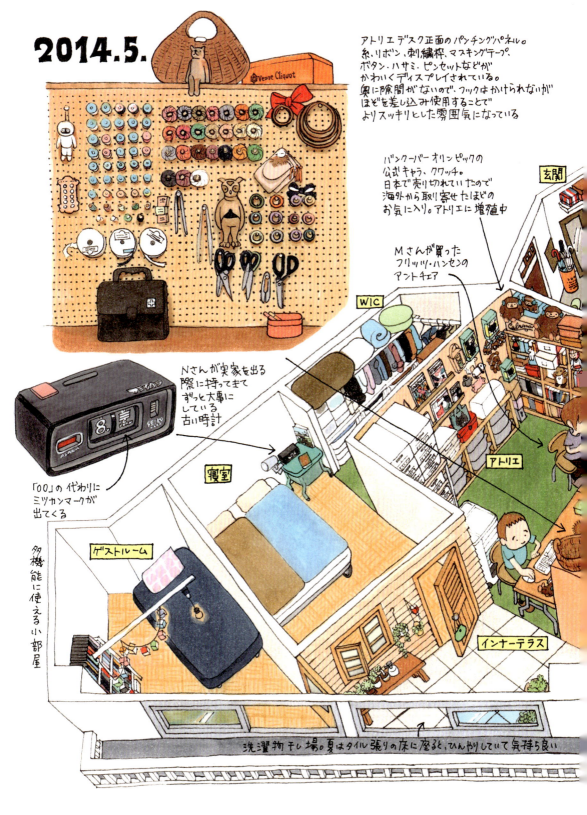

空間の自由、規格からの解放

車が行き交う片側二車線の幹線道路。古びた歩道橋から見わたせるのはオフィスビルが並ぶ商業地帯。そんな都会の真ん中で、古いマンションをリノベーションして住んでいるのはU夫妻だ。妻のNさんは、メーカーに勤めるぬいぐるみのデザイナー、夫のMさんも個人事業でデザインの仕事をしている。

「前の家は狭くて、作業をするにも床に道具を広げたりして、いちいち片付けるのも大変でした。自由に作業できるスペースが欲しかった」

そう語るのは夫のMさん。妻のNさんもやはり、「趣味のものを広げられる空間が欲しかった」と話す。

私はNさんと長い付き合いなので、夫妻が前に住んでいた家にも遊びに行ったことがある。それは夫のMさんが購入していたマンションで、一人暮らし向きのワンルームは二人で住むには確かに窮屈そうだった。不便に感じていた夫妻は、ぼんやりと引っ越しを考えてはいたものの、集合住宅の間取りはバリエーションも少なく決め手に欠け、なかなか踏み切れなかったという。

「きっと昔は、生活にあわせて家を建てていたのだろうけど、いつの間にかフォーマットみたいなものができてしまったのでしょうね。でもそこに自分たちの生活を当てはめていくのは難しい」

Nさんの言う「昔」とは、高度経済成長期以前の、丁寧に住宅が建てられていた時代のことだ。戦後、家の建て方も簡易になり、集合住宅も増えて行く中で、日本の住宅事情は激変した。規格の単純化も必然的な流れだったのだろう。

けれどあるときNさんは、建築やインテリアの雑誌の中で「リノベーション」という言葉に出会った。

「今はもう〝リノベ〟って普通に使う言葉になったけど、引っ越しの準備を始めた二〇〇九年頃はまだそれほど普及していなかったから、〝こんな風に自分の生活スタイルにあうように変えられるなんて夢みたい！〟って思ったんです」

彼女にとってそれは窮屈なフォーマットから脱却できる革命だった。だから、良い物件が見つかったら、この分野で先駆的な仕事を手がけている設計会社、ブルースタジオに施工を頼むことにした。

光と風が循環する家へ

二〇一四年、リノベーションを前提に中古物件を探していた夫妻が出会ったのが一九七四年に建てられたこのマンションだ。三角形の間取りは一般的には敬遠されがちな要素だけれど全く気にならず、むしろ可能性を感じたという。ただ一つだけ気になることがあった。

「施工前は、一つの窓に対して一つの部屋が垂直に配置された間取りだったので、部屋ごとに光が寸断されて、キッチンや玄関がすごく暗かったんです。玄関なんてまるで何も見えないぐらい」

そこで設計会社に提案されたのが、窓に対して斜めに部屋を配置する方法だった。ただ、当初のプランは中央のアトリ

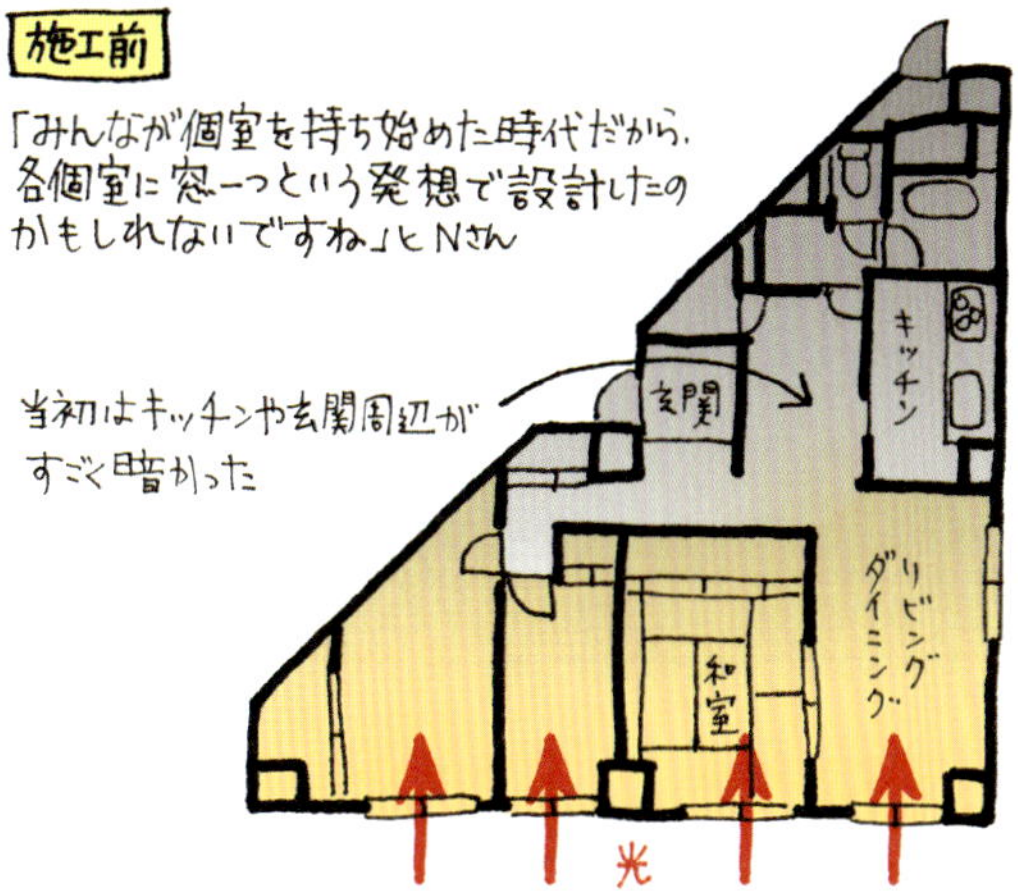

エを回遊する形で玄関側にも廊下が設けられていて、図面を見たNさんは直感的に「これでは狭い」と感じたそうだ。

「美大にいたとき、空間演出デザイン学科で、図面から立体を想像する授業がすごく好きだったんです。そういう訓練ができていたから、トイレの面積から他を割り出して、ここは何メートルぐらいとかイメージできたのが良かった」

廊下は窓側だけにして、アトリエの仕切りも上部から光を行きわたらせるために、天井まで遮る壁ではなく、本棚にしてもらった。これが、箱の中に箱があるような入れ子構造を強調していて、この家の個性を際立たせている。

けれどNさんはさらに要望した。

「アトリエの本棚や寝室に室内窓をつけて、外の光が通り抜けるようにしてもらいました。照明も全体的にだいぶ増やしてもらって、とにかく〝明るくしてほしい〟と伝えました」

そこまで明るさにこだわったのはなぜ？

「開放感と風通しです。前に住んでたマンションは最先端系の建物だったので暖かかったけど、密閉性が高すぎてちょっと息苦しかったんです」

結婚するまでずっと木造アパートで暮らしてきた彼女にとって、最新の空調設備は息が詰まるものだった。

「ここは隙間風があって冬は少し寒いけど、空気の流れがあって心地良い。そういう意味でも古いマンションの方が良かったんです」

換気に限らず、押し入れなどの広さにおいても昔の物件の方が余裕があって、使い勝手が良いと感じていたので、一人暮らしの頃も意識的にそうした物件を選んでいたという。

フラワーポットのある小窓

築深物件の良さはそれだけにとどまらない。不動産サイトの物件情報を見ていても、それらの方が間取りのバリエーションは豊富な気がする。民営マンションブームは一九六〇年代に始まるので、このマンションが建った頃もまだ、現在ほどフォーマットが確定していなかったのだろう。その時代なりの工夫やアイデアを読み取るのは面白く、デザイン好きな夫妻にとってはなおさらだ。

「三角形の間取りで角度がついてるから、共用廊下から玄関がちょっと窪んでいるんです。そんなところにも、他の住民から見えないようにする配慮が感じられて良いなって思いました」とNさん。

確かに大胆な三角間取りもふくめ、随所に遊びやこだわりが感じられる。実はこの建物は真上から見ると四角形が互い違いに連なる形をしていて、全室が必ず角部屋になるように設計されている。こういった個性的な設計は、このマンションブランドの特徴なのだろうか。

「同じブランドの他の物件も内見したけど全然違ってました。時代のトレンドにあわせてつくったのかな」

そういえばベランダがないのもこの部屋の大きな特徴で、代わりに膝丈高の低い窓が並んでいる。最近のマンションでは見かけないタイプだが、転落防止のために敬遠されているのだろうか。

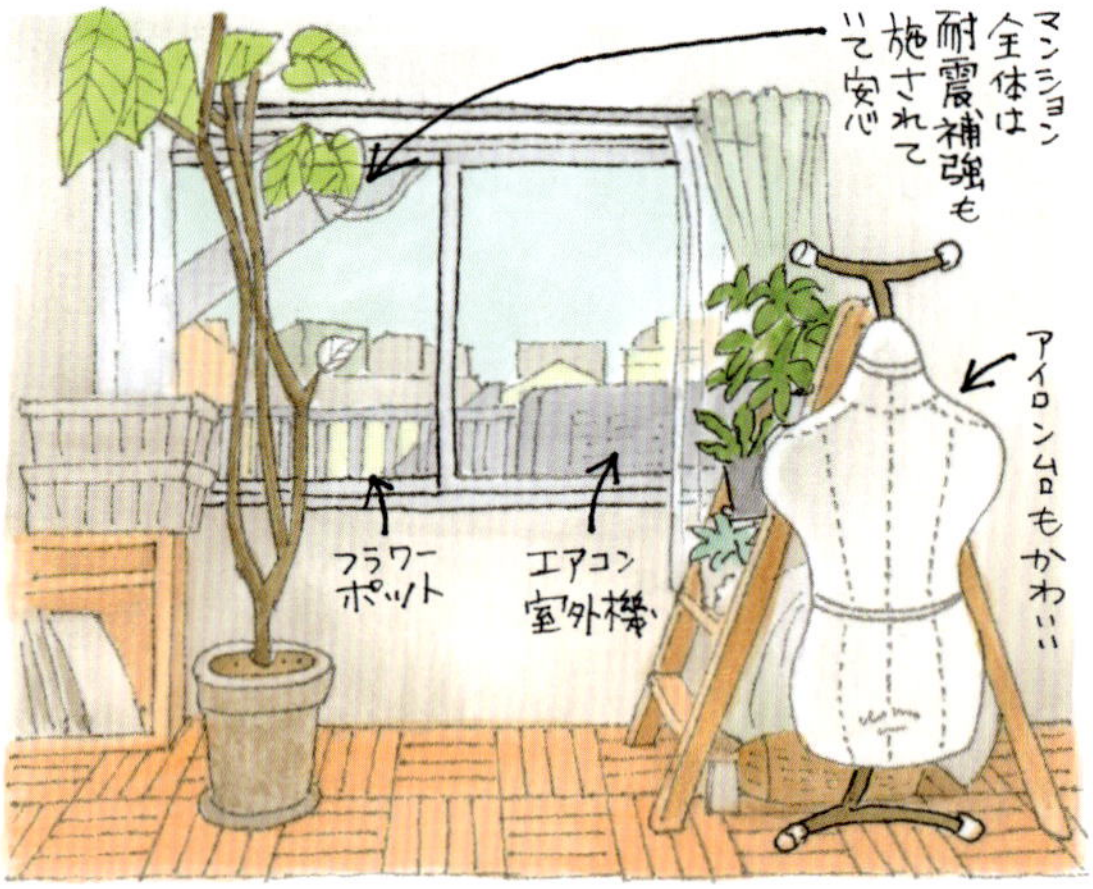

「フラワーポットに置く植物に水遣りしやすいように低くしたのでしょうね」

一九七四年といえばニューファミリーと呼ばれる新しい家族のスタイルが出現した頃だ。そうした層をターゲットに一九七二年に創刊された『私の部屋』（婦人生活社）という雑誌では、ガーリーカルチャーを牽引していた内藤ルネなどが執筆し、ロマンチックで少女趣味のインテリアが多数紹介されていた。当時の富裕層向けだったのであろうこのマンションでも、ヨーロッパの花咲く窓辺を夢見た団塊世代の主婦が、フラワーポットに色とりどりの植物を並べていたのかもしれない。

形態は機能に従う

二一世紀の共働き夫婦は、よりシンプルで合理的だ。植物はお世話をしやすい室内の観葉植物のみで、窓を囲むように配置している。一見オシャレなこのLDKにしても、機能性を重視した結果でしかないとNさんは言う。

たとえばキッチン。当初、設計会社からは白い壁に合わせて白いタイル張りのシンクを提案されていたそうで、いかにもレトロで素敵そうだが、目地に発生しやすいカビを心配してステンレスに変えてもらった。逆に湿気の心配のないガスレンジ横は、拭きやすいタイルを採用したという。昨今人気のタイルだが流行に

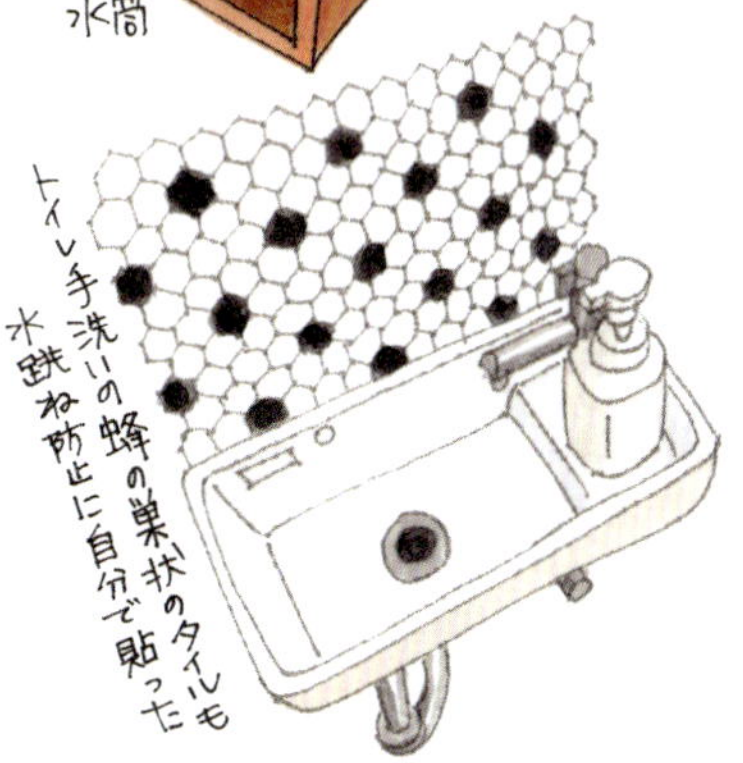

は惑わされず、使い勝手を優先して適材適所で素材を選んでいる。機能的に考えた結果、見栄えが良くなるという発想は、モダニズムデザインの指標である「形態は機能に従う」という考え方にも合致する。

　傍には、湯沸かし器やコーヒーミル専用の変わった棚が置いてあった。

「これ、元々リビングで使っていたテーブルなんです。縦に置いたら、コーヒーグッズを置く棚にぴったりで。仮置きのつもりだったけど類似品もないし便利なので、結局このまま使っています」

　あまりに違和感なくて気づかなかったが、確かに二〇一四年に伺って取材させていただいた際、私はリビングのテーブルとして俯瞰図にこれを描いていた。その場しのぎの発想なのに、これまたオシャレに見えている。何をしてもセンスの良さで切り抜けている、とも言える。

好きなものを一望できるアトリエ

　この家の核は、なんといってもアトリエだ。デスク正面のパンチングパネルには糸やマスキングテープがカラフルに飾られていてかわいらしい。けれどこれもやはり見栄えだけではなく、ボタン、ハサミ、ピンセットなど、こまごまとした道具が一目瞭然に並べられているので、必要なときにパッと探せて機能的だ。

「パンチングパネルは、重いものをかけて壁が割れたり、隙間に虫が湧いたりと、不具合事例が多かったようで、設計会社に、奥の壁との間の隙間はつくってもらえなかったんです。だからフックはかけられないけど、ハンズでほぞを買ってきて差し込むかたちで使っています」

　たくさんの糸が並ぶこの場所でぬいぐるみたちが生み出されるのかと思いきや、そうではない。ぬいぐるみが生み出されるのはあくまで会社だ。実際、あらゆる素材が揃っている会社の方が作業もしやすいとのこと。

「ただ、いつもアイデアを出していかなきゃいけない仕事なので、自宅でリラックスしているときでも、好きなものとか、参考にしたい商品やパッケージが常に目に入る状態にディスプレイできるスペースが欲しかったんです」

　彼女は、会社はアウトプットの場所、家はインプットの場所だと考えている。

Nさんがつくったぬいぐるみたち
一点物のアート作品ではなく、癒しを必要とする人の手になるべく安価で届けられる商品としてのぬいぐるみをつくっていきたいとNさん。工業製品でありながら、決して実用品ではないぬいぐるみは奥深い
はりねずみ
ドードー
愛猫がひざに乗ってくれたときの嬉しさや安心感を再現したく手足に重みを感じるビーズを仕込んだNさんのアイデア商品"ひざシリーズ"
ひざきつね
ひざねこ
ひざひつじ
いえてぃ
くま
ふわふわなのに自立する。いろんな場所で撮影しやすくSNSでも人気のシリーズ"ふわふわたっとん"
「ぬいぐるみ」という言葉にひそむ"ちょっと怖い感じ"にも惹かれるというNさん

アトリエ背面のパンチングパネルには絵本でお馴染みのキャラクターたちが飾られ、絵本もディスプレイされていた。

本棚には漫画やLEGOのブロック模型が並ぶ。棚の一角にある室内窓は開かないタイプだが、模様ガラスから入る柔らかな光も、本や雑貨と同一のグリッドに配列され、〝好きなもの〟の一つとして位置付けられているのが面白い。

棚上部もディスプレイに程よい高さで、ぬいぐるみが詰まった箱や意匠を凝らしたパッケージのコレクションが置かれていた。そしてここにもLEGOのキャビン。その横に『ピーターラビット』のキャラクターが得意げに佇み、小さな森の世界がかたちづくられていた。

「〝かわいい〟って感覚って人によって全然違うし、すごく曖昧じゃないですか。でもその感覚が合致したときに、ぬいぐるみがその人のものになるんだと思うとすごく嬉しい。だから、この仕事をずっと続けていられるんです」

営利が優先される社会の中で、「かわいさ」という決して実用的ではない価値が評価され、「売れる」という現象がおこる。そのこと事態に彼女は希望を感じている。ぬいぐるみという製品を、プロダクトデザインの中の非常に興味深いジャンルと捉えているようだ。

この空間は、彼女にとっての〝かわいい〟を常に確認させてくれる。確かにリラックスしているときにこそ、こういう

『ピーターラビット』実写映画上映記念に
コラボ商品として売り出された
ハンサ社の"きつねのトッド"と、
シュタイフ社の"ベンジャミン・バニー"

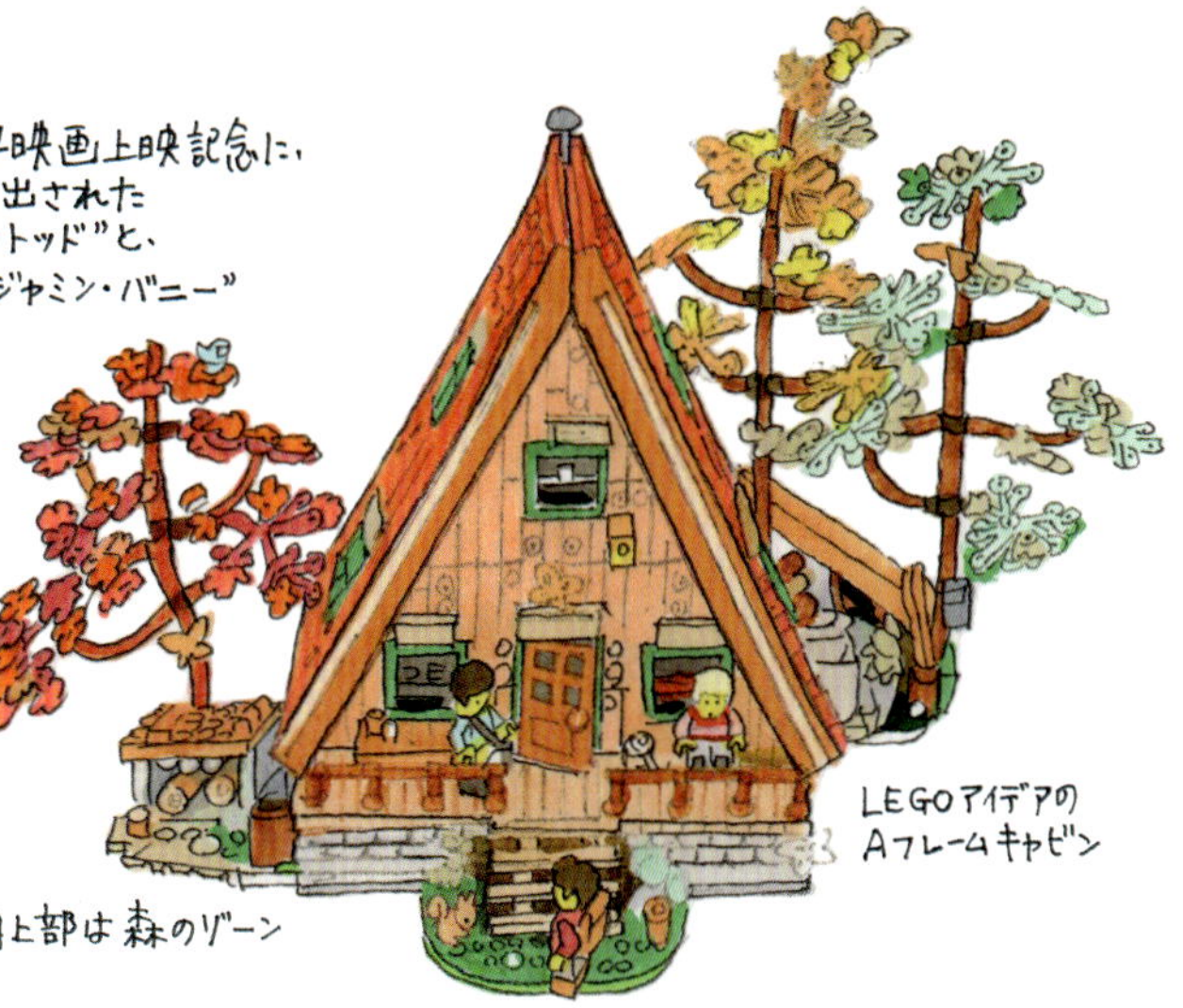
LEGOアイデアの
Aフレームキャビン
本棚上部は森のゾーン

環境に身を置くことが大切なのかもしれない。

室内でありながら庭のように

隣にあるのは寝室だ。家屋の外観のような鎧《よろい》張りの木壁は、この家で一番摩訶不思議な空間を現出させている。

「ベランダがないから、寝室前の廊下を洗濯物干し場にしようと思って、水をはじくタイルの床にしました。せっかくだから外で干してる気分にしたくって、小屋のような壁にしてもらったんです」

インナーテラスというものだ。ここには、洗濯物を干すためのハンガーパイプも取り付けられていた。

「これはガス菅のパイプです。丈夫だし、湾曲部分を利用して天井に取り付けやすいから、ハンガーパイプに向いていて、設計会社が提案してくれました」

スタイリッシュな上に使い勝手も良いらしく、もっと全面的につけてもらえば良かったと夫妻は話す。

室内窓を開けるとぬいぐるみが並び、下にベンチ、工具箱、ジョウロなどがさりげなく置かれていた。壁にはドライフラワーやバッグが飾られ、撮影セットのように見栄えの良い一角だ。

「実際、会社で使う商品写真の撮影も、よく家でやっています。ここは一番よく登場していますね」とNさん。

撮影スポットにすることも念頭に、雰囲気のあるシーンに設計してもらったと

基本はただ
好きだから飾っている

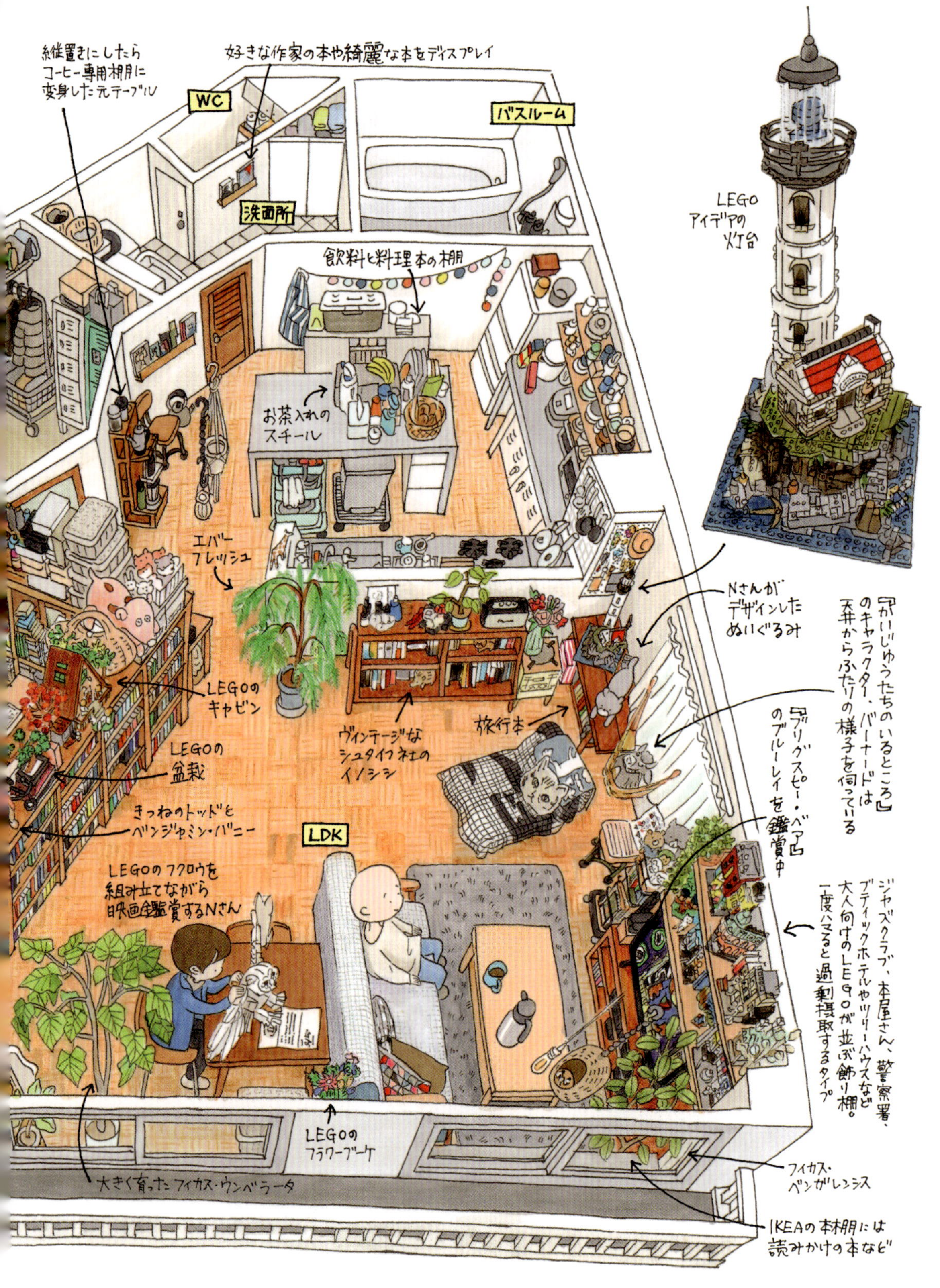

縦置きにしたら
コーヒー専用棚に
変身した元テーブル
好きな作家の本や綺麗な本をディスプレイ
WC
バスルーム
洗面所
LEGO
アイデアの
灯台
飲料と料理本の棚
お茶入れの
スチール
エバー
フレッシュ
Nさんが
デザインした
ぬいぐるみ
『かいじゅうたちのいるところ』のキャラクター、バーナードは天井からふたりの様子を伺っている
『ブリグズビー・ベア』のブルーレイを鑑賞中
LEGOの
キャビン
LEGOの
盆栽
ヴィンテージな
シュタイフ社の
イノシシ
旅行本
きつねのトッドと
ベンジャミン・バニー
LDK
LEGOのフクロウを
組み立てながら
映画鑑賞するNさん
ジャズクラブ、本屋さん、警察署、ブティックホテルやツリーハウスなど大人向けのLEGOが並ぶ飾り棚。一度ハマると過剰摂取するタイプ
LEGOの
フラワーブーケ
大きく育ったフィカス・ウンベラータ
フィカス・
ベンガレンシス
IKEAの本棚には
読みかけの本など

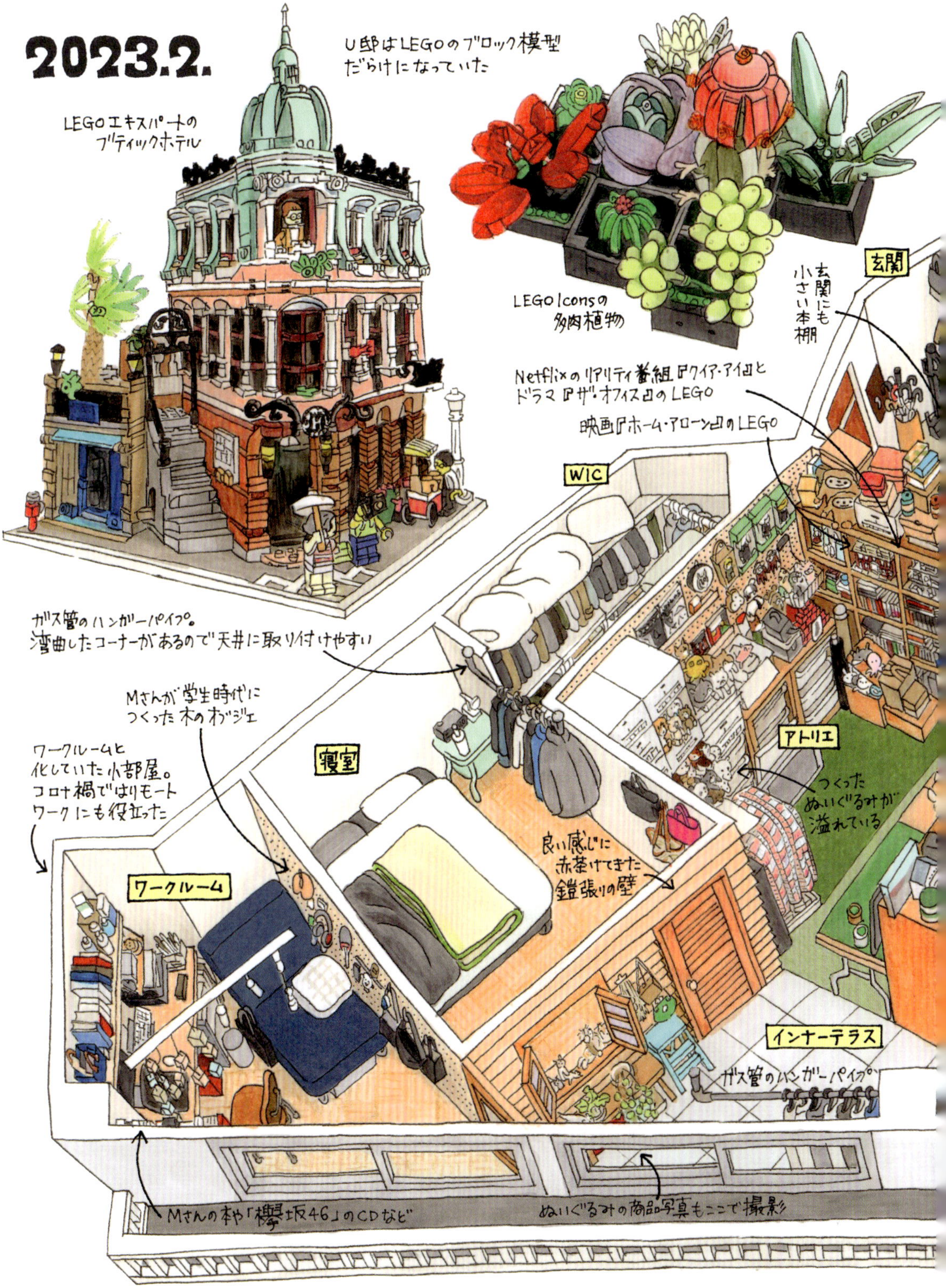
2023.2.
U邸はLEGOのブロック模型だらけになっていた
LEGOエキスパートのブティックホテル
LEGO Iconsの多肉植物
玄関
玄関にも小さい本棚
Netflixのリアリティ番組『クイア・アイ』とドラマ『ザ・オフィス』のLEGO
映画『ホーム・アローン』のLEGO
WIC
ガス管のハンガーパイプ。湾曲したコーナーがあるので天井に取り付けやすい
Mさんが学生時代につくった木のオブジェ
ワークルームと化していた小部屋。コロナ禍ではリモートワークにも役立った
寝室
アトリエ
つくったぬいぐるみが溢れている
良い感じに赤茶けてきた鎧張りの壁
ワークルーム
インナーテラス
ガス管のハンガーパイプ
Mさんの本や「欅坂46」のCDなど
ぬいぐるみの商品写真もここで撮影

いう。

「私は飽きっぽいから、飽きたら自分で塗り直せるように、木は無垢のままにしてもらいました。最初は白っぽかったのが、日に焼けてだいぶ赤茶けてきて、塗らなくても自然に色が変わってきた。この色も気に入っていて、結局全然飽きないです」

　リビングの床も、ささくれてこないようにオイルで磨くなど、日々の手入れは怠らない。天然素材というものは大事に扱えば扱うほど、さまざまな表情を見せて応えてくれる。

世界をつくるお手伝い

　最奥の小さな部屋はフレキシブルに使えるように設けたものだ。当初はゲストルームだったが、今はすっかりワークルームと化していた。ここに住んで四年目に個人事業主として独立したMさんが仕事に使っているのだろうか。

「独立して最初の頃はここで仕事をしてみたけど、やっぱり家だと集中できない。生活と仕事は分けた方が良いと思って結局外に小さい事務所を借りました」

　彼が手がけているのは、企業のコーポレート・アイデンティティなどのブランディングだ。

「ロゴのデザインや、商品、パッケージなどのキーイメージをつくるだけでなく、統一感を持たせて展開していく見せ方とか、戦略的なことも含めてご相談させてもらっています」

　要は「企業の世界観を創造する」お手伝いをしているのだ。誠実かつ穏やかな人柄で人望も厚く、担当者も安心して頼めそうだ。

「打ちあわせで、大きな紙ものを広げたりする機会も多いから、やっぱり事務所の方がやりやすいですね」

　けれどこの部屋は、その後コロナ禍でNさんがリモートワークに使ったりと、何かと利便性が高い。静かなので読書や仮眠にも向いている。本棚には主にMさんの資料本やCDが並んでいた。

インナーテラスから窓越しに眺める寝室。
南仏の中庭のような雰囲気で、商品撮影に重宝している

「でもほとんど事務所に持っていっちゃったので、ここにあるのは残ったものだけですね」

実はこの家にある本は九割以上がNさんの本なのだ。インテリアもNさんの趣味色が強い。Mさんの事務所はわりとミニマムなデザインで統一されているらしい。しかし彼に不満の影は全くなく、むしろNさんが築きあげる世界を横で眺め楽しんでいるようにも見える。

はすに構えたユニークな空間

それにしてもリビングには、二〇一四年に描いた俯瞰図と比べると、大量の本と小さな本棚がたくさん増えていた。

「前の家では扉付きの本棚に入れていて、仕舞い込むと読み返したりできなかった。再読したり、〝最初読んだときと全然違う！〟みたいな確認を頻繁にやりたい。同じ本を二度買っちゃったりもするので、この家では絶対、全部見えるところに出しておこうと思ったんです」

アトリエ壁の本棚や窓辺の棚は、すでにほとんどの本が二重になり溢れる寸前だが、確かにだいたいすべてが一望できる。小さい本棚はジャンルというより、主に読書過程に応じて分別されていた。

どうも話を聞いていくと、ぬいぐるみや雑貨にしても、本にしても、とにかく「一望にできる」ということを最優先して、この家はつくられている。それは物だけでなく、空間にも言えることだ。

天井は木材を取り払い、板痕の残るコンクリートが剥き出しで見えている。そこに電気のコード類を束ねたパイプが縦横斜めに走っていて視覚的に楽しい。

またリビングから廊下を眺めたときも、斜めの配置によりすべての部屋が一望できる構造になっている。それが騙し絵的な視覚効果を生み、小さな空間ながらも奥行きとリズムが感じられる。

思想家、ヴァルター・ベンヤミンの『パサージュ論（二）』（岩波書店）「I：室内、

↑サニタリールームの入口付近の壁には、お気に入り本や頂いた絵葉書もディスプレイ

他に玄関と窓辺にも本棚がある。
玄関は装丁が綺麗な新潮社のクレストブックス専用。
窓辺の棚は、読み途中の本や再読予定の本を収めている
挿し木で増やして育てたフィカス・ベンガレンシス

↑キッチンカウンター下の本棚には、装丁の綺麗な本や、積ん読本を並べている。ぬいぐるみのコレクションも

痕跡」の章には、「はすに配置することがユニークな印象を与える」との覚え書きがある。その根底には「戦闘と防衛の構え」があるとし、「ある一角を防衛するためには、はすに構えることが目的に適っている。そうすれば、両方向がよく見えるからである」と記されている。

つまり、ユニークさの根底には緊張感があるということだろうか。確かに真っ直ぐなものは人に安心感を与えるが退屈さも感じさせる。斜めに構え、「両方向が良く見える」状態は気が抜けないが、同時にドキドキと心も躍らせる。

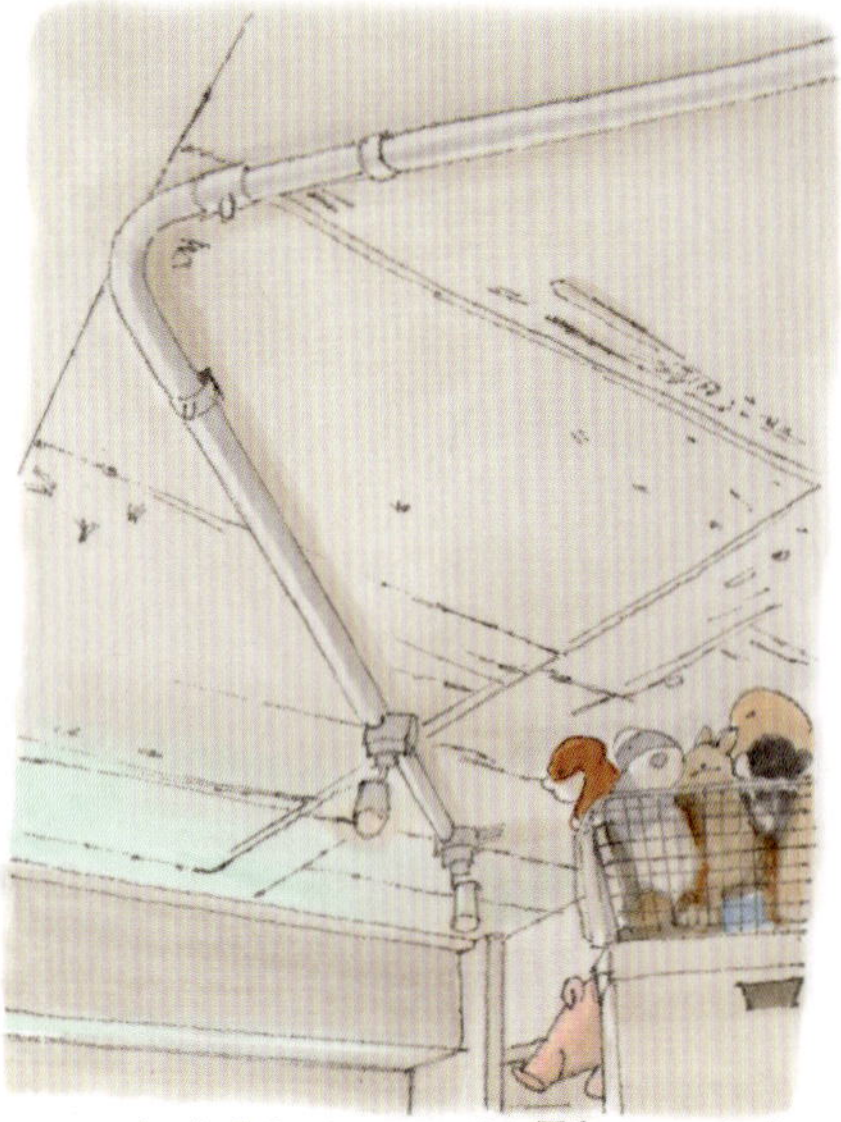

コンクリート剥き出しの天井と電気のコードを束ねたパイプ。ともに白くラフに塗られている

正方形のグリッドを斜めに斬る線が躍動するこの家は、天然素材やカントリーテイストで人を安心させておいて、いきなり斬り込んでくるような小気味の良さがある。ほっこりしつつもシャープなのはNさんの人柄そのままではないか。

「はすに構える」という言葉は、ネガティブな意味で捉えられがちだけれど、目配せできるという意味ではポジティブで、なによりユニークなのだ。

そもそも立体物をつくる人は複眼的で、常にあらゆる角度から空間を把握するメタな視点を備えている。左右だけでなく、ときには上昇し物事を俯瞰する。そう考えると、この家そのものが、常に全体を一望できる俯瞰図や、箱庭に近いものなのではないかと思えてきた。

リビングから眺めた廊下。アトリエ本棚、寝室、奥の小部屋まで、すべての部屋が一望できる。床は、角度の違う正方形が交互に並び、何層にも複眼的で躍動感のあるユニークな空間をかたちづくっている

箱庭——小さきものの世界

心理療法の一つに箱庭療法というものがある。これを日本に普及させた心理学者の河合隼雄が編纂した『箱庭療法入門』（誠信書房）を読むと、箱庭制作が治癒を促す理由は主に、手で触りものをつくることへの没頭から得られる精神の安定と、自分の状態を可視化し俯瞰するこ

とで得られる自己統合性の確立、この二つではないかと思った。なぜなら私自身がそうだからだ。

立体イラストの仕事を通して粘土を触り、ものをつくることが精神にもたらす安らぎを常に感じてきたし、また俯瞰の視点を持って、日常の瑣事から身を遠ざけることが、心に安寧をもたらすのも実感している。その眺めている世界が、自分の精神状態であるならなおさら治療効果が上がるはずだ。

「インテリア」という言葉は、英語で「内面」を意味している。

デザイン評論家の柏木博は、『わたしの家』（亜紀書房）の中で、「室内はそこに生活する人の生み出したコラージュだといえる。だから室内（インテリア）は、そこに生活する人の精神や内面を表象しているのだ」と記している。

つまり部屋というものは、意識的であれ無意識であれ、住む人の精神を映し出す箱庭なのだ。もちろんNさんも無意識にやっているのだが、その空間把握能力により、内部に居ながらにして俯瞰の視点を獲得し、彼女自身の換喩である箱庭世界を眺めている。

実は本書に描かれている俯瞰図の中で自宅以外に初めて描いたのがこの家なのだが、新居祝いに招かれたときに「描きたい！」と衝動的に思ったのは、家自体がとても箱庭的だったからだと、一〇年経っていまさら気がついたのだった。

そして二〇二三年、再びこの家を描いて一番驚いたのは家中がLEGOのブロック模型だらけになっていることだった。この一年でむさぼるようにつくっていたそうだが、なぜそこまでハマったのだろうか。

「わからない。かわいくてきれいなものをつくることで、無になる時間が欲しかったのかな」とNさん。

人を癒す〝かわいいもの〟をつくれるのは、その人自身が癒しを求めているからだと、私は思う。〝かわいい〟のすぐ隣には、寂しさや悲しさもある。

玄関には、ハリー・ポッターに登場するフクロウのLEGOが飾られていた。

「あのフクロウは、実家の猫に似ていてかわいいからってMさんがプレゼントしてくれました」

箱庭療法では、そばで見守る治療者の存在が重視され、その信頼関係が成立すると、「患者の自己治癒の力が働き始める〝全体性の象徴を表現し始める〟」とされている。

Nさんのこの大きな箱庭制作を見守る人も、ちゃんと隣に存在している。そしてその人は、世界観を創造することにおいては、それをサポートするプロフェッショナルでもあるのだ。

LEGOがハリー・ポッター
シリーズ20周年記念に
発売したフクロウの
ヘドウィグ。
夜にはきっと舞い上がり、
この家を鳥瞰して
悠々と眺めている

螺旋のリズムを内に秘めた富士塚の傍《かたわ》らのモノリス

APさん［写真家（夫）］
KTさん［漆工芸作家（妻）］
持ち家―4SLDK
建物面積133.31㎡―東京都

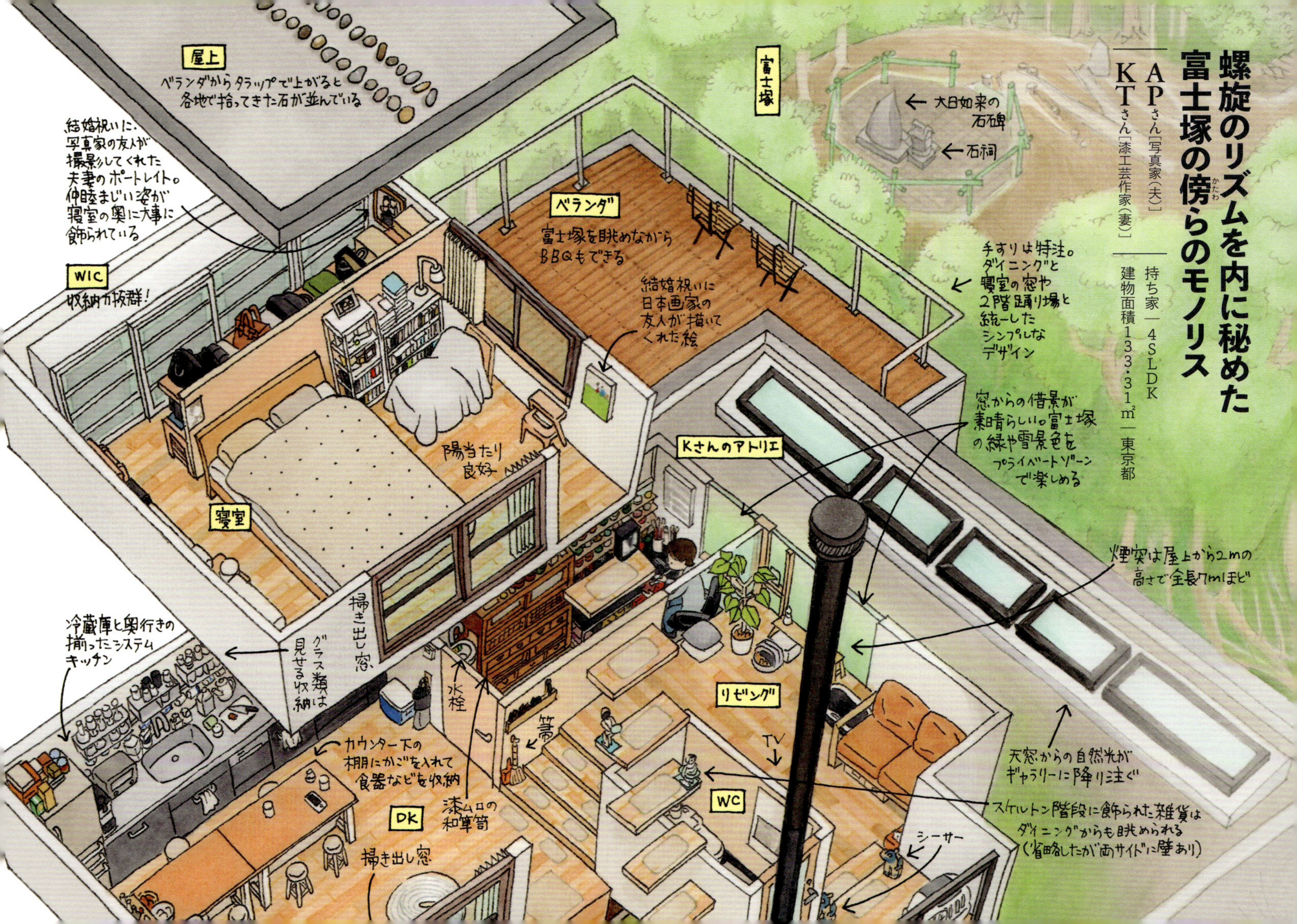

低めの天井から吊り下げられたワイングラス
ゲストルーム
飼い犬パンジュの飛び出し防止柵
踊り場から吹き抜けのギャラリーが眺められる。床下に設置されたプロジェクターから映像の上映もできる
洗面所
洗濯機
靴箱
玄関扉は曇りガラス
曇りガラス。奥の部屋へ光が届く
自分で塗った若草色の壁
半地下への階段
トルハルバン
ベンチ
ここで靴を脱ぐ
バスルーム
WC
ギャラリー
窓からトネリコの木が見える
自分で塗った朱色の壁
Aさんの書斎
石
Aさんの作品「Moving Nuclear _Window」
二人の好きな白樺の木
富士塚の頂上が見えるピクチャーウィンドウ
シーサー
カエル
半地下の書斎の窓から庭が見える
購入した若手作家の作品
Kさんの乾漆作品
ポポラスの木。丸みのある葉がかわいらしい。ユーカリ品種で生育が早くコアラの餌にもなる
仕切りが少ない家なので薪ストーブ1つで家中が暖まる
実は木造モルタル仕上げ
庭
元からあった擁壁。隣家に同じ形の土台があったがツートーンカラーに柵付きの見慣れた外観で全く別のものに見える
"いいちこ"の瓶に入った石
ここにも石像がある
セパ穴
薪
ガレージ
車、原付、自転車、薪や工具を収納。薪は薪割り機でせっせと割って乾燥させている

モルタル仕上げの壁面は、
砂糖菓子のような艶があり、
見る角度によっては空の青をも映し出す
富士塚

江戸っ子に親しまれた歴史的遺産の傍《かたわ》らに

江戸時代後期から昭和の初めにかけて、庶民の間で富士山を神仏の宿る場所として信仰する「富士講」が広まり、各地にミニチュアの富士山「富士塚」が築かれた。登ると富士登山をしたのと同等のご利益にあずかれるとされ、現在も都内各地に残存する。

某所に残る富士塚は高さ一〇メートルと立派なもので、都の文化財にも指定されている。つづら折りの登山道を登ると辻々に一合目から九合目までを記した石柱があり、山頂では大日如来を刻んだ石碑と小さな石祠《せきし》をお参りできる。

そんな歴史的遺産の傍らに居を構えたのが、韓国と日本を拠点に活動する写真家APさんと、妻で漆工芸作家のKTさんだ。富士塚の隣に、まるでS・キューブリック監督の映画『2001年宇宙の旅』に出てくる〝モノリス〟（一枚岩の意味）のように厳かに聳え立つ直

方体の建築物、これが夫妻の住居なのだ。

「建設中はご近所の人に、要塞っぽいですよねって言われてました」と、妻のKさん。巨大な灰色の直方体正面には窓がひとつもなく、ご近所さんの見立ても無理はない。けれど、石のように黙して周囲に媚びないその外観は、どこか神々しささえ感じさせる。

「コンクリートの無機質っぽい感じが好きなので、そのイメージで建築家の方にお願いして、一緒に話し合いながら設計してもらいました」

設計は、カスヤアーキテクツオフィス。主宰の粕谷淳司／奈緒子夫妻は以前から、AさんKさん夫妻と懇意にしている友人なのだ。それだけにこの家は、二人の好みや人柄、創作への姿勢まで知り尽くした上で設計されている。また、構造設計は金沢21世紀美術館などを担当した小西泰孝氏が手がけている。

「基礎部分は耐震工事をしっかりやっていただきました。ここ、基礎はコンクリートなんですけど、建物は木造にモルタル仕上げなんです」

コンクリートの塊にしか見えなかったこの家はなんと木造だった。ガレージのある擁壁の部分は元からあったコンクリートの構造物だ。理想としていた「ガレージの上に住居スペース」という形にピッタリだったので、そのまま活かすことができた。けれどガレージの空洞部分を含む土台では、鉄筋コンクリートの建物は重くて支えきれない。

「でもコンクリートの見た目が諦めきれなかったので相談したら、モルタル仕上げを提案をしてくれて。壁が広いので難しいらしいのですけど、腕の良い大工さんが手がけて下さいました」

言われてみれば擁壁にはコンクリート打ちっ放しに特有のセパ穴と呼ばれる丸い凹みがあるが、本建物にその痕はない。統一感を出すために擁壁にもモルタルが塗られていて、全体に滑らかな仕上がりが気品を醸し出している。

正面右側の階段を登ると、脇に白樺が植えられ、玄関手前には済州島の石像トルハルバンが飾られていた。

「旅行したときに買って、二人で一つづつリュックに入れて持ち帰りました」

四〇センチ大の石の塊はさぞ重かっただろう。今では仲の良い夫妻がお出迎えするように、この場所に鎮座している。

無機質な空間で感じられる柔らかな光、形、温もり

ちょうど旧正月を過ぎた時節柄、「立春大吉」「萬事亨通」の札が貼られた曇りガラスの玄関扉を開けると、目の前に再びブルーグレーの曇りガラスが現れた。下部からオレンジがかった光が照らし出され、グラデーションをつくっている。清らかな玄関だ。

左に曲がると土間がそのまま住居スペースの半地下に降りる階段につながっていた。普通の家ならここで土間と床を分ける〝上がり框《かまち》〟が明確にあるはずだがそれがない。まさか土足？　と戸惑っていると左側に同じ床材のまま、わずかな段差があった。靴を脱いで上がると、どう見ても現代美術系のギャラリーとしか思えない空間が広がっている。〝住居〟に遊びにきた感じはまるでしない。

「こういう無機質なギャラリーで、作品を飾れるような家に住めたら良いねってずっと話していたんです」とKさん。

一般的に温もりやくつろぎ感が求められがちな住宅で、ここまで無骨でミニマムな要素にこだわるのは小気味良い。

けれどギャラリーに展示されている彼女の乾漆作品は丸みを帯びていて、とても有機的な形をしている。無機質な空間に置くことで、それがさらに際立つ。漆黒と濃紺の曲面の上に散りばめられた螺《ら》鈿《でん》は星雲のようだ。無限大記号（∞）のような形も相まって、ミクロの中にどこまでも続くマクロな宇宙を感じさせる。

Kさんが韓国の大学院在学時につくった作品
奈良興福寺の「阿修羅像」など
仏像制作で取り入れられた
乾漆技法でつくられている。
中は空洞で、表面に螺鈿
などが埋め込まれている

ギャラリーの長い壁面にはコンクリートのベンチが伸びていた。

「直島の地中美術館にジェームズ・タレルの部屋があって、そこのベンチを参考にしたんです」と夫のAさん。

地中美術館は未訪問だが、金沢21世紀美術館にもほぼ同じジェームズ・タレルの部屋があった。背もたれに傾斜のついたベンチに座って四角く切り取られた天井の穴から空を望める部屋だ。そういえば玄関の光の透けた曇りガラスも、この光の作家の作品を思わせる。

二月の寒い日だったが、ギャラリーでは薪ストーブが焚かれ、火の温もりが暖かかった。

「冬にお客さんが来ると、ここで薪ストーブを囲んで、一緒にワインを飲んで過ごしたりします」とKさん。

薪ストーブから伸びた煙突は、五メートルも上にある天井へと突き抜け、天窓からは冬の柔らかな光が降り注ぐ。生活感のない空間なのにそっけなさは感じられず、包み込まれるような趣がある。

「これがコンクリートだったら夏はひんやりして良いけど冬は寒い。だから結果的に木造で大正解。特に薪ストーブは、天井まで伸びた煙突内部の空気も暖まるから、燃焼効率が上がってちょうどいい。エアコンだと、電気代もかかりま

薪ストーブ

Moving Nuclear_Window

すしね」とＡさんは満足そうだ。

後で上のフロアに上がってわかったが、この家にはドアや間仕切りがほとんどない。この吹き抜けのギャラリーがすべての部屋に通じているため、薪ストーブを焚くだけで家中が暖まるのだ。

ベンチに沿った壁面には、Ａさんが、船の丸い舷窓《げんそう》越しに、韓国、日本、台湾、ベトナムなどアジア諸国の沿岸を撮影した連作、「Moving Nuclear_Window」が八点並んでいた。

私は二〇一五年に東京藝術大学大学美術館で開催された展覧会「《写真》見えるもの／見えないもの　#02」で、この作品をはじめて観た。舷窓越しに映るアジアの海は、私たち東洋人にとっての母なる海であるはずなのに、カメラのファインダーと舷窓という二重のフレームに閉じ込められて、目前の世界から完全に隔絶されたかのような、寂しく切ない気持ちになったのを覚えている。

「ちょっと船に乗った気分を味わって下さい」

Ａさんにそう言われると、この空間が船内のようにも感じられてきた。いや、この暖かさは胎内と言った方が近いのかも。

そう考えると、丸くトリミングされた風景が母なる海なのか、それとも母の眼球を通して眺めた世界なのか、またもや無限大記号のように内側と外側が裏返る不思議な感覚にとらわれた。

半地下の小さな四つの窓

玄関を直進し、半地下への階段を降りると、正面にＡさんの書斎があり、写真機材や釣り具、旅行用のトランクなどがところ狭しと置かれている。デスク上部の窓からは庭の光が入り、半地下の暗さを感じさせない。

隣のゲストルームには、海外からの来客用なのかベッドが用意されていた。この部屋の若草色の壁と、ギャラリートイレの朱色の壁はＫさんが塗ったもので、ムラなく綺麗に仕上がっている。

ここは玄関の曇りガラスの奥に位置し

ていて、ガラスの下部を照らし出すように棚にライトが設置されていた。これが光のグラデーションの正体だ。気の利いた演出だが、この家の照明はすべてプロの照明デザイナーが手がけていると聞いて納得。照明効果だけではなく、このガラスと玄関ドアの二枚の曇りガラスを通して自然光も入ってくる。外部と通じる窓が一枚もないにもかかわらず、ここにもやはり半地下を感じさせない柔らかな光が降り注いでいた。

また最奥の洗面所とバスルームがとても良い。外観と同じグレーの壁に、メタリックなバスタブと洗濯機。住居の中でも生活感が滲みがちな洗面所が、インダストリアルスタイルで統一されている。

バスタブ上部の窓からは、坪庭のような空間に小さな植樹が見えた。

「私たち白樺が好きで、入り口のところには白樺を植えたんですけど、ここは白樺に似てるトネリコにしました」

夏には青葉が茂り、隣家からの目隠しにもなる。さらに入浴中に楽しめる風景はこの坪庭だけではなかった。

「ここは私が特に気に入っていて、バスタブに入っていると、ちょうど富士塚の頂上が見えるんです」とKさん。

半地下の奥まった場所なのになぜ？と不思議に思い、試しにバスタブに入らせてもらうと、間仕切りのガラス越しに見える洗面所のピクチャーウィンドウにピッタリと富士塚の頂上が収まっていた。石碑の形までくっきり見える！

半地下の窓は、室内窓も含めて全部で四枚、いずれも小さな窓なのに的確な位置に配置されることで効率良く光と風景を取り込んでいた。

細部へのこだわりと優先される美意識

二階へ上がるとダイニングキッチンがある。この部屋も明るい印象で、大きな掃き出し窓から庭が眺められる。

箒《ほうき》で埃《ほこり》を掃き出すために足元まで開いている窓を〝掃き出し窓〟と呼ぶが、アルミサッシが普及した一九七〇年代以降、隙間から入る外埃は激減し、今や室内を箒で掃く人はほとんどいない。そんな名ばかりの掃き出し窓が現在設置されるとしたら、一階なら庭に、高層階ならベランダに出る用途に限られるが、このダイニングにベランダはない。ふとリビングに続く小さな階段に目をやると、壁にさりげなく箒がかかっていた。この掃き出し窓はその名の如く、掃き出すための窓らしい（採光のためでもある）。

　しかし思い切った設計だ。窓を開けて踏み出せばそのまま庭に落ちかねない構造で、それを防止するための細い手すりが中央に一本だけあった。

「手すりは全部特注しました。邪魔にならないシンプルな形に統一して」

韓国の出版都市の名から命名された、飼い犬のパジュ。リビングのガラス越しにアトリエのKさんの背中をじっと見つめている

　安全性よりも美意識を優先するAさんの徹底したこだわりは細部にまで及んでいる。キッチンの収納も極めてシンプルで、グラスやマグカップは、調理台上部の壁や、天井などに吊り下げられ、見せる収納になっていた。

循環しあう陰と陽

　ダイニングの一角にあるKさんのアトリエは、ほんの三畳ほどの小さなスペースだ。

「漆の作業は、石油系の溶剤で掃除したりして匂いがこもるので、天井は高くしてほしいって希望しました」

　床面はダイニングと同じ高さだが、天井は階段四段分高いリビングの方に合わせているので、うまい具合にここだけ天井が高くなっている。

　東京学芸大学で木彫を学んだKさんは、大学院で漆に触れ、その奥深さに魅せられた。漆芸の長い伝統を受け継ぐ韓

この高さ分、他の部屋より天井が高くなっている
富士塚
リビングの床高
ダイニングの床高
和箪笥は漆を乾かすムロ(室)にも利用。
漆は、高湿度高温度で乾燥させる。
密閉空間に濡れタオルを入れるなど
職人や作家はそれぞれ独自の工夫で
湿度と温度を一定に保つムロをつくっている
入口付近には、水栓と漆を練る機械がある

Kさんがつくった漆の箸

国に交換留学し、技術を学んできた。

「新しい物ももちろんつくっていますけど、最近はリメイクするのが面白い。旅先の骨董品屋さんとかで欠けた木製の器とか、大正時代の古いものをちょっとづつ集めて直して使っています」

お椀などの漆器やお箸を買ってくれたお客さんの中には、壊れてもKさんに修理をしてもらいながら長年大事に使っている人もいる。修理のたびに会って、今度はこういう色にしようなどと話したりするのも楽しいのだそうだ。

アトリエの窓からも富士塚の緑が眩しくこぼれていた。

「ここは緑もあるし、窓も大きくしてもらいました。作業机に座ったときに、正面には空、横には木が見えます。私自身は光はちょっとで良くて、グレー一色が好きなんです。外から遮断して一人で籠りたい」

この家で、サニタリー以外に扉がついているのはAさんの書斎とこの部屋だけだ。Kさんは学校で美術教師の仕事もしている。先生らしく凛として落ち着いた雰囲気を備えた女性だ。日頃から学校というパブリックな場所で多くの人に接していると、自宅では一人で籠っていたい気持ちになるのかもしれない。

「ただ彼は逆ですね。私は静かな方だけど、彼は常に動いている」

「性格は違っても、共通するところもありますよね」と私が言うと、夫のAさんはキッパリ「ないんじゃん?」と笑った。けれどそうとも思えない。確かにAさんは酒席も好きな社交家だが、おおらかで落ち着いている。何よりこの家全体に、夫妻に共通する独特のトーンが流れているのをずっと感じていた。

ギャラリーは窓を必要としないKさんの要望を満たしているが、役割的には公共要素が強く、半ば外に開かれている空間だ。一方で、住居空間は窓も大きく、明るくオープンなAさんの人柄を反映しているが、役割としてはプライベートな空間だ。

構造と役割が逆転している二つの空間が、さらに間仕切りなしで互いに有機的につながっている。閉と開、内と外、私と公、陰と陽、相反する要素が相互に循環し、影響しあっているのだ。

三つの箱を螺旋状に上昇する

シーサーが出迎える踊り場や、段ごと

階段に置かれた雑貨の一つ。家を設計してくれた友人夫妻とフィンランドに行ったときの思い出の品

に雑貨がディスプレイされた階段をぐるっと上がると寝室がある。どうやらこの家の構造は、中央のトイレを中心に螺旋状に上昇すると最上階にたどり着く仕組みになっている。

「箱が三つあるんです。重なり合う空間の部分がトイレになっていて……」

Aさんが説明すると、Kさんが自作の小さな模型を出してくれた。

「これ何でつくったんですか？」

「漆です。まだつくり途中ですが、最後に窓の部分に螺鈿を貼ろうと思って」

この模型を見てようやく構造を理解できた。三つの箱を周回しながら空に近づくとは、なんとも美しい動線だ。

しかし、なんだか既視感がある。先ほどつづら折りの登山道をジグザグしながら登った富士塚で、富士登山なみのご利益にあずかったばかりだが、この家の中をグルグルと登っていく行為にも同じ効果がありそうだ。雑貨が辻々の石柱の役目を果たしている。

寝室から出られるベランダは三つの箱の一番低い屋根に当たり、富士塚の景観が満喫できるビューポイントだ。朝、目覚めて深呼吸をしたら気持ちが良さそう。晴れた日には富士塚の向こうに本物の富士山も望めるそうで、食事をしたり、友人を招いてBBQなども楽しんでいる。

しかし、〝四角い富士塚〟とも言うべきこの家の山頂はまだ上にあった。ベランダの壁に取り付けられたタラップを上がると、最も高い箱の屋上にたどり着く。そこにはきっちり二列に並んだたくさんの石が置かれてた。

本質的に変わらないもの

「いずれ写真に撮ろうと思って世界各地で石を拾っています。日本国内だと

Kさんがつくった
漆製の家の模型
3つの箱が重なりあう中央部分にトイレがあり、その周りを周回するように、階段を登っていく

屋上にならぶ石

四七都道府県の内、四二〜三県は行きました。あとは島ですね。伊豆諸島は全部クリアして、宮古島や屋久島でも拾いました」

石のことを語るAさんは嬉しそうだ。彼は国際的な美術展に作品を出品する機会も多く、撮影半分遊び半分で、二人でさまざまな場所を訪れている。釣り好きなので、島や海に行くこともしばしば。

「石は形より触ったときの質感で選んでいます」

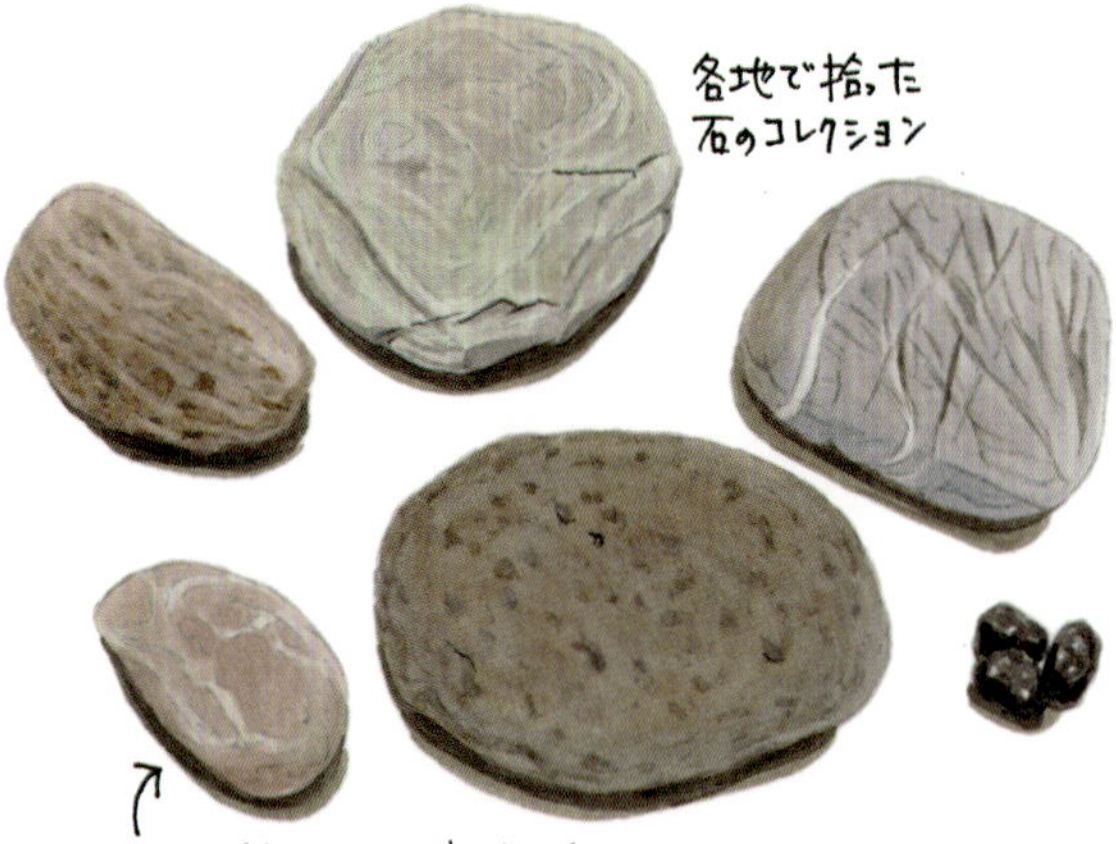

各地で拾った石のコレクション

水をかけるとグレーの部分が青くなる。「高麗時代のポジャギ（藍染などの風呂敷）みたいな色でしょ？」とAさん

水切りという水面に向かって石を投げる遊びを、韓国語ではムルスジェビ（물수제비）と言うらしい。Aさんは兵役時、海兵隊の訓練で水切りをしていて、石に興味を抱き始めた。

「石って波に揉まれたりして形は少しずつ削られていくけど、本質は変わらないですよね。世の中全部変わるけど、石は基本的にそのままだから好きなんです。水面を跳ねるときのあの音もいい」

Aさんの写真家としての最初期の仕事は、八〇年代後半から韓国で盛り上がった民主化運動を写した一連の作品だ。デモを牽引した最後の世代に属する彼は、高校生の頃から街に出て、シャッターを切り始めた。

民主化運動の成果はめざましく、その後韓国社会は激変する。多くは良い変化であったと思うが、時代の流れに追いつけない人々にとっては痛みを伴うものであったかもしれない。

火炎瓶をかかげる人、石を投げる人、防毒マスクに盾を携える鎮圧部隊など、Aさんの作品には多くの劇的なシーンが写し出されているが、不思議と熱を感じない。熱狂の中でふと素が現れる瞬間を捉えていて、どこか穏やかで静的なのだ。きっとその頃から、激しい潮流の中に沈む石のような、変わらない何かを探していたのだろう。

Aさんの個人史においても大きな変化があった。仕事や展示で頻繁に韓国に訪れていたKさんと出会い結婚し、日本へ移住したことだ。

「今は喋れるし社交的で、どんどんいろんなところに行ってますけど、こっちに来て最初の頃は言葉も通じないです

書斎にあったトランク。Aさんとともに世界中を旅してきた

三宅島の軽石。
「いいちこ」の瓶に
入れ、水に浸すと
存在感が出る」
とAさん

し、孤独だったと思います。大変だったんじゃないかな」とKさんは言う。

二〇一五年に韓国の雑誌『SERIES』でAさんが受けたインタビューを翻訳して読んだ。写真家にとって被写体とのコミュニケーションは重要で、日本に移住した当時はやはり言葉の障壁に悩んだそうだ。そんな中、Aさんは経済的な理由よりもむしろ日本という国を知るために、アルバイトをしてみたという。日本を代表する飲食店や配送業者を選び、働きながら、「普通の日本人がどのようなものの見方をして、どんな食べ物を食べ、何を好むかについて観察し、考える機会を得られた」と語っている。

人は言葉が通じない状況に置かれたとき、普段よりいっそう相手の一挙手一投足を観察して言外の信号を読み取ろうとする。そもそもが写真家は「観る人」だ。貴重な一瞬を逃さぬために息をひそめ、瞳の奥から本質を探し、常に撮るべきものと撮らないものを選り分けている。トーチカの窓からひっそり獲物を見据えるように。

彼の印象を、「落ち着いている」と書いたが、より正確に伝えるなら「洞察力」の英語をもじって、「中を（in）観る（sight）人」だ。表面的なものに惑わされることなく、本質を見つめる人の動じない佇まい。

そしてこの家にある多くのものは、そんな彼の眼差しを静かに受け止めている。じっと見つめていると、一見冷たく閉じた形の内側に豊かな世界が広がっているのではないかと思えてくるマテリアルの数々。Kさんの乾漆作品、数多《あまた》の石像、屋上に並ぶ石、そして螺旋のリズムを内に秘めるこの家そのものも。

それらすべてに手を当てて、奥に潜む何かに思いを巡らせてみたくなった。

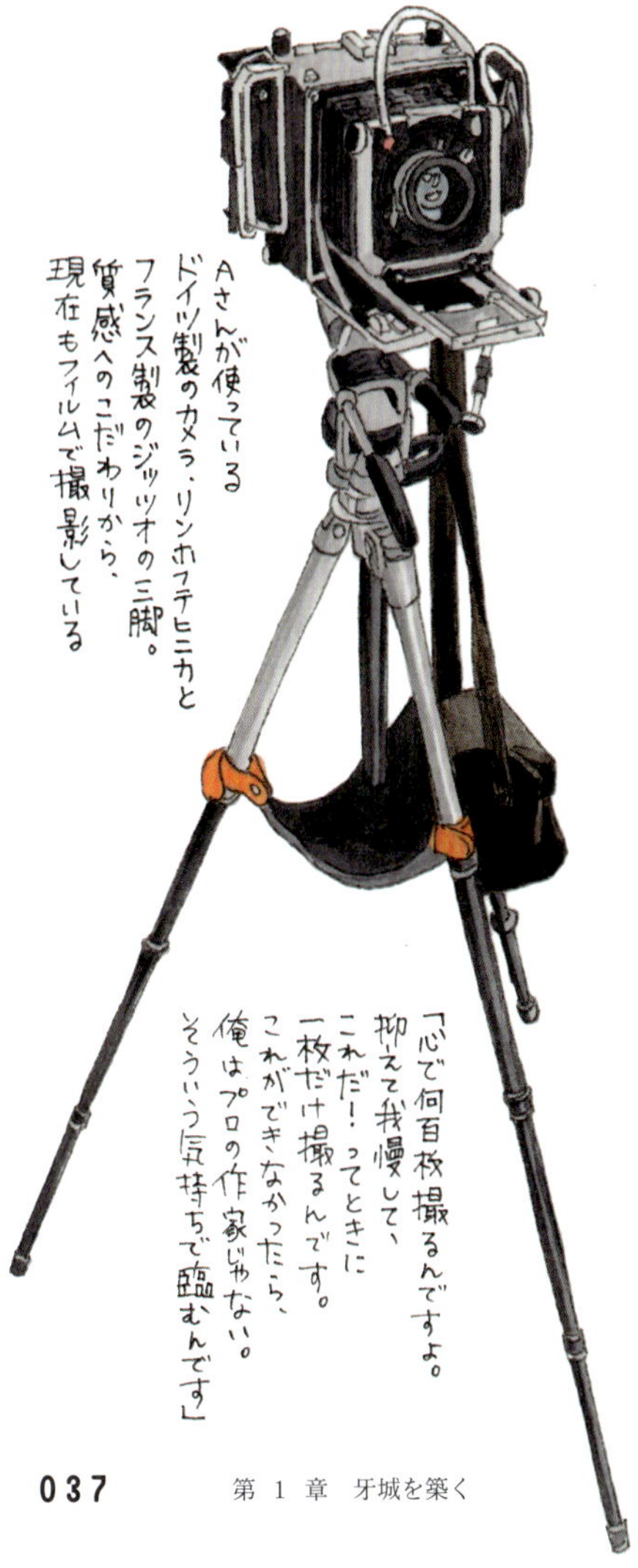
Aさんが使っている
ドイツ製のカメラ、リンホフテヒニカと
フランス製のジッツオの三脚。
質感へのこだわりから、
現在もフィルムで撮影している
「心で何百枚撮るんですよ。
抑えて我慢して、
これだ！ってときに
一枚だけ撮るんです。
これができなかったら、
俺はプロの作家じゃない。
そういう気持ちで臨むんです」

デカダンとまがい物の美学
私が私でいるために

KNさん［写真家（夫）］
UNさん［画家（妻）］

持ち家｜2LDK
建物面積約50㎡｜京都府

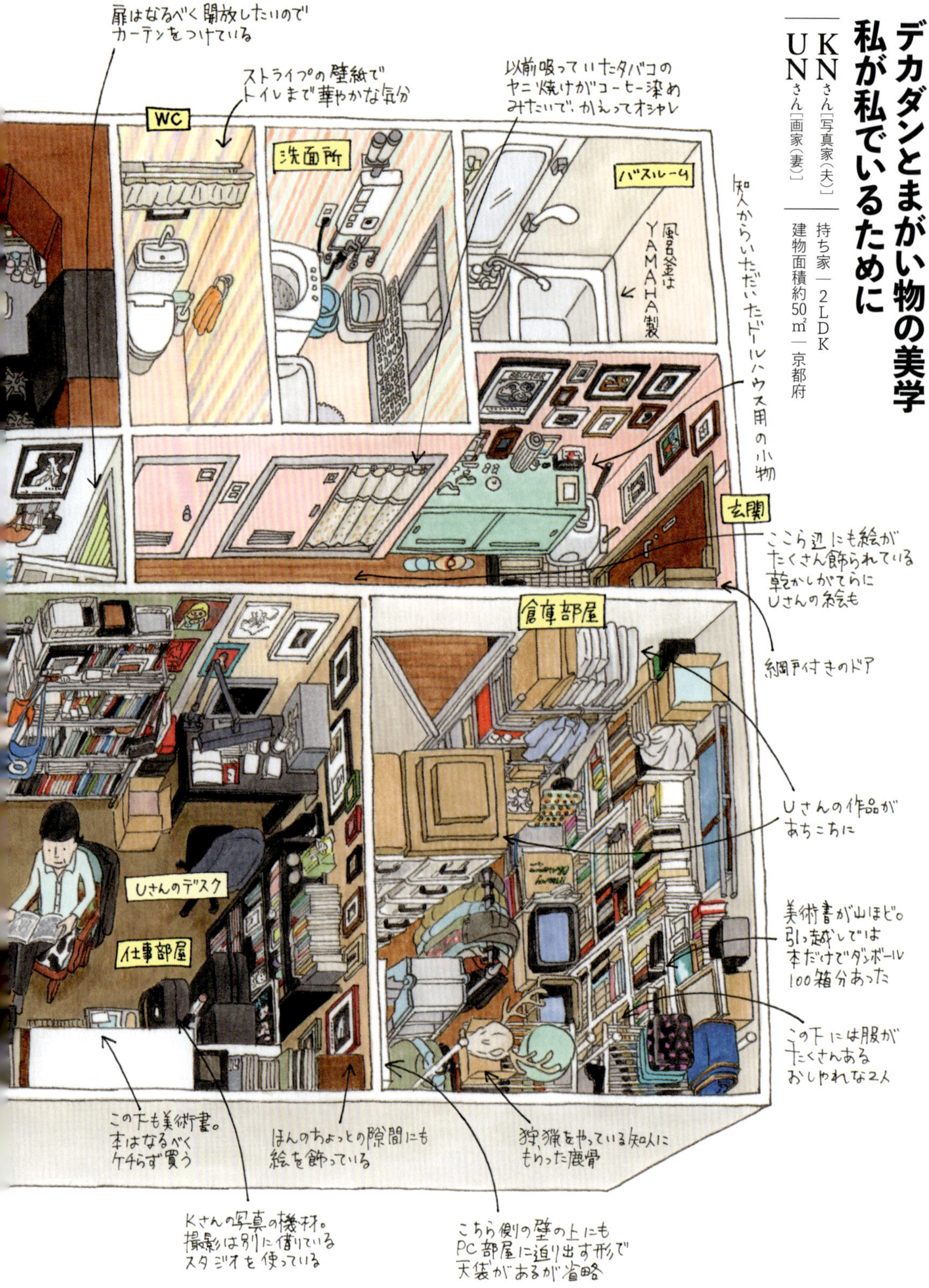

テーブルのろくろ脚は塗り直して
ブルーになったり白になったり
ロシアの
ぬいぐるみたち
Uさんのシャンデリアは
この家で初めて活かされた
80年代っぽい
システムキッチン
バルテュスのポスター
広さに不満はあったが、陽当たりの良さが決め手だった
もともと2部屋だったのでエアコンが2つある
Uさん手づくりの
ソファカバー
LDK
ここにも鹿骨
アトリエ
二人で塗った紫の襖
照明も
凝っている
寝室
インテリアに馴染み過ぎ
のネコのえっくん
小さい本棚
こちらの壁にも絵が
たくさん飾られている
CD棚。
CDは本より少なめ
Kさんのデスク
手づくりの位牌
モロカンタイル風カーペットの上に、
絵の具で汚れないように乳白色に
透けたビニールシートをひいている
襖の一部を開き、貼られたメッシュパネル。
開放感を演出しつつ、気になるチラシを
貼ったり、猫の侵入防止にも役立っている

ドアの向こうに広がる異空間。大きな丸鏡があるのも、映画『サスペリアPART2』のよう。写り込んでいるものが気になる

小さな美の回廊

二〇二二年の夏、京都に行った。写真家のKさんに誘われて、私の夫が参加したグループ展の搬入を手伝いに行ったのだ。搬入後、ついでだからとKさん夫妻を車で送迎したところ、「ちょっと寄ってく?」と誘ってもらい、お宅に立ち寄ったのだった。

古めのマンションの外階段を上がって玄関へ。「お邪魔しま〜す」と、なんの気なしに靴を脱ぐため屈んだとき、フッと別世界に入った感覚に見舞われた。視線を上げると、薄いピンク色の壁に絵画や写真、ポスターの額縁がたくさん並んでいて、おもわず息を呑んだ。

Kさんは写真家で、妻のUさんは画家である。廊下には二人の作品をはじめ、彼らの友人の作品、バルテュスや金子國義のポストカード、サラ・ムーンやハンス・ベルメールのポスターなどが額装され、整然と飾られていた。

まるでダリオ・アルジェント監督の映

画『サスペリアPART2』に出てくる絵画の廊下みたいだ。ピンクの壁紙を選んだのは夫のKさんで、「外から開けてパッとドラマティックな感じが欲しかった」と言うが、その目論見は大成功している。私もまるでアリスのように、足を踏み入れた途端、知らない世界に突入したような目くらまし感を覚えたのだ。こんな小さな廊下が、プライベート空間へ誘う優雅な回廊に化けるとは。

　彼らが美術に造詣が深いことは知っていたが、この家に足を踏み入れて、二人が如何に共通の美意識で深くつながっているのか思い知らされた。

日々を彩る色の饗宴

　奥へ行くと、LDKは薄いエメラルドグリーンの壁紙で、これはUさんのラッキーカラー、ミントにちなんで選んだ色だ。床は木製にしたかったが予算が高く、それならいっそ柄物で、と思いきり、青いモロカンタイル風のパンチカーペットを選んだ。もちろんビニール製だが、逆に「ニセモノ感があって良い」と、Kさんはほくそ笑む。確かに本物のタイルだったらちょっとしんどいかも。

　もともと和室だった寝室はフローリングにリフォームし、リビングとつなげている。

「小さい部屋がたくさん区切られてるのは、生活空間として好きじゃない。広い体育館みたいなとこでコーナーがあるのが理想」とKさんは言う。古い京町家で育ち、その暗くて重たい雰囲気に威圧感を感じてきたので、子どもの頃から軽くてフラットな雰囲気のマンションに憧れがあったという。

　寝室と仕事部屋との境いの紫の襖は、コロナ禍のおうち時間に二人で塗ったもので、アクリル絵の具とは思えない綺麗な仕上がりだ。これだけで、アンティーク調の鏡台がエモい物語性を帯びてく

リビングの窓際にある小棚

紫の襖と鏡。
デヴィッド・リンチの
映画に出てきそう

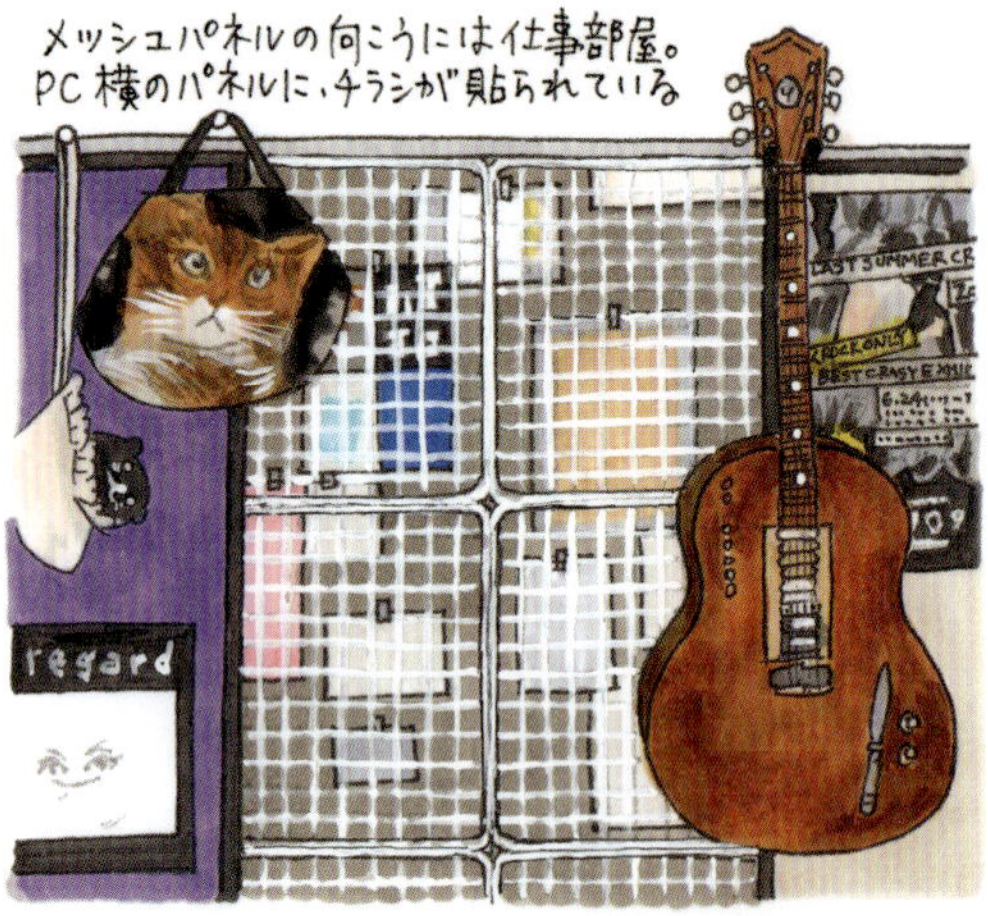
メッシュパネルの向こうには仕事部屋。
PC横のパネルに、チラシが貼られている
regard

る。また、襖の一部を開き貼られたメッシュパネルからは、隣の部屋が少し見えて開放感がある。他にも調味料入れをつくったり、コロナ禍中はリフォームにハマっていたそうだ。

エレガントなフレームベッドが鎮座するその壁にも、たくさんの作品が飾られていた。よく見ると窓側からのコーナーで壁紙の種類が変わっていて、ベッド側の壁は鈍い白地にヴィクトリア調の装飾がうっすら入っている。全体的にシャビーな色使いが多いのは、フランスの田舎みたいな感じにしたくてUさんが選んだそうだ。

コーナーで色の違う壁紙。
ベッドとカーテンの隙間の狭い空間にまで、
細やかな美意識が行き届く。棚の上はUさんの
作品。壁には、アルフォンス・イノウエなどの作品や、
Uさんが描いたバルテュスの模写が飾られている。
観葉植物はベンジャミン・バロックとドラセナ・コンシンネ

ロシアのぬいぐるみと首なしのドール

Uさん手づくりのベージュのカバーがかかるソファの横には、木製の小机にぬいぐるみたちが物憂げに肩寄せあっていた。Uさんの作品や、大阪で開催されたユーラシア大陸の人形の展示会で購入したロシアの作家の作品などだ。

しかしディスプレイしているのはKさんなのだと言う。ピンクの壁紙といい女子っぽいセンスが光っているが？

「僕、けっこうかわいいもの好きなんです」

聞けば子どもの頃から節句の五月人形

Kさんがディスプレイした
ぬいぐるみが肩寄せあう小机

Uさんのつくった
ぬいぐるみには
Uマークが入っている

より姉の雛人形の方が好きでよく遊んでいたそうだ。今ならそんな男子も多くいそうだけれど、戦後間もない生まれの世代では珍しかったのではないか。

「でもぬいぐるみは全然興味なかった。新しい発見ですね。この人の影響で」

Kさんは嬉しそうに語っている。

これだけ好きなものに取り囲まれて暮らす環境をつくっているのは、作品制作の気分を盛り上げるためなのかと思い、Uさんに尋ねたところ、

「絵を描くためというより、混乱しないように、かな。どんな大きな家に住んだとしても、ここでも、混乱しないことを最優先にしています。自分のキャパみたいなものは意識していて……」

いまいち意図が飲み込めないまま、うなずいていると、彼女は思いついたよう

ロシアの作家の
ぬいぐるみ作品
「モーヴ・フォックス」

こちらもUマークつき。Uさんの作品

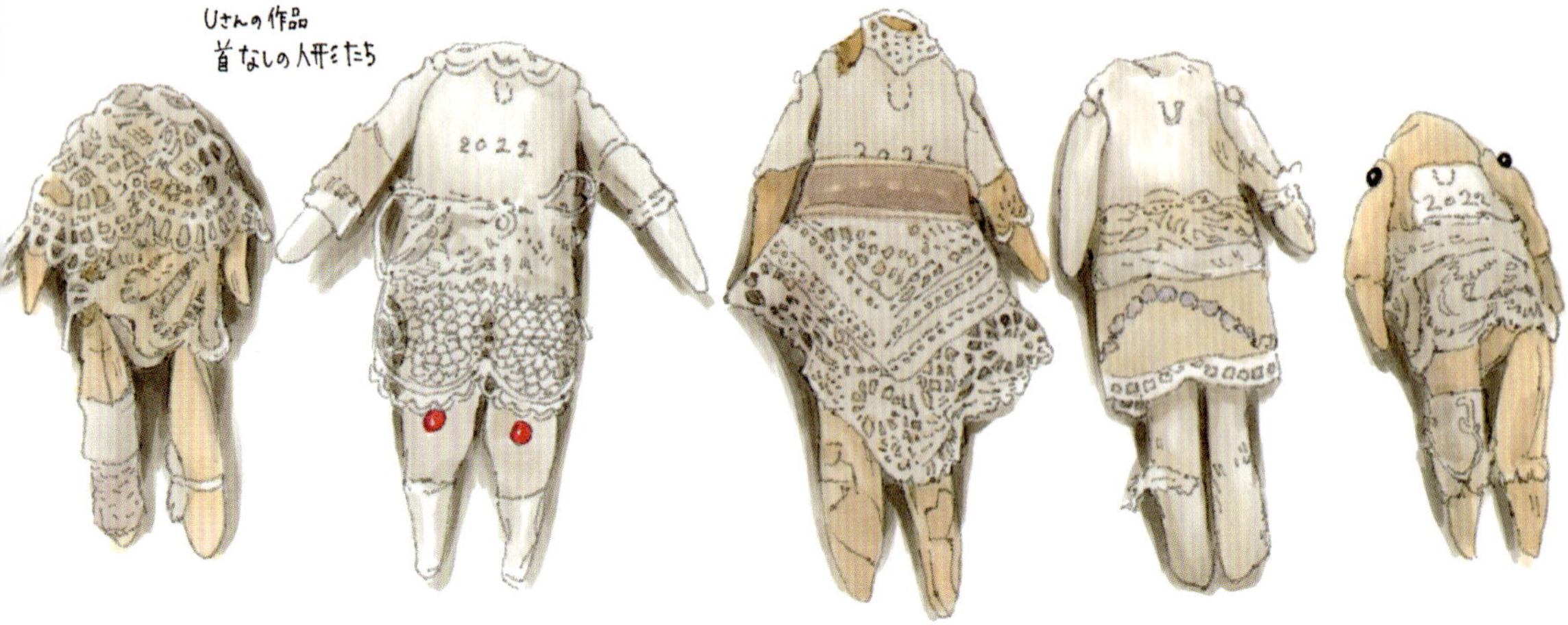
Uさんの作品
首なしの人形たち

に小机の下の黒い箱のリボンを解き、首のない人形のようなものを見せてくれた。

「今度展示しようと思ってつくっているんです。顔をつけると個性が出るから、つけんとこうと思って」

おがくずをつめたボディにはチクチクと手縫いしたドレスが着せられている。

「最初はハギレを安く譲ってもらってやってたけど、やっぱいろんな生地やレースが欲しくなってきて。これはドイツのマングルクロスというアイロンの当て布です」

彼女の表現活動の一つで、展示までに一〇八体を目指してつくっている。

ダイニングと寝室を仕切る襖は取り払われ、代わりに一畳ほどのアトリエ空間が仕切りの役目を果たしていた。

「友だちに、こんな狭いとこで描いてるの!? って言われるけど。スイッチ入るまでの時間を短くしたくて」

確かに狭い。イーゼルに置ける絵のサイズは最大五〇号くらいがギリギリらしい。Kさんは一五分ほど離れたところに仕事で使うスタジオも借りていて、Uさんも以前はそこで絵を描いていた。

「でもその一五分がめんどくさくって。ここなら寝ながら見てて、あそこ直したい！ と思ったときにすぐ直せる」

彼女にとって絵を描くことは、寝て食べるのと同じくらいの日常的な行為になっている。

「コロナ禍の間は、キャンバスや板の上に炭酸カルシウムなどを塗ってみたり、油絵の具がのりやすい下地の研究をしてました」

画材がたくさん
のった小机

仕事部屋の壁は3段仕様のカラーボックスが9つ、その上にも天井までぎっしり本が積まれている。縦横にあそぶ背表紙やフォトフレーム、蝶や鉱物の標本も目に楽しい。家中の本棚は、ほとんどカラーボックスで済ませているが、安っぽさを感じさせない

コツコツとした作業が好きなUさんはテンペラ技法も手がけている。この空間で素材研究に勤しむ姿は錬金術じみていて面白い。足元の赤い箱に入った筆や絵の具まで絵の世界の小道具のようだ。

「整理の仕方もKさんに教えてもらったんです。どうやったら大きい筆と細い筆が取りやすくなるかとか」

さっきから話を聞いていると、Uさんは極端に整理が苦手な人らしい。シャンデリアをはじめ、この部屋を際立たせるアイテムはいずれもUさんの持ち物なのだが、それを活かし、輝かせているのはどうやらKさんなのだ。

ぶ厚い美術書を軽く見せる

Kさんには天然のレイアウトセンスがある。以前、美術書の出版社に勤めていた彼の蔵書は重たい美術書が多い。玄関脇の倉庫部屋や中央の仕事部屋に集中しているが、各部屋にも分散させているため、それほど存在を感じさせない。

「うるさくなるじゃん、一ヵ所にあると」

どうやら無意識にやっているらしい。厚い本が垂直に並べばそれだけで威圧的に感じるが、縦に並んだ本の上に横置きの本が随所に差し込まれ、そのバラつきが視覚的な遊びの効果も生んでいる。

「本って縦に置かなきゃいけないいってずっと思ってたんですけど、Kさんが横にスッと入れたら良いって」

ちょっとしたセンスで、一つ一つは重たいアイテムながらも、気負わず砕けた雰囲気を醸し出している。

「別に人に見せるとかじゃなくて、自分に見せる。自分がどんなとこ居たいか、だけやん」

そのさりげなさは、Uさんをも救っているのではないか——、彼女が絵を描き始めたきっかけを聞いて、そんなことを考えた。

絵を描くことが生きること

愛知県立芸術大学卒業後、岐阜県の実家に戻り、ドイツ留学のために資金を貯めていたUさんは、地元に閉塞感を感

じていた。毎週ドイツ語を習いに京都に通っていた頃、頻繁に出入りしていた画廊でKさんに出会った。

「なんかあの頃の京都って、頭が良すぎて変な人とか、若い子もおじさんも話すことや体験談がすごく面白くって、なんて文化的なんだ！ これ、絶対住んだ方が良い！ って思ったんです」

ドイツ行きをやめて京都に住み始めたUさんは、編集プロダクションでデザインの仕事に就いた。しかし憧れの京都ライフを満喫していたのも束の間、締め切りに追われる仕事には昼も夜もなく、過労に追い込まれていった。

「最初は自分の名前が載ったりして嬉しかったけど、どんどん出来上がったものに感動しなくなっていって……」

数年ののち、体調を崩し仕事を辞めることとなった。

「大変やったけど、辞職してから絵を描き始めたので、今から考えたら良かったかな」

美術に詳しかったKさんは、絵のアドバイスから画廊の紹介までバックアップした。ノロノロと展示を始めたUさんは、それからずっと描き続け、今では熱心なファンを抱える作家になった。

「一〇年やってきて、有名になりたいとか、どんどん無駄な欲がそぎ落とされてきて、描きたいと思ったときに描くことが、生きることなんだって思います。絵の具買うお金あるなら、美容院行って綺麗にしてもらった方がテンション上がるかもしれへんけど、でも絵の具買いに行くし。なんやろな、絵を描くことって。バイトもしてるけど、やっぱ人としての仕事は絵を描くことだと思ってる」

イーゼルに立てかけられた絵には、本を手にする少女が描かれていて、遠くを見据えるその瞳には、Uさんの秘められた情熱が感じられた。

自分を見失わずにいられる牙城

一方で、Kさんの作品はエロティックなモチーフにテクスチャを加えたモノトーンの写真が多い。耽美的と言われているが、「耽《ふ》ける」と言うほどの熱量は感じない。むしろ私は、もっと乾いたアンビエントな視線を感じていた。

それは彼が六〇〜七〇年代にかけて在籍していた、今や海外でもカルト的な人気を誇るアンダーグラウンドバンドの音にも感じていたものだった。数々の音楽ファンを魅了したバンドの立ち上げメンバーであるにもかかわらず、Kさんは過去について多くを語らない。CDが再発されても、雑誌で特集されても、イベントが開催されてもどこ吹く風で、「やってますなぁ」と一言。どうでもいいらしい。

過去に頓着しないどころか、最近では自分の作品にさえ、こだわりがなくなってきたと言う。

「作品が傷ついても、それも一つのドキュメント性……、まあ成り行きみたいなもんやん。それを取り込みたい。自分がつくったもんが、崩れていくのを見ているのが楽しい」

これがデカダンと言うものか？

私は、どちらかと言うと「耽美」が苦手だった。暗くて重たい、ヨーロッパのお貴族様の嗜む頽廃的な趣味。アッシなぞには……と、卑屈な気分になるからかもしれない。けれど、この家に置かれている物には、それらが内包するはずの重たさも頽廃感も感じられない。そこにはKさんの飄々とした〝抜け〟感が大いに影響していると思う。

本を横に挟むのも「場所がないから」、メッシュパネルを貼るのも「猫が入らないように」と、本人はひたすら実用性を考えているだけのことなのだが、結果的に遊び心や開放感が生まれている。

もう一つ、部屋全体を軽く見せている要因には、彼のニセモノを好む嗜好性があると思う。例えば、本物を求めて海外に移住したいと思わないかと尋ねると、「最初面白いけどたぶん三日経ったら日常ですよ」と冷ややかな反応だ。「刺激を刷新していきたいなら、キッチュなパンチカーペットの方が一〇万円ぐらいで全部張り替えられるから良い」と言う。

「本物のブランドの何十万円に対して、何千円のニセモンのブランドって、批評性やろ、あれ。バッタもんちゅうのはやはりデカダンかもしれない」

趣味性の高い空間で創作をすることについての意義を尋ねると、

「趣味性を馬鹿にしちゃいけない。つくるのも、批評も、一番のベースは生きてる日々の生活から出てくる。理念とかそういうのがあって批評するわけじゃなくてね。だから、それ絶対捨てちゃダメだし、そんなんでやってるよね、日々」

その上で、こう語った。

「〝私が私であって〟みたいなところで生きてる子たち、女の人を、大事にしないといけないと思う」

フェミニズムには共感するが、理論武装した闘争よりも、日々の暮らしを大切に生きている女性を大事にしたい。かわいいものが好きなのも伊達ではなく、深い哲学があってのことなのだ。

そしてこの言葉は、Uさんの言う「混乱しないために」へのアンサーでもあった。この家を彩るすべてのものは、彼女が自分を見失わずにいられるように、二人で築いた牙城なのだ。Kさんの軽やかさは、Uさんの持ち物ばかりでなく、彼女自身の魅力も活かし輝かせている。

ヴィンテージなドレスを身にまとう2人。Kさんが自撮りで撮った結婚写真

Home Sweet Column —— 1

家も主役の映画やドラマ その1

『しとやかな獣』

川島雄三 監督（一九六二）

詐欺まがいの行為を働き、日銭を稼ぐ家族を描いたブラックコメディ。できたばかりの晴海団地を舞台に、騙し騙される人間模様が繰り広げられる密室劇。ときおり流れる能楽が、それぞれに仮面をかぶって狂言を回す家族の茶番を引き立たせる。ラストの団地の遠景には、前川國男設計の晴海高層アパートも眺められる。

『岸辺のアルバム』

山田太一 監督（一九七八）

念願のマイホームに一男一女の中流家庭。昭和中期に誰もが目指した理想の家庭を築いた夫妻だったが、はたしてその内情は……。仕事一筋の夫と、家を守る妻。昭和の経済成長を支えた家族形態から生じる歪みを炙り出し、時代を切り取った名作。終盤、「問題は中身だもの。家ばかり綺麗にしたってしょうがないわ」と何の気なしに語る長女、律子（中田善子）の言葉がすべてを物語っている。

『ノマドランド』

クロエ・ジャオ 監督（二〇二一）

リーマンショックで家を失い、キャンピングカーでバイトをしながら漂流する高齢女性の日常を描く。自由な生き方は若さに裏打ちされるもので、高齢女性が肉体労働に従事しながら漂流する姿に、多くの観客は心を痛めるだろう。けれど主人公ファーン（フランシス・マクドーマンド）の意志と尊厳は、安易に「社会的弱者」のレッテル貼りをさせるのを躊躇させる。「一緒にここに住まないか」と誘われたその家は、やすらぎを絵に描いたような三角屋根のかわいらしい家。軒先の自宅（車）の傍からじっとその家を見定めるファーンの瞳に心を打たれる。

『パラサイト 半地下の家族』

ポン・ジュノ 監督（二〇一九）

現代「家」映画の金字塔。半地下に住む家族が、丘の上の富裕層の邸宅に口八丁手八丁で寄生していくさまを描いたブラックコメディ。中盤に登場するさらに「下」の存在が、家族の計画をかき乱す。自尊心を隠してパク社長（イ・ソンギュン）にへり下っていたキム・ギテク（ソン・ガンホ）を自暴自棄に走らせたのは、社長のとった何気ないしぐさだった。

『天国と地獄』

黒澤明 監督（一九六三）

ポン・ジュノ監督がインスパイアされたのが黒澤明監督のこの名作映画。『パラサイト』のように富裕層と貧困層が日常で交わる機会はなく、ただ「下」から見上げられていただけで恨みを買ってしまうという設定は、家というものが常に格差を浮き彫りにし、人の妬みを誘発する罪深い存在なのだと気がつかせる。両映画とも、主要な建物はすべてセットで設営されているが、『パラサイト』の富裕層の邸宅デザインには特に、『天国と地獄』へのオマージュが感じられる。

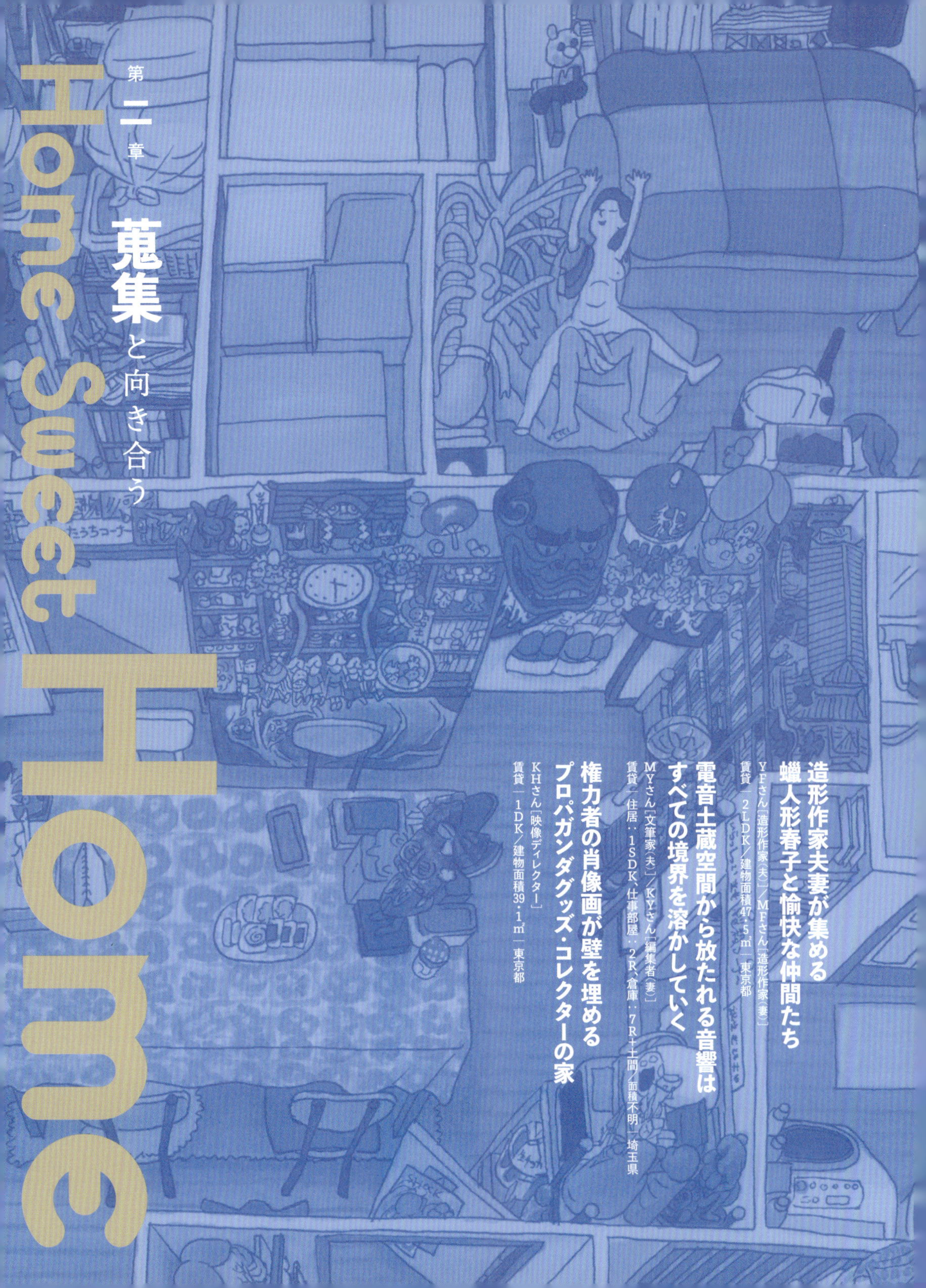

Home Sweet Home

第二章 蒐集と向き合う

造形作家夫妻が集める 蠟人形春子と愉快な仲間たち

YFさん［造形作家（夫）］／MFさん［造形作家（妻）］
賃貸｜2LDK／建物面積47.5㎡｜東京都

電音土蔵空間から放たれる音響は すべての境界を溶かしていく

MYさん［文筆家（夫）］／KYさん［編集者（妻）］
賃貸｜住居：1SDK、仕事部屋：2R、倉庫：7R＋土間／面積不明｜埼玉県

権力者の肖像画が壁を埋める プロパガンダグッズ・コレクターの家

KHさん［映像ディレクター］
賃貸｜1DK／建物面積39.1㎡｜東京都

造形作家夫妻が集める蠟人形春子と愉快な仲間たち

YFさん［造形作家（夫）］
MFさん［造形作家（妻）］

賃貸｜2LDK
建物面積47・5㎡｜東京都

2014.5.

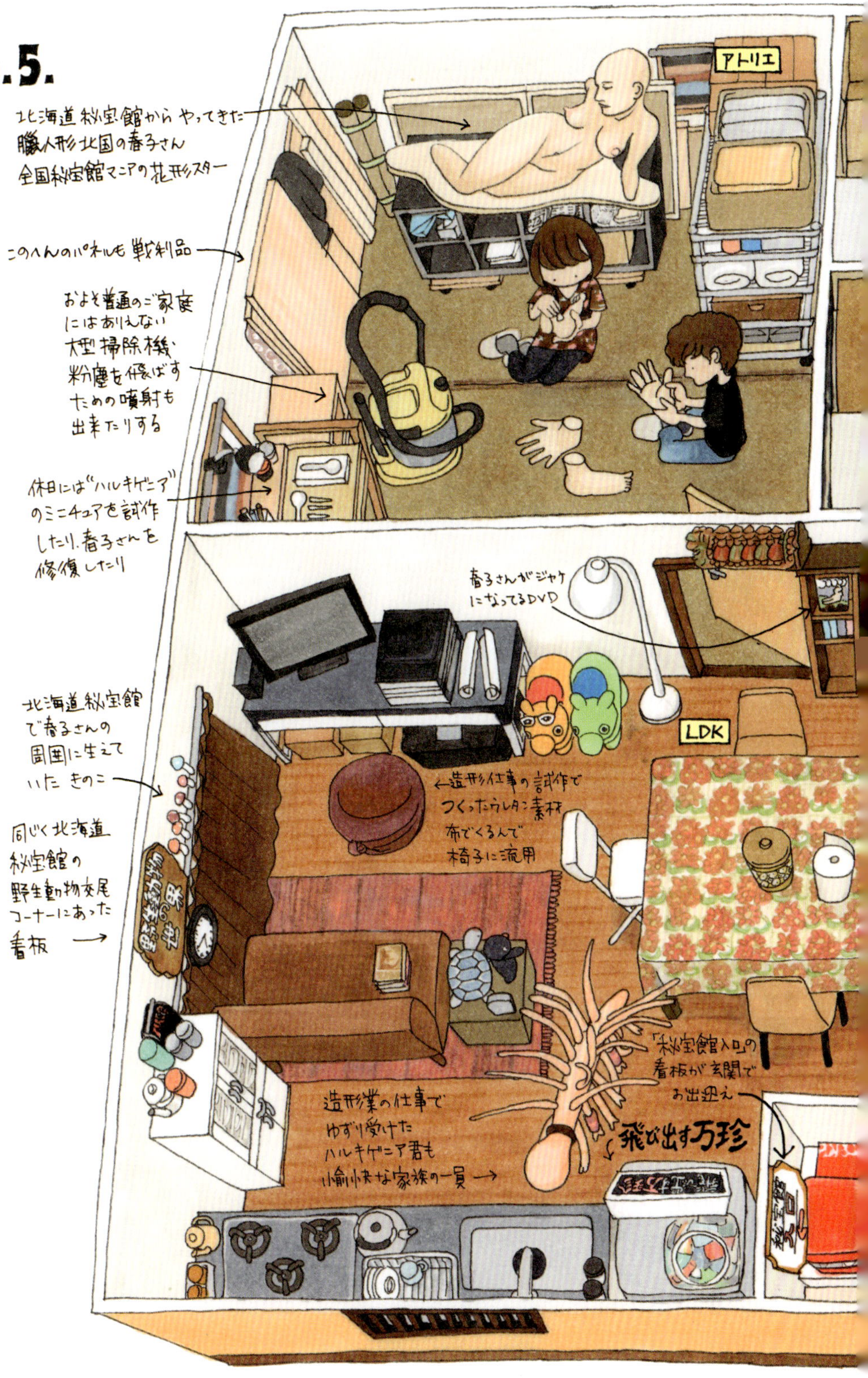

アトリエ
北海道秘宝館からやってきた
蠟人形北国の春子さん
全国秘宝館マニアの花形スター
このへんのパネルも戦利品
およそ普通のご家庭
にはありえない
大型掃除機、
粉塵を飛ばす
ための噴射も
出来たりする
休日には"ハルキゲニア"
のミニチュアを試作
したり、春子さんを
修復したり
春子さんがジャケ
になってるDVD
LDK
北海道秘宝館
で春子さんの
周囲に生えて
いたきのこ
←造形仕事の試作で
つくったウレタン素材
布でくるんで
椅子に流用
同じく北海道
秘宝館の
野生動物交尾
コーナーにあった
看板
「秘宝館入口」の
看板が玄関で
お出迎え
造形業の仕事で
ゆずり受けた
ハルキゲニア君も
愉快な家族の一員
飛び出す万珍

北海道秘宝館時代の春子さん

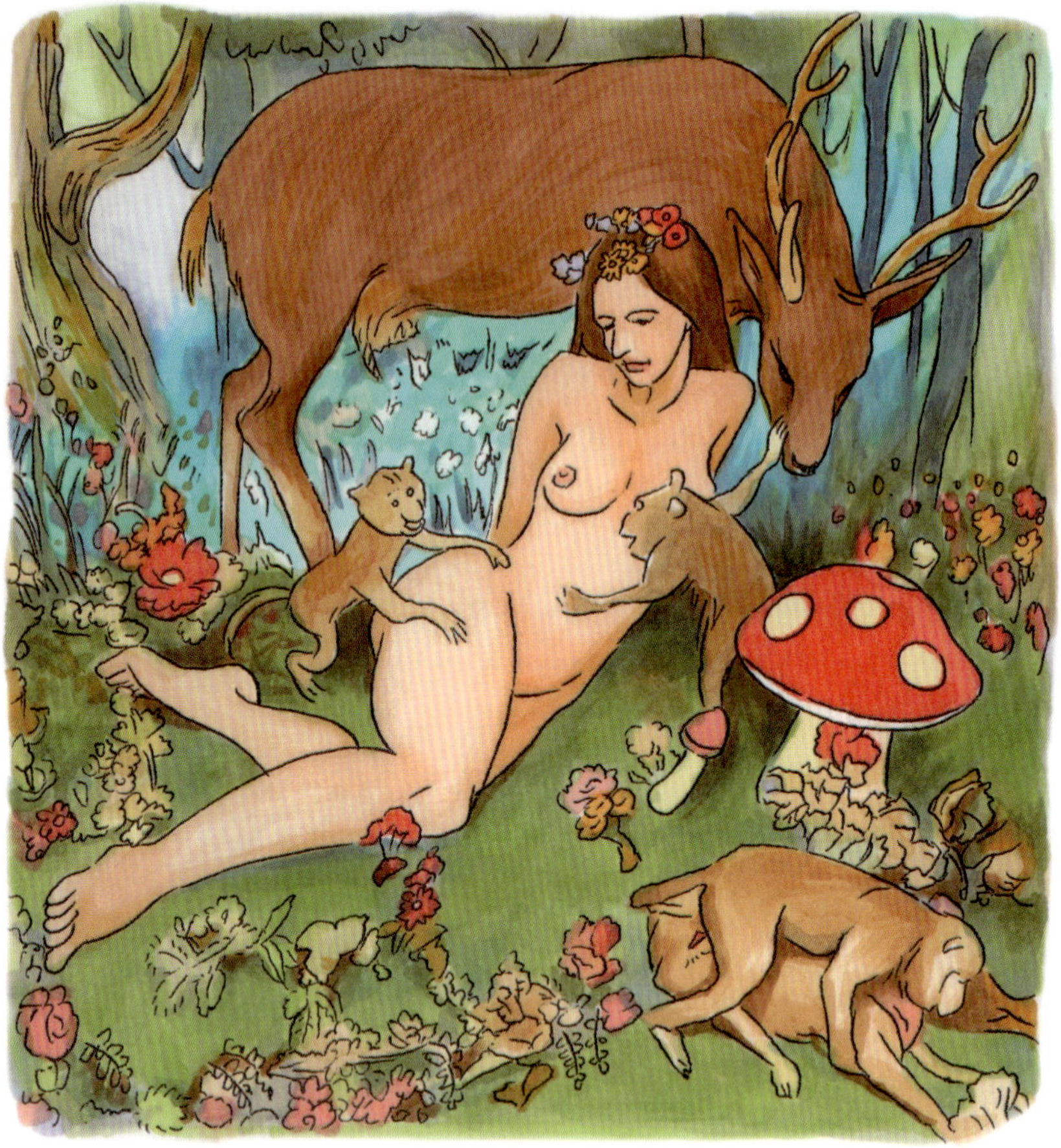

メルヘンチックな森の動物に囲まれ、うっとりと鎮座する春子さんは、男性よりもむしろ女性のファンタジーを掻きたてる人気の展示物だった

すべては春子から始まった

二〇一三年、F夫妻は取り壊しが決まった北海道秘宝館から一体の蠟《ろう》人形を引き取り、その名を春子と名付けた。二〇代の頃から秘宝館にハマり、全国の秘宝館を巡りつくした妻のMさんにとって、春子は特別な存在だった。

「付き合い始めて一緒に行くようになってからも春子に対する執着心が強すぎて（笑）」引き取る話にとてもNOとは言えなかったと夫のYさんが笑うと、「やっぱ一番可愛かったから」とMさん。

しかし、閉鎖後に長年放置されていた北海道秘宝館は泥棒に入られたこともあり、頑強に固定されていた春子は盗難の憂き目は免れたものの、そのときの被害で腕や脚が割れ、引っ掻き傷も多々ある痛々しい姿になっていた。

夫妻は普段、フリーの造形作家として、博物館に置かれる造形物や、テレビや映画の小道具などをつくっている。修理する腕前はあるものの、蠟という素材は

Mさんの作品　『陰部神社』ご神体に手を入れると御利益があるそうな

扱ったことがなかったため、以前東京タワー蠟人形館で修理の仕事をしていた私の夫のことを知り、連絡をくれたのだ。しかし、ほとんどの人形のボディがマネキンで出来ていて、蠟製の頭部や手脚のパーツを取り外して気軽に修理出来ていた東京タワーの蠟人形と違って、オールヌードの春子さんは全身がっつり蠟製なため、重くてひっくり返せないし、塗り直す面積も広い。

　これは難儀な案件だということで私もアシスタントに加わり、彼らに蠟の扱いを伝授しながら修復する四人体制のプロジェクトが始まった。修理は続行中で、結果二〇一四年から定期的に、私はこの家を観測し続けることとなった。

増殖し続けるキッチュな仲間たち

　修理は年に数回のペースで行っていたのだが、F家には訪れるたびに、思わず「なにこれ！」と笑ってしまう楽しいグッズが出現し、それをネタに歓談してから作業に入るのが恒例になっていた。

　たとえば、陰部神社、等身大の美女軍団の電飾付きレリーフ作品、秘宝館の建物を模した帽子、虎の張り子、獅子頭、パプアニューギニアの仮面や信州の道神面など、書き出したらキリがない。それらは夫妻の作品の他、地方のリサイクルショップやヤフオクで〝救出〟してきた物が渾然一体となっている。どれにも楽しいエピソードがあり、質問すると二人はいつもウキウキと説明してくれるのであった。

　気がつけば最初に俯瞰図を描いてから八年経ち、夫妻の家は様変わりしていた。コロナ禍で修理をお休みしていた間にも物は増え続け、アトリエにはもうほとんど作業スペースさえなくなっていた。どうしてこんなことになったのか。

　夫妻がこの家に入居したのは、春子を引き取る一年前だ。以前より広い家に越

Yさんの作品　電球の上に木材で切り抜かれた美女が並ぶ独特の技法

寝室
寝室の本棚には祖父の形見の
エロ手帳や「世界の強精食」
「性神」「セックスカタログ」
など古今東西の性書がならぶ
まさに「奥の院」
Mさんの作品
建築模型の様だが
実は帽子で被ることが出来る
秘
元祖
国際
秘宝館
バスルーム
ちんこ頭人形
伊東の大倉
商店の看板
洗面所
ムキムキおじさんの頭
上には洗たくハンガー
にぶらさがる骸骨や
恐竜のフィギュア
窓を埋めてつくった
Yさん手づくりの
飾り棚
WC
←東松山の
リサイクルショップ
店主作の人形
山梨の
某施設の
木彫像
玄関
←マイケル君は季節ごとにデコレーションしたりする

2022.4.

Yさんの作品

印刷物のコラージュが
埋めこまれたFRP
とにかく手がこんでいる

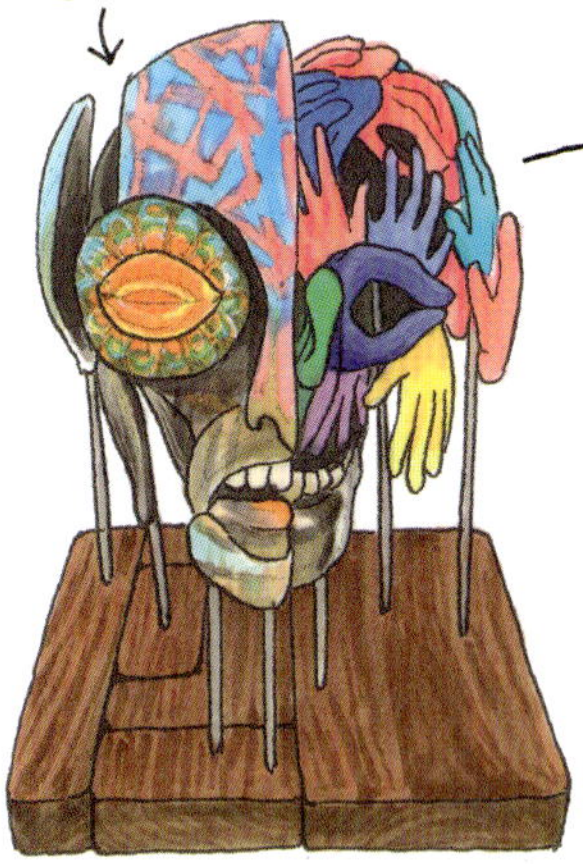

休みの日もアトリエで
作品をつくるYさん。
作品に圧迫されて
アトリエの作業
スペースはほとんど
なくなっている

春子は端っこでビニール
シートに保護されている

かつてのPCデスクは
「陰部神社」の祭壇に

モナコのシャルレーヌ公妃の髪型
もまねてモヒカンメリリのMさん。
ヤフオクの検索ワードは
「春画」や「男根」

天井に吊り下がる金魚と
巨大アロワナのフロート

Yさんの作品

ソファはイム像くに
占拠された

チープなプラスチック製品と
オモチャの札でつくった熊手

玄関には七福神風
ちんまんの神様。
完成度の高いMさんの作品

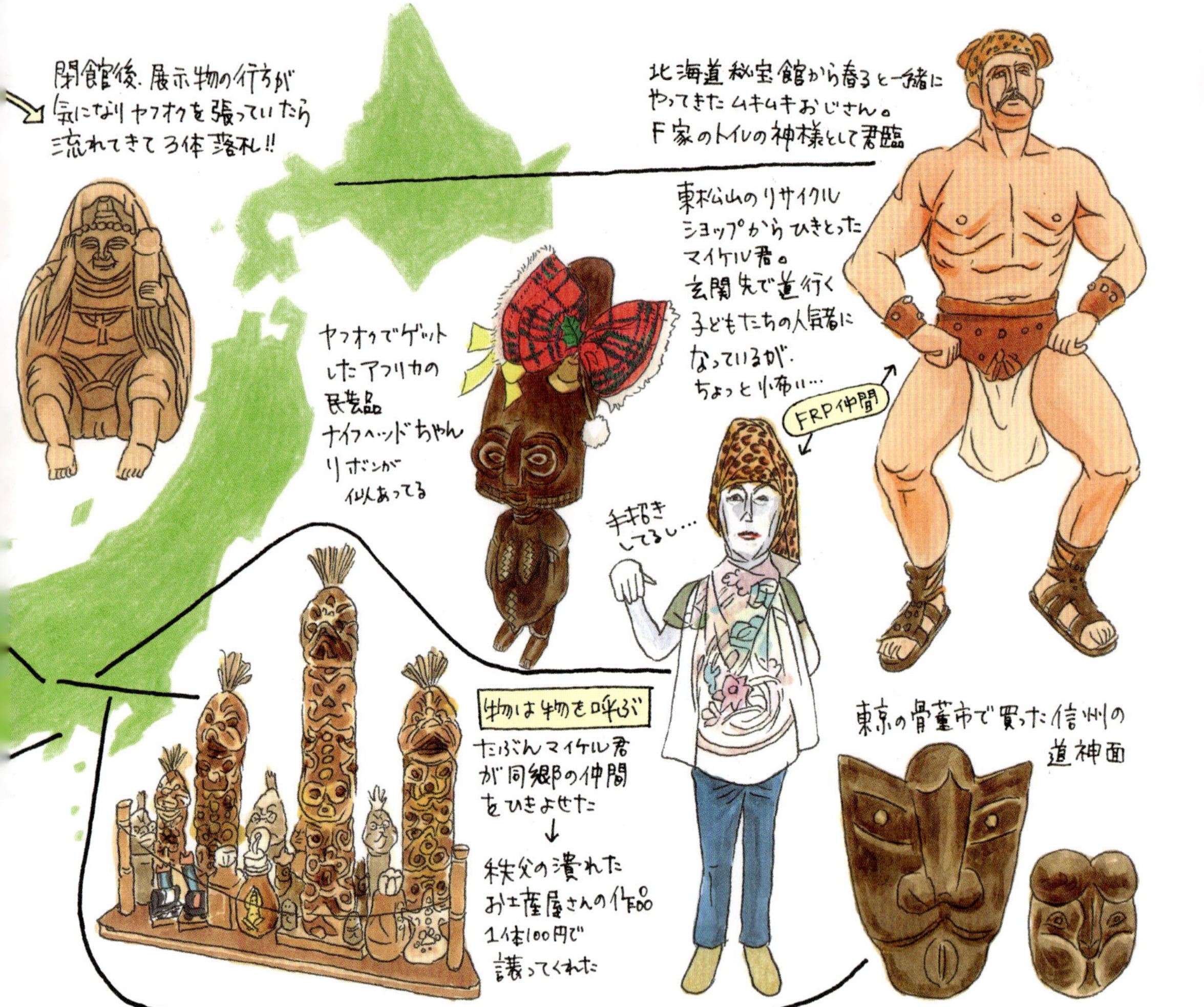

してきたのは、大きな物のコレクションを念頭においていたのだろうか。

「いや、まったく予想していなかった！　最初は全然集めるタイプじゃなかったんです」と妻のMさんは言う。

当初は本や写真で満足していたが、各地の珍奇な博物館を巡り始めると、「実際行ったら全然印象が違っていた。映像に映らないところにこんなにいっぱいあったんだ！」と、まず実物の醍醐味を知ってしまったのだと言う。

その内に、Googleマップを見るだけで珍スポットを探し当てる勘も身についてきた。「最近は“博物館”“考古館”とかで検索かけて地図でパトロールします」と夫のYさん。

私も一時期、地方に行くたび、珍スポットを回っていたことがあるが、いくつか見ると飽きてしまった。しかし夫妻にはまったく飽きる気配がない。

「なくなっていくことへの危機感は大きい。実際行ってみて潰れていたりしたから」とYさんは言う。

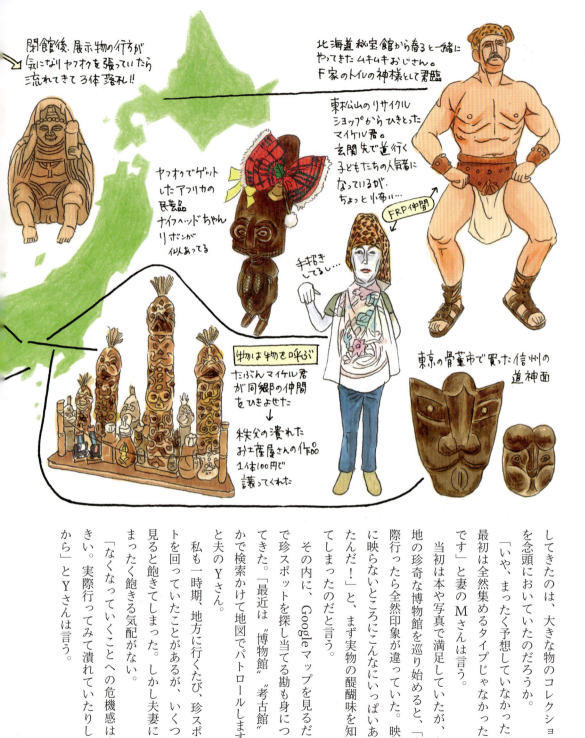

ちょうど夫妻が旅を始めた頃から、日本各地に点在していた秘宝館や珍博物館が次々と閉館されていった。「今しか見られない」という危機感と、「貴重な歴史的資料を保護しなければ」という使命感も加わって、蒐集癖は加速した。

Mさんは、「一個買うと、家でじっくり見たときに全然印象が変わったり、新しい発見があるのが分かるから、そうすると次もやっぱ買っておこうって思う」

こうなると止まらない。二人でお宝ゲットを競っているうちに、気がつけば自宅は小さな民俗学的秘宝館とでも言うべき空間になっていた。

日本各地で埋もれている貴重な品を探し、掘り出す姿勢は、探検家か考古学者のようでもある。その価値基準は「こんなに手がかかっているのにこの値段！」とか、「このデザイン、想像できないよね、普通」など、造形作家ならではの審美眼に基づいている。ちなみに彼らは映像作品やSNSには興味がない。あくまで手で触れるものが好きなのだ。

祖父から受け継いだ笑えるエロへの偏愛

それにしてもMさんは、なぜそこまで昭和のオッサン文化に傾倒するのか。

「生々しいエロじゃなくて、人がつくったものが好きなんです。人の手が入り想いが込められることで、ユーモアとして昇華され、笑いを誘うものになる」

春画は「笑絵《わらいえ》」とも言われている。今では立派な美術館で真面目に拝観されているが、あの大きな一物も笑かすためのジョークだと思うと納得できる。確かにこの家にある物は「エロ」だけではなく、どれをとってもユーモアに溢れている。

寝室には、Mさんの祖父の形見のポケットサイズのエロ手帖があった。子どもの頃に同居していた祖父は、当時観光地などで売っていたエロいお土産物ばかり買っていたそうだ。Mさんの母に、「女の子ができたのだから処分してください」と注意され、それでも捨てずに隠していたものの、結局発見されて問答無用で捨てられてしまった。しかし、当の孫娘は ゴミ箱を漁り「こんなのある！」と喜んでいたのだ。

「おじいちゃんのおかげでエロ手帖の存在を知ったんです」

大人になってから買い足した分を含めると一四冊ほどある。エロと言ってものんびりしたもので、何よりつくりが凝っている。温泉のポップアップや、セロファンの上をスライドさせるとシミーズが脱げていく仕掛けなど、遊び心が満載だ。デザインや書体もかっこ良くサイズもお手頃なので、手元に置いておきたくなるのもうなずける。一九六八年前後の二～三年間に出回ったものらしい。

「古いものが良いってわけじゃないけれど、総じてつくりが良い物は古い物の方が多い。製作にかけてる時間が全然違うから」とYさん。「新しい物は表面的で、参考にしようと思うとどうしても古い物に行き着いてしまう」

本も雑貨も一つの作品として捉え、物づくりに反映させることを念頭に置いているようだ。

春子の修理をともにして、夫妻の仕事ぶりはよく知っている。Mさんは思い切りがよくアイデアが斬新で、Yさんは丁寧で細かい作業が得意な職人気質。物をつくるのが大好きな二人だから、休日も手を休めることなく作品制作に打ち込んでいる。質感にこだわりを持つのは当然で、だからこそ信頼できる。気を衒い、話題性でエロ系を扱うような表層的な意図は感じられない。

性の民俗学 隠すことで生まれる偏見

民俗学的な興味も出発点は同じらしく、「ちんまんを突き詰めると民俗学の方に行く」とMさんは言う。

確かに、豊穣を祝うお祭りや信仰には、生殖を象徴する男根や女陰、男女和合のモチーフは欠かせない。

彼女は、「日本人は昔から、おおらかで笑えるエロが大好きだった」と考えている。

宮本常一の『忘れられた日本人』(岩波文庫)、「女の世間」の章では、楽しく猥談に興じながら田植えをする女たちが描かれている。その機知に富んだ会話や明るさは、私がそれまで抱いていた〝家に暗く閉じ込められた女性のイメージ〟を軽く一蹴するくらい印象的で、初めて読んだときには羨ましくさえ感じたものだ。その話をMさんにすると、あっさりと、「それが普通だと思うんですよね」

そんな雰囲気があったのも、「明治まで」とYさんは考えている。確かに明治初頭の条例で、春画の販売や混浴は禁止されたようだ。以降黒塗りされるようになってしまった春画も、近年、大英博物館で大規模な展示が行われて以降は、手のひらを返したように国内での評価も上がっているらしい。良しとするも悪しとするも「結局外国からの評価でしか自分たちを変えられない」と彼は嘆く。

沢山美果子の『性からよむ江戸時代』(岩波新書)によれば、江戸後期にはすでに幕府による性の管理が始まっていたと

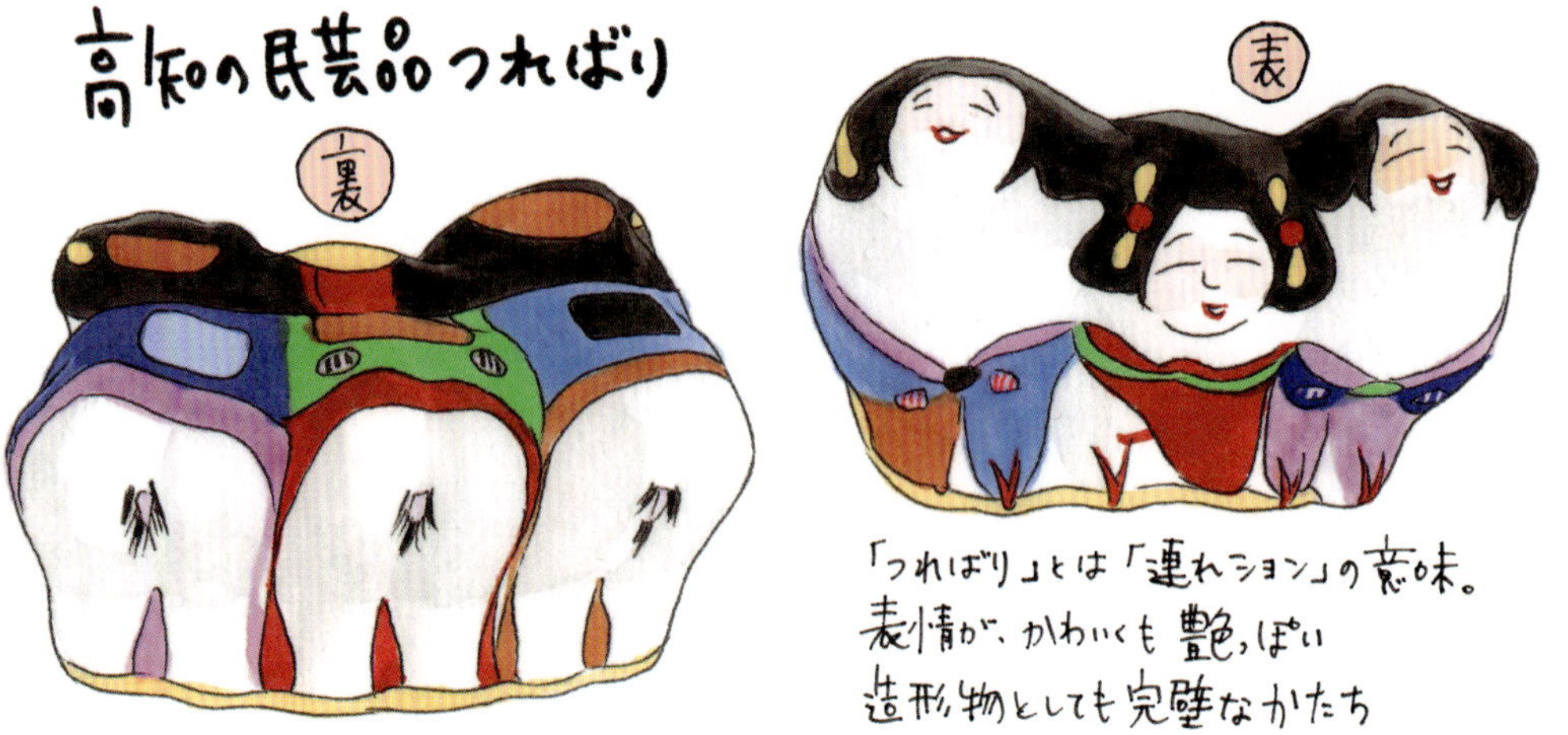
高知の民芸品つればり
裏
表
「つればり」とは「連れション」の意味。
表情が、かわいくも艶っぽい
造形物としても完璧なかたち

されているが、それは女性の身体を守る性教育もともなうものであったようだから、可否はわからない。けれど、明治時代になると警察を介して徐々に強権化し、活気に満ちた庶民文化を押さえつけていったのは確かなようだ。

その副作用として、家庭の中では生殖のための性が推奨され、快楽のためなら遊廓に行くべしと二分化されてしまったらしい。女性にとってはどちらも迷惑な話である。裏に隠すことで、偏見の眼差しも強くなる。

Mさんの表現の原点は簡潔で、すべては「ちんまんの可愛さ」や「ポップなエロ」を紹介し、「エロはもっと面白がって良いもの」という信条を掲げている。

けれど現実は難しい。彼女が自作のグッズを掲げてイベントなどに参加すると、必ずセクハラまがいの輩が寄ってきて、「それじゃない！」と落胆する。

先にあげた田植えをする女たちの猥談で、宮本常一はこう補足していた。

「女たちのはなしをきいていてエロ話がいけないのではなく、エロ話をゆがめている何ものかがいけないのだとしみじみ思うのである」

溢れる珍宝、未来の展望

彼女の望む世界はなかなか遠いが、家の中はいつでも二人のパラダイスだ。

もともと近所のアパートに住んでいたMさんが、通りがかりに「この家いいな」と気にしていたところ、「入居者募集」の看板が張り出されたので内見し、二人で引っ越してきたのだそうだ。明るい山吹色に塗られた平屋の外観はかわいらしく、確かに気になるのも分かる。

当初は棚の一角に、観光地で買い集めた金プラを並べて「ゴールデン街」と名付けたりして遊んでいたが、最近ではそんな余裕もなく、ただただ収納に追われている。Yさんは家具職人顔負けの木工技術でデッドスペースを見つけては、サクサクと棚を設けているがとても追いつかない。トイレの窓も潰して棚をはめ込み、PCデスクは陰部神社の祭壇に、

トイレの窓を潰して嵌め込んだYさんお手製の飾り棚はディスプレイのセンスが光る
昭和の観光地でよく売られていた、城や五重塔などの名所を模った土産物は、派手な金色に塗装されたプラスティックのチープ感から「金プラ」と呼ばれマニアに愛されている。部屋に収納しきれなかった「金プラ」は、この棚に飾っている

ソファには大きな仏が鎮座して、アトリエの作業スペースはすでに半畳もない。

「今度はこの窓を潰して、でかい棚を置こうと思っています」

　小さな窓二つでギリギリの換気は確保されてはいるが、そろそろ頭打ちになりつつあるのが現実だろう。仕事は出張作業がメインなので、自宅にいる時間も多くないとはいえ、これだけ物に囲まれていると、さすがに落ち着かないのでは？

「落ち着きますね！　うち最高！　って思います！」あっけらかんと言い放つMさんに、「落ち着かないと思いますよ！　麻痺してるだけです！（笑）」と、すかさずツッコミを入れるYさん。

「どれだけ釘を打ち付けても大丈夫な家が欲しい」と切望する二人に、「いっそ自宅も自作しちゃったら？」と冗談混じりに提案すると、Mさんは「良いですね〜。家ごとチンコの形にして、あのチンコの家で待ち合わせ！　とか言われたいですね！」とのたまった。

　二人の将来の家も楽しみである。

電音土蔵空間から放たれる音響は すべての境界を溶かしていく

MYさん［文筆家（夫）］
KYさん［編集者（妻）］

賃貸｜住居：1SDK、仕事部屋：2R、倉庫：7R＋土間
面積不明｜埼玉県

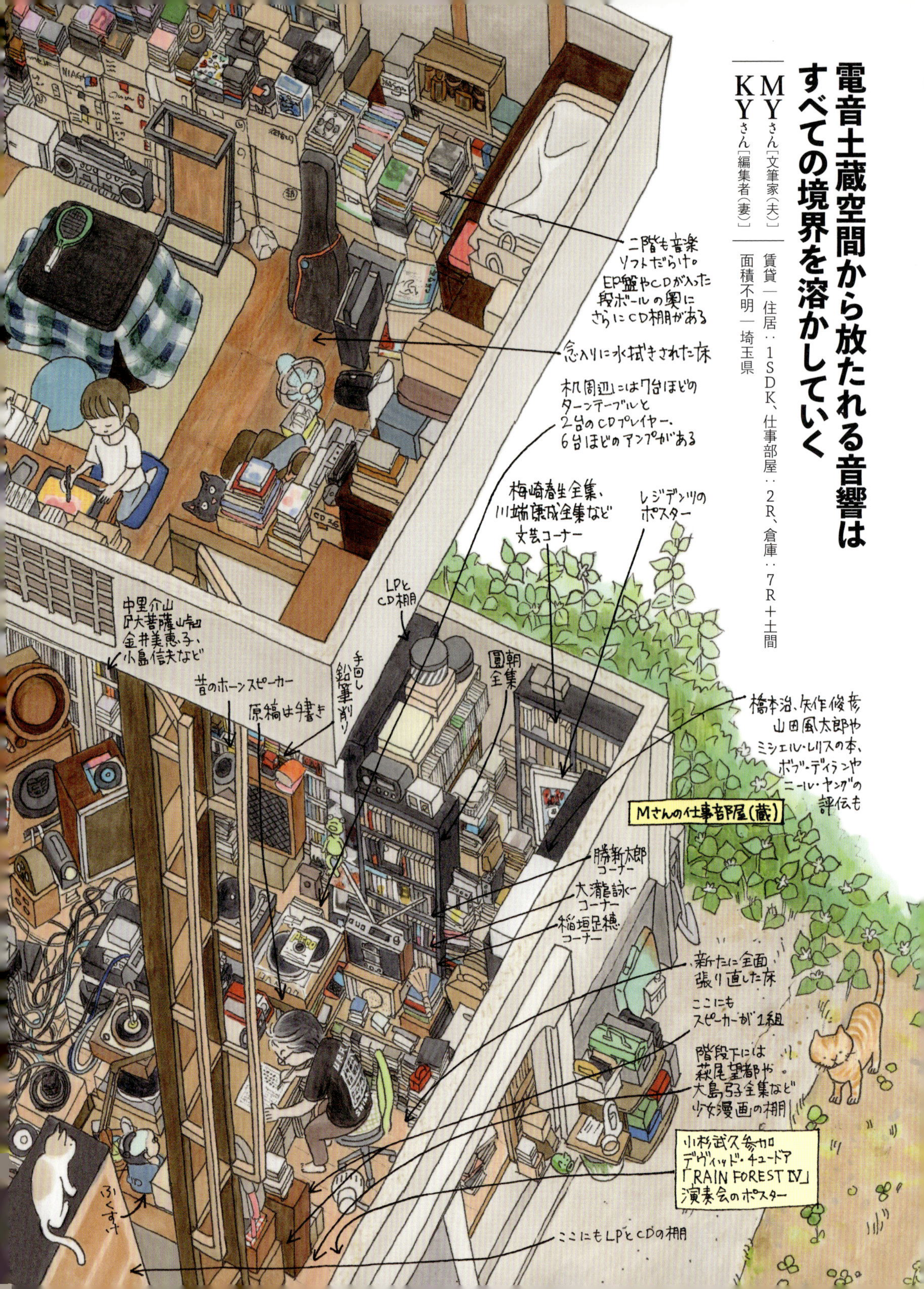

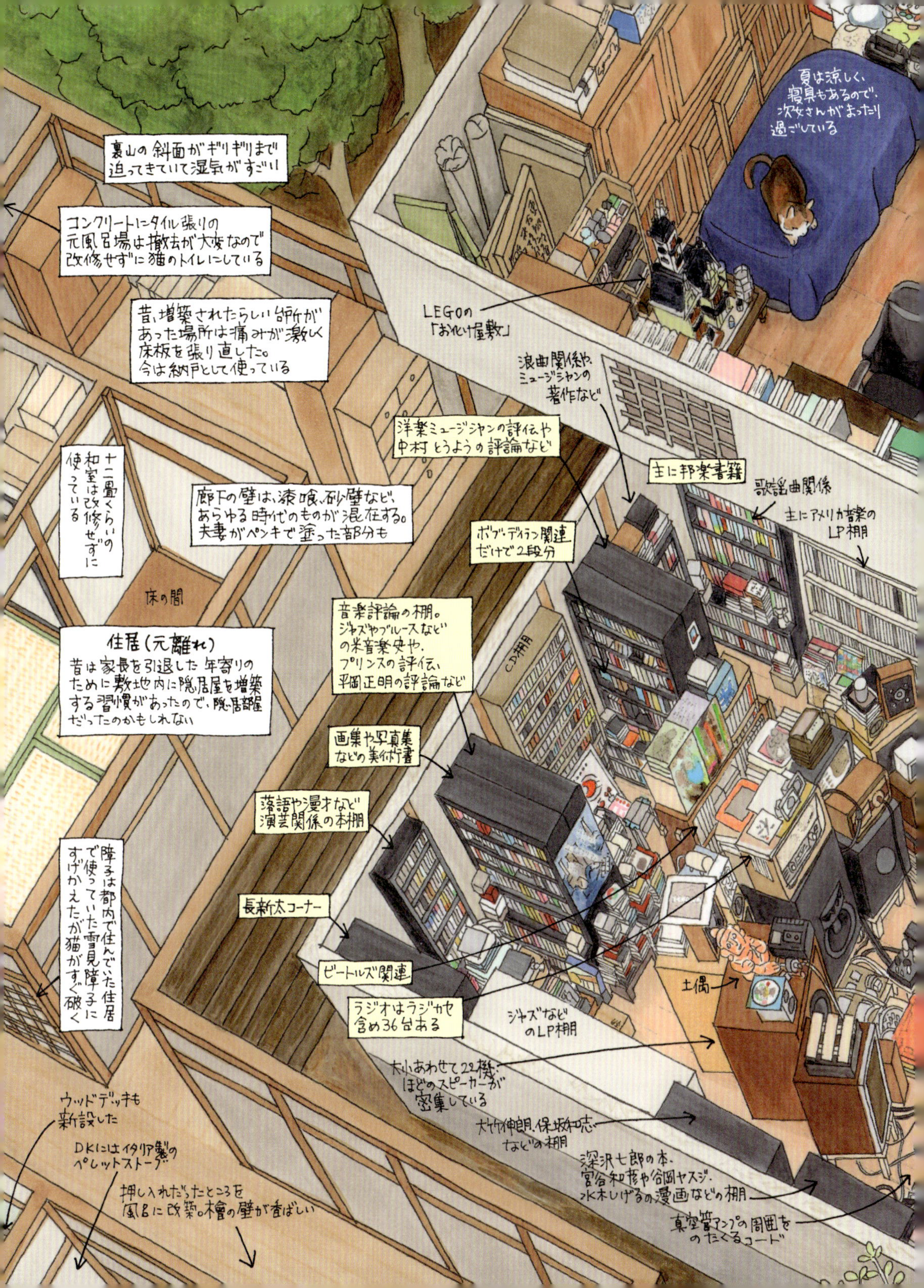

夏は涼しく、寝具もあるので、次女さんがまったり過ごしている
裏山の斜面がギリギリまで迫ってきていて湿気がすごい
コンクリートにタイル張りの元風呂場は撤去が大変なので改修せずに猫のトイレにしている
昔、増築されたらしい部分があった場所は痛みが激しく床板を張り直した。今は納戸として使っている
LEGOの「お化け屋敷」
浪曲関係や、ミュージシャンの著作など
洋楽ミュージシャンの評伝や中村とうようの評論など
主に邦楽書籍
歌謡曲関係
主にアメリカ音楽のLP棚
十二畳くらいの和室は改修せずに使っている
廊下の壁は、漆喰、砂壁など、あらゆる時代のものが混在する。夫妻がペンキで塗った部分も
ボブ・ディラン関連だけで2段分
床の間
音楽評論の棚。ジャズやブルースなどの米音楽史や、プリンスの評伝、平岡正明の評論など
CD棚
住居（元離れ）
昔は家長を引退した年寄りのために敷地内に隠居屋を増築する習慣があったので、隠居部屋だったのかもしれない
画集や写真集などの美術書
落語や漫才など演芸関係の本棚
障子は都内で住んでいた住居で使っていた雪見障子にすげかえたが猫がすぐ破く
長新太コーナー
ビートルズ関連
土偶
ラジオはラジカセ含め36台ある
ジャズなどのLP棚
大小あわせて22機ほどのスピーカーが密集している
ウッドデッキも新設した
大竹伸朗、保坂和志などの棚
DKにはイタリア製のペレットストーブ
深沢七郎の本、宮谷和彦や谷岡ヤスジ、水木しげるの漫画などの棚
押し入れだったところを風呂に改築。檜の壁が香ばしい
真空管アンプの周囲をのたくるコード

ミミズのようなコードがのたくる奇妙な電音土蔵空間

有機農業の盛んな埼玉県のある町は、都心までの交通の便も良く、引退後の第二の人生を考える人や、半自給自足の暮らしを模索する若者にとっても人気の移住先だ。カフェや居酒屋が点在する商店街を抜け長閑な住宅街を歩いて行くと、ほどなくMさんの家がある。たわわに実る梅を横目に門をくぐれば、広々とした庭の先に年季の入った二階建ての古民家が建っている。庭でキョロキョロしていると、左手の蔵からMさんが現れた。

「以前住んでいた所から引っ越すとき、居住空間と仕事場を分けるっていうのが条件だったから、そういう物件を探したんだよね」

仕事場にしている蔵の左手には、生い茂る木に隠れるようにひっそりと、住居にしている建物もあった。

Mさんは小説やエッセイも執筆しているが、特に音楽評論の分野で活躍している文筆家でCDやLPを大量に所有している。私の家にも、夫のレコードがたくさんあるが、コレクションはせいぜい数千枚レベルの可愛いものだ。音楽好きの友人に言わせれば、だいたい一万枚を超えるとコレクションを把握できなくなるという。けれどMさんの蔵の場合、常軌を逸しているのは音楽ソフトの数だけではなかった。

まず蔵に入るといきなり二、三歩で寸止めを食らう。入ってすぐに入口を塞ぐような形で大きな机が置かれているからだ。その周囲も物が積み上がっているので、ちょっと気合を入れないと中に踏み込む気になれない。

畳一畳分くらいの大きな机には、ターンテーブル、CDプレイヤーやアンプが何台も何層にも重ね置かれ、七割がた埋まっていた。まさかここで仕事はされないだろうと奥を見わたしても机のようなものは見つからず、聞けばやはりこの三割の隙間で執筆しているという。

天井まで高く積まれた音楽ソフトや書籍の棚に囲まれて、中央には夥しい数のスピーカーがドカドカと幅をきかせていた。それぞれに真空管アンプなどの音響機器がつながれ、大量のコード類が巨大なミミズのように隙間をのたくっている。空いたスペースを埋めるかのように、コンパクトな古いラジオも多い。

蔵の入り口のコラージュ作品とSPプレイヤー

「昔の真空管ラジオってけっこう個体差が大きい。スピーカーも一個ずつ音質が違うから、素材による音の違いを確かめたくって」とMさん。

個体差の違うラジオを愛聴するというのはどんな感覚なのか。この家には猫が

ドイツのN&K社1925年製
木製マグネチックホーンスピーカー

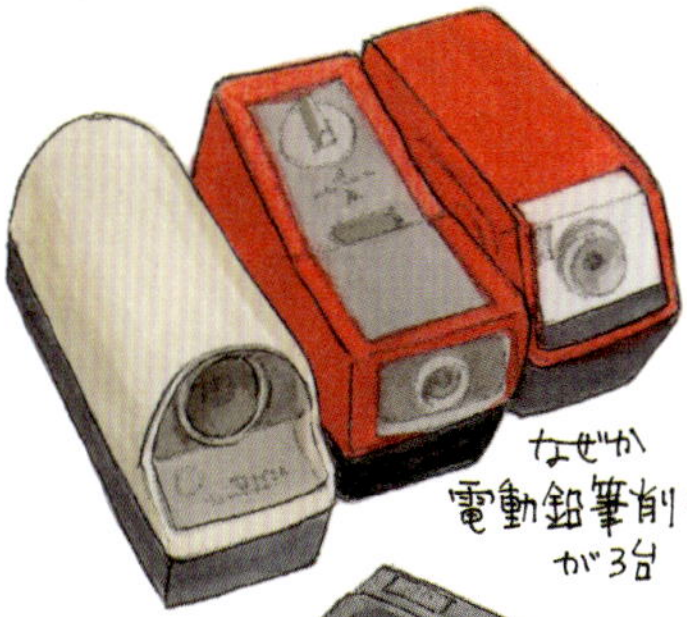

なぜか
電動鉛筆削り
が3台

原稿は原稿用紙に鉛筆で手書き。
「キーボードだと頭の速度に追いつけない。
手で書く方が絶対的に早い」とMさん。
最近はアプリでテキストデータに変換して
送れるようになり、編集さんに
喜ばれたという

カセット
デンスケ

卓上にあった イギリス、Garrard社の
オートチェンジャープレイヤー。今も現役

八匹いるそうだが、たとえれば、それぞれに個性的な猫を可愛がるのと近いのかもしれない。

二階もCD棚の他、いずれも音楽ソフト満載の段ボールが二〇〇箱近くもあるけれど、一箇所にまとめられているため比較的ゆったりしている。ここでは主に次女さんがまったり過ごしている。

パンダの森のジャングル探検

続いて、倉庫にしている古民家を見せてもらった。正面の大きな建物だ。

「これは明治四〇年くらいの建築だから築一一〇年くらいかな。もともとは養蚕農家で一階が住居スペースだったみたい。今はトタン葺だけど、昔は茅葺屋根だったんだって」とMさん。

蚕屋《カイコヤ》造りと呼ばれるこの建物は、一階左手に座敷、右手に土間がある。人が住まなくなって何十年も経っているため、あちこち壊れていて住居にするには無理があった。だから倉庫に、ということらしいが、傍目にはあまりにも未整理すぎてカオスとしか言いようのない状態になっている。

縁側からガラス戸越しに座敷を眺めると、田の字型の四間間取りのようだが、胸の高さまで全面段ボールで埋まっていて把握できない。ところどころに書籍、ギター、オーディオ類が転がっている。

「入るぅ？」

少しおっくうそうにガラス戸を開けたMさんはおもむろに土足で内縁側に踏み込んだ。

「土足!?」

「あ、良いよ。土足で」

気が咎めつつも土足であがると段ボールの合間に多少の〝けもの道〟があった。ジャングルに踏み入る冒険気分だ。

「あ、ここ抜けちゃってる」

Mさんの後に続いて進むと、目視できない足元の床が陥没しているのが分かった。初めから抜けていた床も多数あったというが、荷物の重みで新たに壊れている。必要に応じて段ボールの中から探し物を発掘しているようで、空になっ

文芸誌の山
養蚕用の蚕架、蚕網、蚕箔
竈門
博多人形
昔の風呂場
奥の方には大家さんに処分を頼まれた雑貨が山ほど
元牛舎らしい納屋。昔の耕運機がある。蛇がいるので近寄らない
『朝日ジャーナル』
『ちかいの魔球』の束
『犬のすべて』
小林秀雄
鍬や鋤など
土間
家族の人数より多い自転車
倉庫（蚕屋造りの元主屋）
藁や土
玉ねぎ
ムクナ豆
夏は軒下に、にんにくや玉ねぎを吊るす。自給率100%なのは、にんにくとにんじん。玉ねぎもだいぶ増えてきた
梅の木は全部で5本。梅干しやジャムをつくっている
ビニールハウス
ナス、ピーマン、トマト、カボチャを育苗するKさん
冷蔵庫（梅干しや種の保存用）
猫は、黒、茶白、茶トラ、ハチワレ、スノーシュー、三毛3匹の現在8匹。すべて保護猫
小さな畑

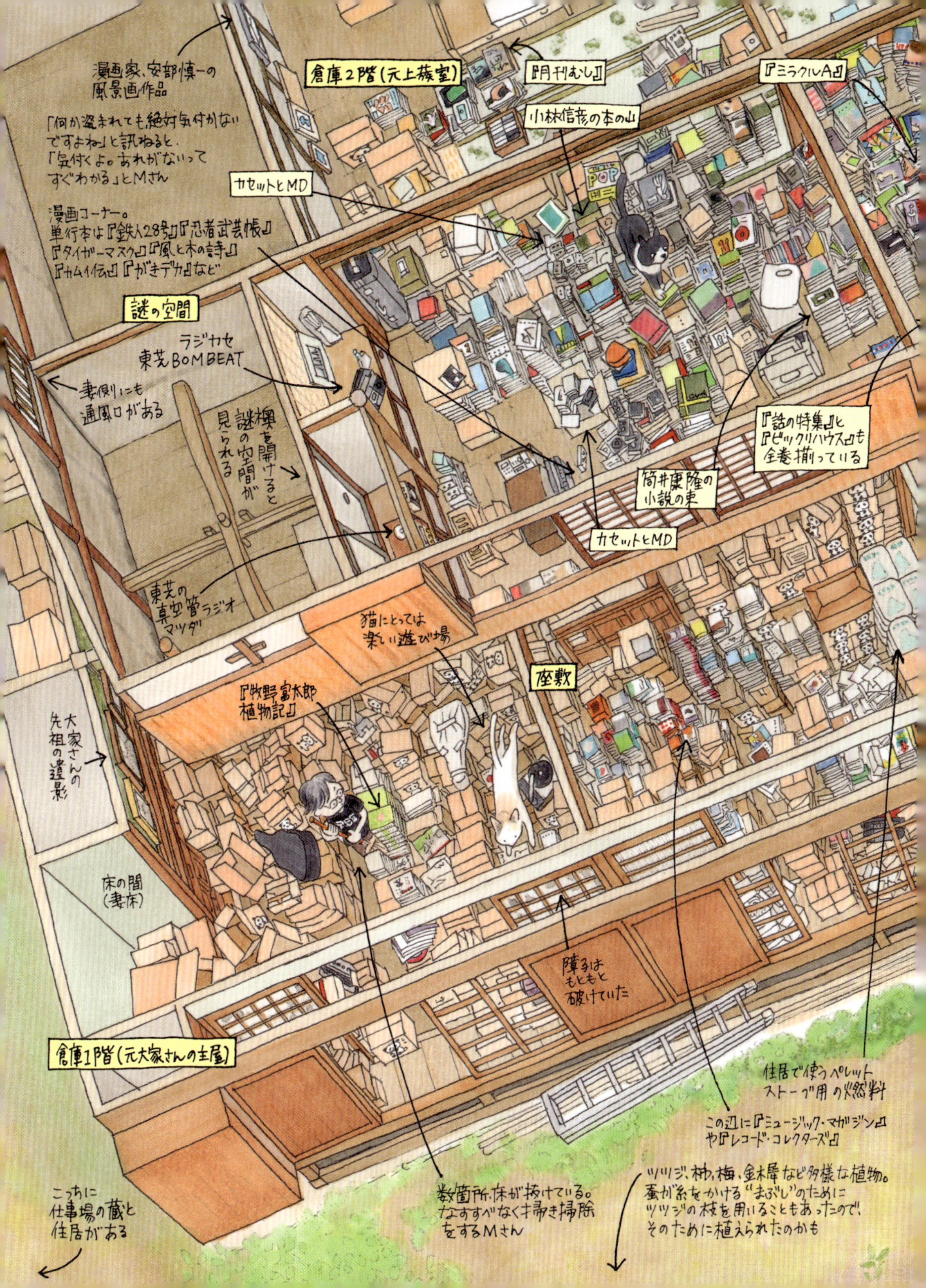

漫画家、安部慎一の
風景画作品
倉庫2階（元上蔟室）
『月刊むし』
『ミラクルA』
小林信彦の本の山
「何か盗まれても絶対気付かないですよね」と訊ねると、
「気付くよ。あれがないってすぐわかる」とMさん
カセットとMD
漫画コーナー。
単行本は『鉄人28号』『忍者武芸帳』
『タイガーマスク』『風と木の詩』
『カムイ伝』『がきデカ』など
謎の空間
ラジカセ
東芝BOMBEAT
妻側にも
通風口がある
襖を開けると
謎の空間が
見られる
『話の特集』と
『ビックリハウス』も
全巻揃っている
筒井康隆の
小説の束
カセットとMD
東芝の
真空管ラジオ
マツダ
猫にとっては
楽しい遊び場
座敷
『牧野富太郎
植物記』
大家さんの
先祖の
遺影
床の間
（妻床）
障子は
もともと
破けていた
倉庫1階（元大家さんの主屋）
住居で使うペレット
ストーブ用の燃料
この辺に『ミュージック・マガジン』
や『レコード・コレクターズ』
こっちに
仕事場の蔵と
住居がある
数箇所床が抜けている。
なすすべなく掃き掃除
をするMさん
ツツジ、柿、梅、金木犀など多様な植物。
蚕が糸をかける“まぶし”のために
ツツジの枝を用いることもあったので、
そのために植えられたのかも

たパンダ柄の箱が縦横無尽に転がっていた。

　このシュールな光景をじっと見つめる視線を感じて、床の間上部の長押《なげし》に目をやると三枚の遺影がかかっていた。

「あれは大家さんの先祖。明治時代には町長だった人もいる」

　当町の移住サポートセンターのサイトによれば、元禄時代まで遡れる由緒正しい家柄のようで、大家さんの祖父は明治二二年に初代町長を勤めた人だ。床の間は上手の象徴。立派なお座敷から家の歴史を見守ってきたご先祖様も、こんな未来は想像していなかったに違いない。

　奥にも二間つながっている。

「そこは六畳なんだけど、行けるもんなら行ってみな」

　おずおず足を踏み入れると床がない。

「そこは元から抜けてた」

　足元に土が見える。オーディオの大きな空箱だらけで、まっすぐ積み重なっていない分だけさらにカオス度が高い。段ボールの合間に壊れたアンプやプレイヤーも散乱し、「土砂崩れ」という言葉しか浮かばない。隣にもう一間あるが。

「そっちは今年行ったことない。柱も下がボロボロで、もともと踏み入れるとかなり危険。できればそこをなくしたいんだけど、上につながってるからそのままにしとくしかない」

奥座敷で遭難しかける
エンケン

　暗中模索で箱をかき分けると、奥にも部屋のような空間が見えた。

「そっちはトイレ。そのトイレがすごく良いんだよ、古くて。もちろん汲み取り。全部空き箱だから、かき分ければ行けるよ。二年ぐらい行ってないけど」

　ジャングルというより秘境だ。トイレを確認しようかとも思ったが、さすが足元もおぼつかなく、危険を感じたので諦めた。座敷のけもの道に戻り、右側の縁側から無事外に脱出することができた。

「引っ越したときに住居と蔵の改修がまだ完成していなかったから、荷物は一時的にここに置こうねって。そしたらもう五年もずっとこのまんま……」

　ため息混じりに語るのは妻のKさんだ。夫妻は、当初、地域の人にも開放して本が閲覧できるような場所にしたいと考えていたそうだが、整理をするには床の修理が必要で、大量の荷物を一時的にどかす場所もなく、なすすべもない。嘆くKさんを尻目にMさんは呟いた。

「まあたぶん生きてる内は無理だね。生まれ変わんないと……」

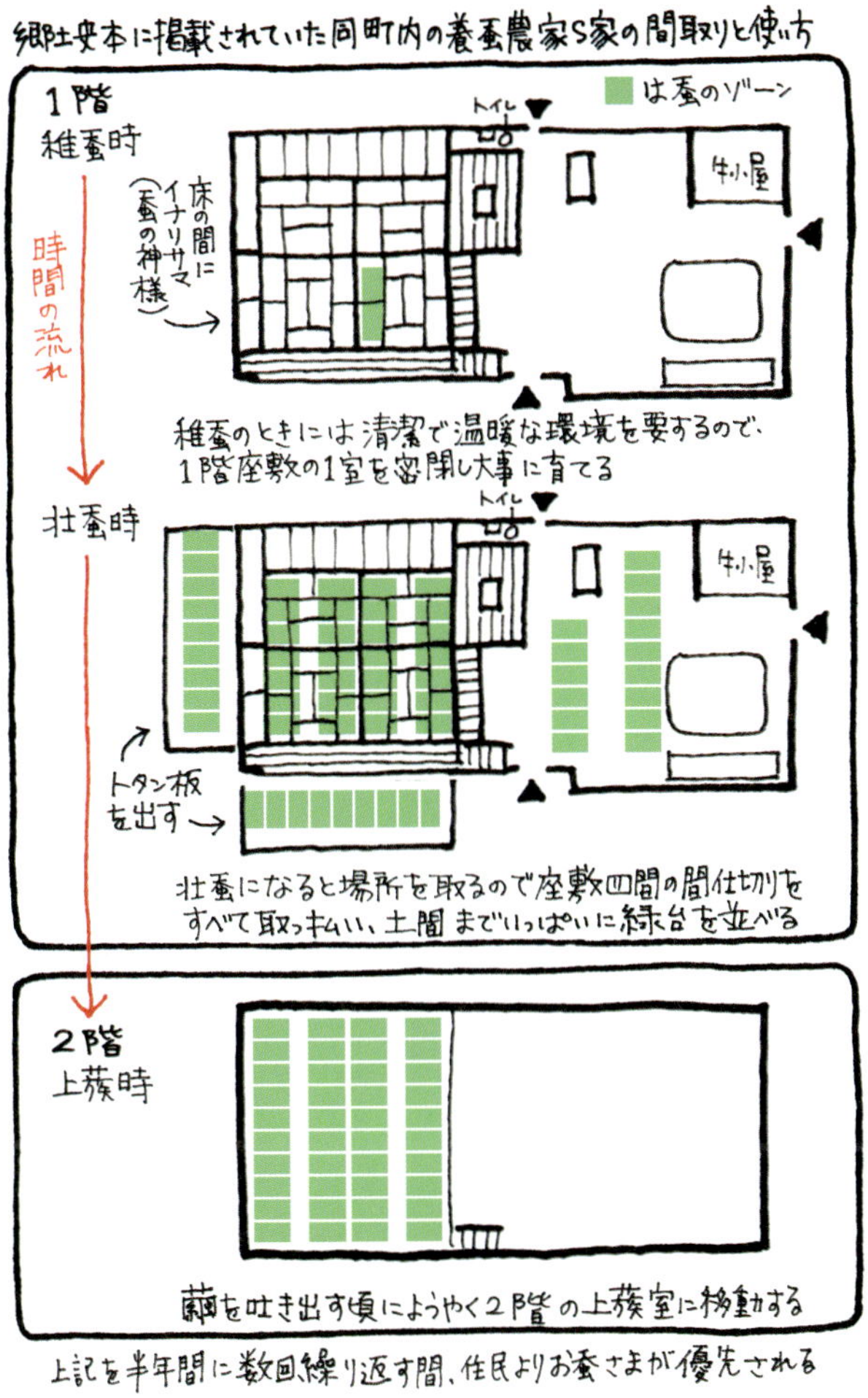
郷土史本に掲載されていた同町内の養蚕農家S家の間取りと使い方
は蚕のゾーン
1階
稚蚕時
時間の流れ
床の間にイナリサマ(蚕の神様)
トイレ
牛小屋
稚蚕のときには清潔で温暖な環境を要するので、1階座敷の1室を密閉し大事に育てる
壮蚕時
トイレ
牛小屋
トタン板を出す
壮蚕になると場所を取るので座敷四間の間仕切りをすべて取っ払い、土間までいっぱいに縁台を並べる
2階
上蔟時
繭を吐き出す頃にようやく2階の上蔟室に移動する
上記を半年間に数回繰り返す間、住民よりお蚕さまが優先される

「お蚕《こ》さま」から「お書さま」へ

土間の階段を上がると、蚕が繭をつくる上蔟《じょうぞく》室だった二階へ行ける。階段周辺には養蚕に使っていた道具がまだたくさん残っていた。

この町が編纂し刊行した郷土史本（二〇〇三）によれば、養蚕の最盛期は昭和三〇年代から四〇年代。昭和三五年頃までは、ほとんどの養蚕農家が主屋を蚕室としていたようだ。Mさん宅とほぼ同じ間取りの養蚕農家を例に取り、蚕が育つにつれ徐々に住居空間を圧迫していく様子が解説されていた。春から夏にかけての半年間、一階座敷の畳はすべてあげられ、住民たちは縁側や奥の寝室で寝ていたという。同様の例は他の本にも見られ、少なくとも戦前までの兼業養蚕農家では一般的な使い方だったようだ。

先ほど行けなかった一階奥にも小さな寝室があったのかもしれない。約半年間とはいえ、そこまで生活空間を圧迫されてもなお「お蚕《こ》さま」と呼び大切に育てていたことを考えると、よほど生活を支える大事な収入源だったのだろう。

育った蚕には風通しの良い生育環境が必要だったようで、Mさん宅の二階も長辺の壁が全面窓になっている。雨戸の内側はガラス戸ではなく障子なので、なおさら通風が良い。けれど現在その風に晒されているのは「お書《しょ》さま」だ。一階の箱から取り出した書籍を二階に移動するという行為も、計らずも「お蚕さま」と同じ扱いになっている。

天井には数ヵ所開口部があり、トタンに葺き替えられた屋根が見えた。これも換気のためなのだろうか。

「不思議と雨漏りはないんだよね。埃はすごいけど」

床に溜まった埃を箒で掃きながらMさんが言った。

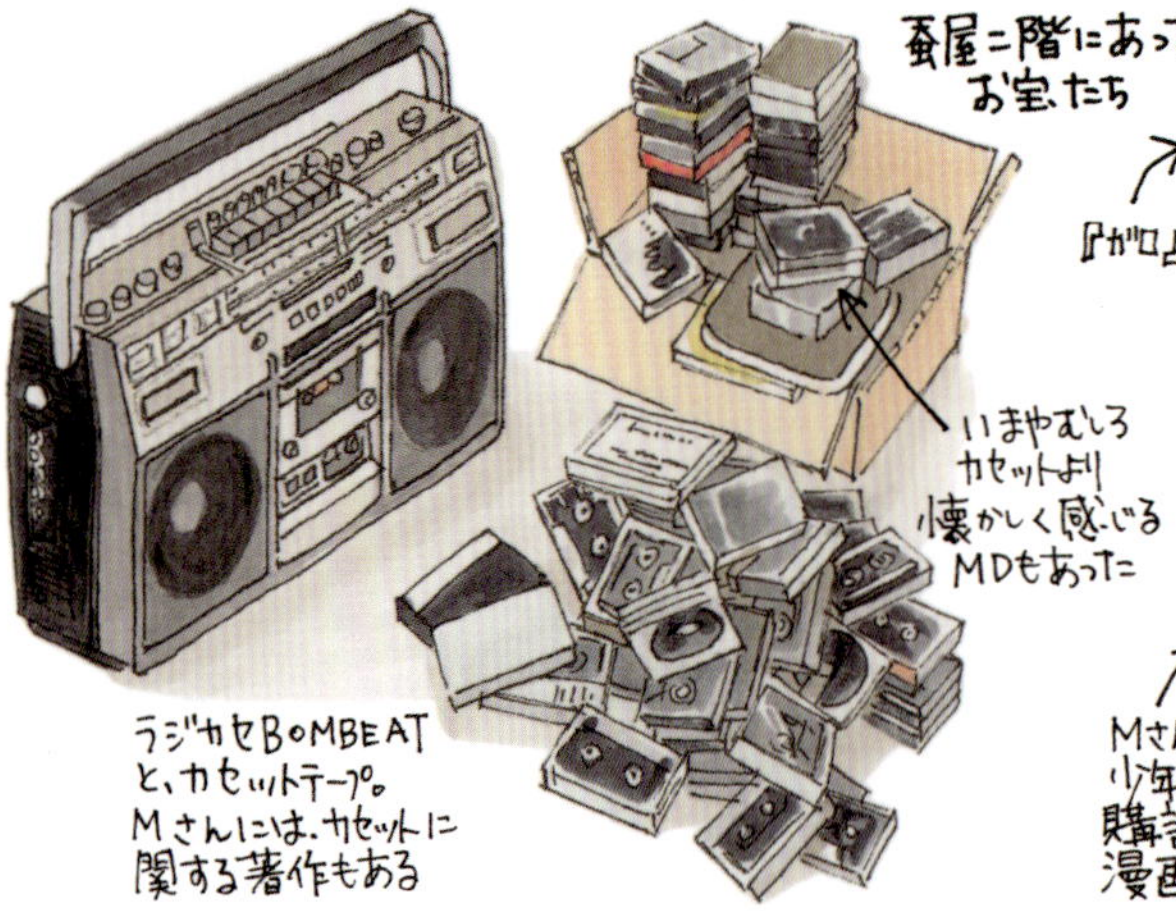

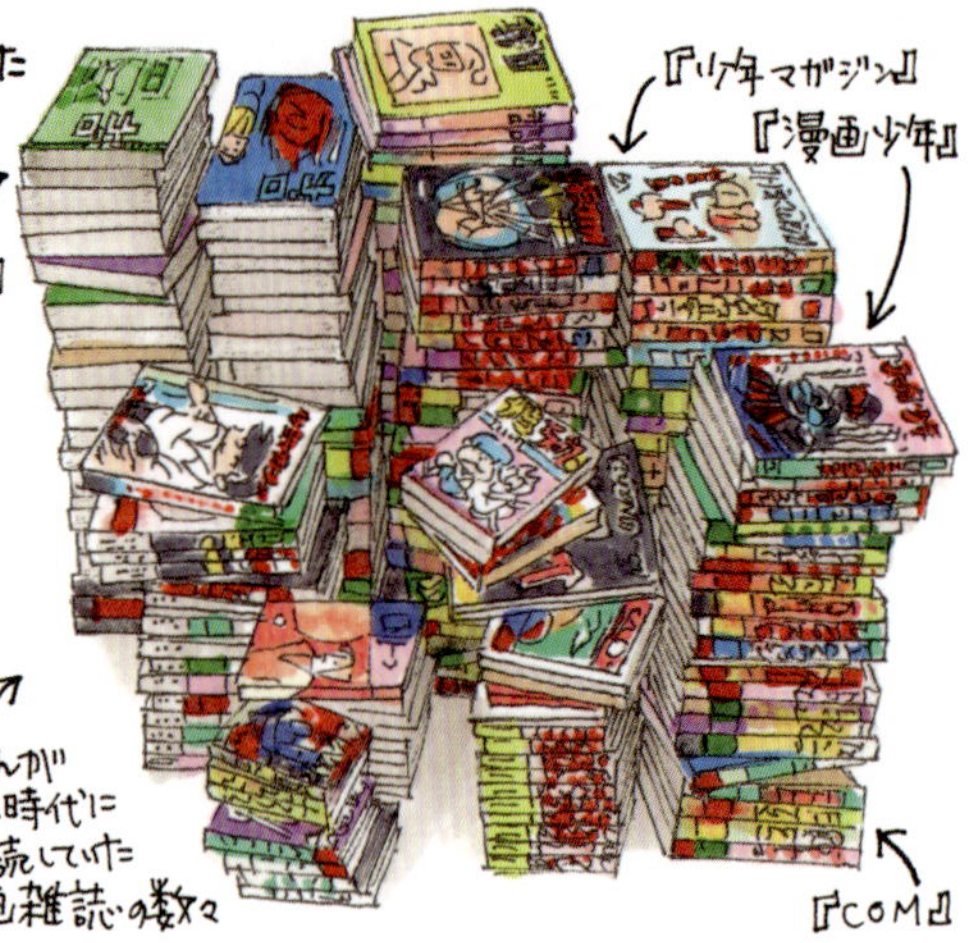

部屋いっぱいに平積みされた本は、ジャンルごとに多少整理を試みて、諦めた形跡が窺える。比較的整頓されていたのは窓辺の漫画雑誌くらいだ。部屋全体に均一に置かれているのは、床が抜けないように気を遣ってのことだそうで、平面の本棚だと考えるとなんだか面白い。

物が物を呼ぶ——天然民藝博物館

一階土間には座敷から張り出す形の板間が四畳半分あり、ここも段ボールが積まれて踏み込めない。

右奥の、壁で囲まれた小さな空間は昔のお風呂だ。外側に焚き口があるそうだが、浴槽はプラスチック製のわりと新しそうなものだった。風呂の前には大きな竈《かまど》門が地面に埋め込まれている。

周辺には、掛け時計、食器が入った漬物桶、和箪笥、糸巻き、鋤や鍬、木桶、つづらに博多人形などが錯乱し、まるで民藝博物館のよう。ここにある物はだいたい大家さんが置いていった物品で、処分して良いとのことなのだが、その量が半端ない。

「もともと来客の多い家だったんだね。親戚も泊まれるようにしていたのか、食器や布団がものすごい量あった。ガビガビの土みたいになってる黒い古い布団だけでも、二トントラックで一回で運びきれない量があった。すごいよね」

いらない物の処分だけで百万円ほどかかった上に、鍋や食器もドカッと捨てずに、人にあげたりバザーで無料配布しながら何年もかけて始末しているという。丁寧と言うかマメというか。

「だって人形なんて処分できないじゃん。

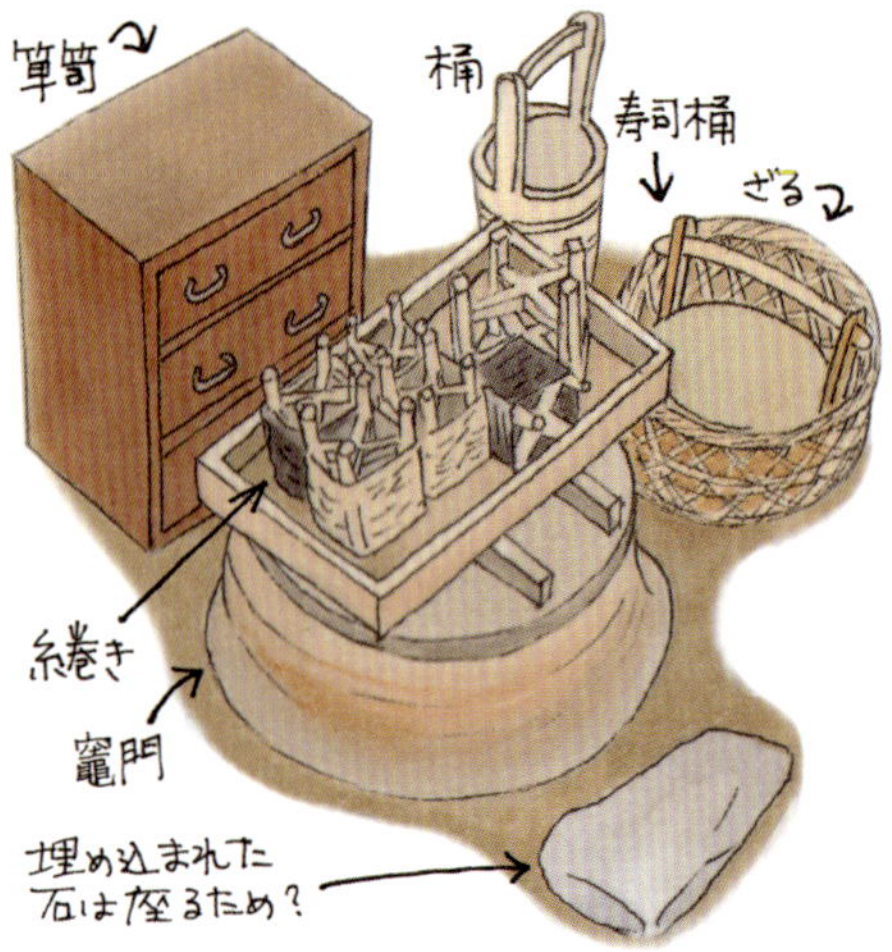

五月人形とかもたくさんあったけど、しょうがないから箱にしまったし。そこにもほら、金太郎みたいなのがいるよ」

「あ、いますね」

「それはなんとなく、可愛いなと思って置いてるの」

なんというかMさんは、物に対してすぐに愛着を抱いてしまう慈しみ深い人なのかもしれない。いくら破格の家賃でも、リフォーム以外に物の処分代までかかるとなると考えものだ。

しかし思わぬ出費はこれだけではなかった。極め付けは裏の木の伐採。この家の裏にはギリギリまで崖が迫っていて、そこに今にも倒れそうに張り出した木が根をおろしていたという。

「訪れる人みんなに〝大丈夫？ 土砂が崩れて来たらアウトだよね〟って心配されて、怖くって」と、妻のKさん。

崖の部分も私有地なので、自分で管理しなくてはならなかった。

「伐採する人に相談したら、他にも危ない木があるから切った方が良いって言われて、結局三本切って約七〇万」

「そんなにかかるんですか⁉」

「低木なら林業やってる友だちに頼めたけど大掛かりなので無理だった。クレーン車操作する人と、木を伐採する空《そら》師《し》と、その補助の人と、切った木を処理する人と、四人で二日間。クレーン車も二日借りたし」

木を切る値段など考えたこともなかった。田舎暮らしには、想像もしないところでコストや労力がかかることもある。

職住分離の切なる願い

住居部分にしているのは、大家さんの元離れだ。数十年前とはいえ一番最後まで人が居たため、改修すれば住める状態にできた。けれど水道工事や床と壁の修理、ダイニングキッチンやお風呂の新設など、費用はそこそこかかっている。

お風呂は檜の壁が香り高く、新たに設けた窓から月見もできて、ほっとできる空間になっていた。他の部屋は拍子抜けするくらい普通なのだが、それが妻のKさんの一番の望みだったのだから、当然と言えば当然だ。今まで見た光景が悪い夢かと思うくらい、住居にMさんの持ち物は一切置かれていなかった。

「都内にいたときは職住が一緒くたで、どこにいても落ち着かない。人の家に行かないとくつろげなかった。そういう生活はもう嫌で、引っ越したらとにかくきっちり分けたかったんです」

翻訳や編集の仕事に携わってきたKさんは、もちろんMさんの仕事に理解を寄せている。けれど大量の書籍に縮こまりながら食事をするような生活には完全に参ってしまっていたようだ。これまで見てきた荷物を見れば納得。というか、よく今まで耐えてきたと思う。

そもそも都内の家でこれだけの荷物が収納できていたことに驚嘆する。ここに来るまで二五年間住んでいた文京区の家は、友人の実家を借り受け、相当広い住宅だったようだ。

「建坪六五坪あったもんな。この家よりちょっとでかいんだよ。十畳、八畳二間、六畳、四畳半三間、八畳の廊下、他に納戸が二つ、庭にも四畳半ぐらいの書庫があった。書庫や押し入れにどんどん本を詰めてたら、荷物がものすごく増えちゃって、引っ越しのときは二トントラックで一二台だもんね」

捨てる発想はなかったのかと訊ねてみると、新聞や雑誌のコラムを複数抱えていた頃には、年間千枚処分しても減らないくらいCDが送られてきたという。

「九〇年代の初めはCDバブルで復刻も多かったし、リリース数がとにかく多くて、すごい量が送られてきたよ。あの頃はほんとCD業界、頭おかしかったよね。それが『TOKYO STYLE』の頃」

都築響一の『TOKYO STYLE』（京都書院）では、Mさんが文京区に行く前に住んでいた小金井市の一軒家が紹介されている。写真を見るとその頃からすでに、和室の両サイドには天井まで高い本棚が聳え、入り切らない本や雑誌、CDがじわじわと浸食するように中央に向かって平積みされていた。

「コレクション心中願望」と銘打たれた本文に、「毎日増え続けるレコードとCDのコレクションはもはや整理不能で、仕事部屋はすでに重みで傾きかかって危険な状態である」と書かれていた。

蚕バブルもあればCDバブルもある。そう思うと、お蚕さまに生活空間を圧迫されていたのであろうこの家の元住民とY夫妻の姿が重なって、ここへ来たのも必然だったのかも？　などとあらぬ妄想を抱いてしまった。

ものぐさ栽培法——そら豆の場合

一家がこの家に越してきたのは二〇一八年。建て替え事情で文京区の家を立ち退くことになったのだ。しかし、大量の荷物や、何匹もの猫と暮らせる家というだけでも難しいのに、夫妻には畑仕事がしたいとの希望もあった。

「畑は二〇一〇年から、埼玉県内の知り合いの畑を借りて通ってやってたんだけど、週に一回だとなかなか手が及ばなくて、やっぱり近くにないと難しい」

さらに車が運転できない夫妻にとって、駅から歩ける距離であること、週一で通勤していたKさんが都内に出やすいことなども必須条件だった。小田原や、Mさんの取材で縁のあった秩父なども探してみたが、すべての条件をクリアする物件は見つからなかった。半ば諦めかけていたところに、秩父で知り合った友人からこの町にできたばかりの移住サポートセンターを勧められ相談してみたところ、条件に見合う家があった。

「それで連れてこられたのが、この家。大家さんに相談して、家賃もできるだけ安くしてもらって」

前向きだったMさんだが、妻のKさんはドン引きした。

「最初はもう全然、ここで暮らすつもりはなかった。ええ〜!?　みたいな。自分の思い描いてたのとは全然違うし」

あちこち壊れた状態のこの家を見たときには、まったく住むイメージができなかったそうだ。だが、改修計画を細かく詰めて行く内に徐々に納得していった。

「そしたら畑もついてきたの」とMさん。この家の庭にも小さな畑はあるが、夫妻は近所に無料の広い畑を借りることができた。

「その畑がまた結構手間で、そもそも長い間畑として使ってなかった土地だから、掘るといっぱいゴミが出る。トンカチとか上下の作業着も。一番出てくるのは軍手。うちの畑の名産、軍手！」

「土壌のpHとか測っても酸性で、スギナばっかり生えちゃって」とKさん。

「色々なゴミを埋めてたんだろうね。ミミズはいっぱいいるけど、土の状態は良くなくて作物はなかなかできない。でも栽培を続けていくうちに、植物相が変わっていくんだよね」

庭で育苗してから畑へ持っていく

夫妻はこの町に来てからは、「有機・無農薬」ではなく「不耕起・無施肥」を試みている。福岡正信の『わら一本の革命』（春秋社）という本を読み、肥料はできるだけ撒かず、耕さない「自然農法」に感銘を受けたという。

「俺、なにしろものぐさなので、手間かかんないならと思って。この本は自然農法のバイブルで、世界中で訳されているんだよ。大雑把に言うと、粘土団子にいろんな種を入れて撒く。するとその土地にあった作物だけがその中から育つ。砂漠化を防ぐために海外でも行われていたりして、面白いなと思ったの」

確かに面白い。それになんだかとてもMさんらしい。

「他の自然農法も勉強して、もしかしたら自分たちにもできるかと思って始めたけどそんなに甘くはない。そもそも粘土団子はつくってない。でも種の交換会で情報交換したり勉強して、会報に原稿も書いたりしてる。仕事が混んじゃうと、なかなか手がまわらないけど」

「作物は、撒く時期や収穫する時期を待ってくれないからね」とKさん。

「そうそう。年に一回しか試せないから。俺、そら豆が好きなんだけど、何年も失敗続きだったんだよ。農薬は使わないから油虫にやられないように陽を当てようと思って草刈ってたんだけど、それでも虫が来る。あるとき、草刈るのサボって放っておいたら、妻に〝そら豆いっぱいなってるよ！〟って言われて、急いで見に行ったら、本当にいっぱいいなってて、なんだこりゃ！って」

そら豆は、秋に撒き、冬越して、春になる。
栄養は嫌いなようで、肥料をやると必ず虫が来る

草を刈らずにいたら、結果的に周りの草に虫が行き、ガードになってくれたという。失敗を繰り返しても諦めず、次の年にまた絶妙な適当さ加減で試みる夫妻の構えはおおらかだ。自然農法の考え方もまた、汚染された土をも受け入れ、土の持つ自己治癒力を信じるという点で慈愛に満ちている。一度の失敗で炎上でもしようものなら再起不能なご時勢だけに、聞いていてホッとさせられる。

音のヒエラルキーからの脱却

「ここに来て良かったことは、鳥がいっぱいいること」とMさんは言う。

実はこれまでの話も、庭にテーブルを出して歓談しながら伺ってきたのだ。小春日和で気持ちが良く、鶯や小鳥の鳴き声がずっとBGMとして流れていた。

「生き物は、蛇以外はみんな好き。倉庫の向こうにある納屋には蛇がいるからあまり近づきたくない」

Mさんは自分のバンドでアルバムも多数出しているが、その歌詞にも土や生き物、特にミミズがよく登場する。ミミズは友だちなのだそうだ。

「あとここは色が多いね。雲が綺麗なのは多少なりとも空気が良いからだし」

Kさんも、

「やっぱり自然が良いですね。東京に暮らしていたときは、山は見えなかった。人が少ないのも良い」

「そうそう。駅から、ここまで誰にも会わないとか！　人嫌いなんだよ、俺」

めんどくさいから人は嫌いなのだそうだが、最近ではどんどん、虫も猫もミミズも人も区別しなくなったという。

「まあ音楽は人間が奏でるのだけど、自然音や環境音も音楽として聴いている。ちょっと裏山に登っていけば、誰もいないところで、風の音や鳥の鳴き声も聴けるしね。環境音とかノイズ、即興を音楽じゃないって言う人がいるけど、そういう秩序やヒエラルキーを音に持ち込む考え方は今までも意識的に排除してきた。でもこういう環境で暮らすようになってよりいっそう、そう思うようになった」

蔵の階段下には前衛音楽家、小杉武久が参加した「RAIN FOREST Ⅳ」の公演ポスター（二〇〇三）が貼られていた。これは音響装置により、熱帯雨林の中にいるかのようなざわめく電子音響が表現される、現代音楽家、デヴィッド・チュードアのライヴ・エレクトロニクス作品の演奏会だ。Mさんも機材の設営を手伝ったという。

「あれは楽しかった。いろんな物にコンタクトスピーカーとコンタクトマイクを取り付けて、そこに電子音を送って音を鳴らす仕組みをいっぱいつくるんだよ。天井から吊るされた傘が鳴ったりね。聴き手は自由にそれらの下を歩いたり、演者が操作するのを横で見たりできて、会場の音もフィードバックされる」

取材後、改めてMさんがライナーを書いている小杉武久の『キャッチ・ウェイブ』再発盤CDも聴いてみた。それは、水滴が集まって大きな雲のうねりとなり、やがて雨となる——、そんな大気

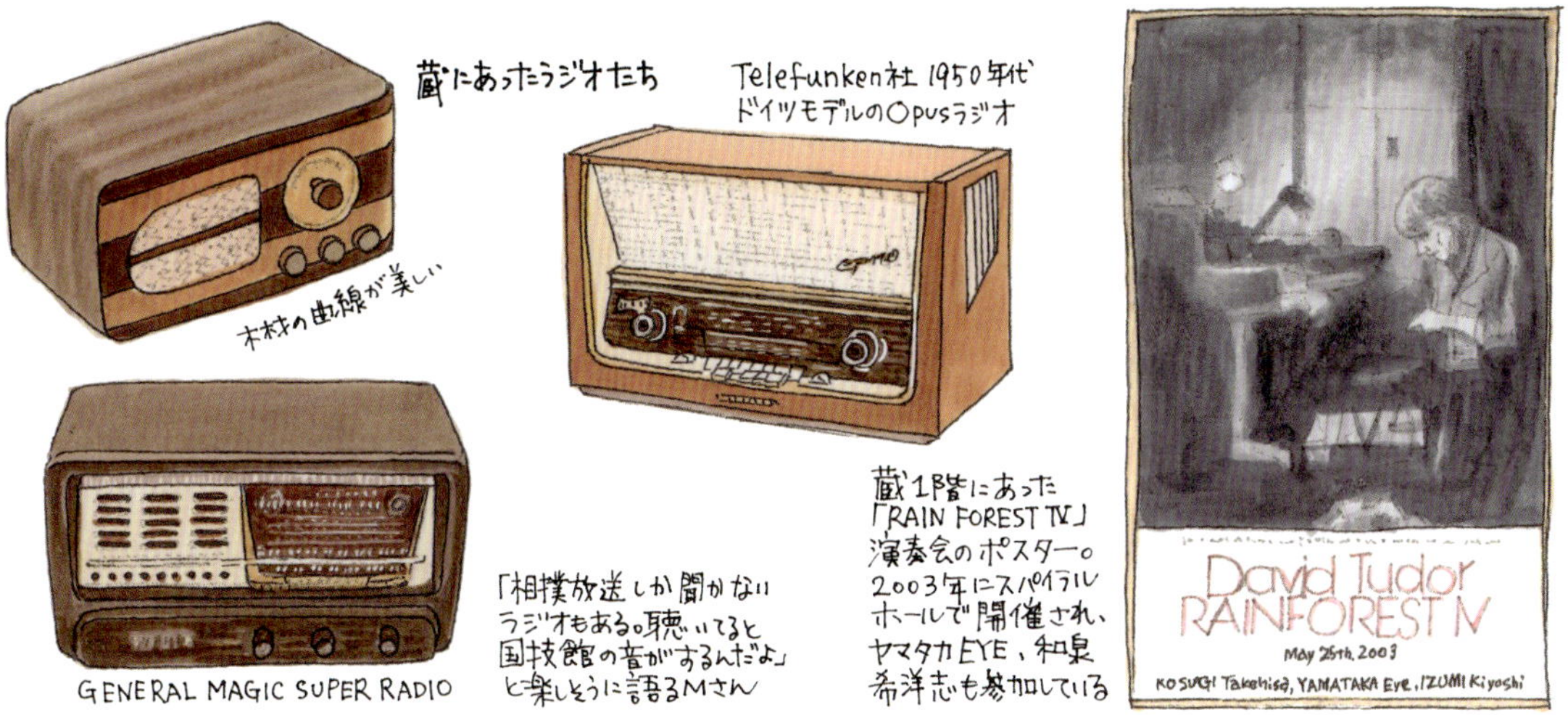
蔵にあったラジオたち
木枠の曲線が美しい
Telefunken社 1950年代
ドイツモデルのOpusラジオ
GENERAL MAGIC SUPER RADIO
「相撲放送しか聞かないラジオもある。聴いてると国技館の音がするんだよ」と楽しそうに語るMさん
蔵1階にあった「RAIN FOREST Ⅳ」演奏会のポスター。2003年にスパイラルホールで開催され、ヤマタカEYE、和泉希洋志も参加している
David Tudor
RAINFOREST IV
May 25th, 2003
KOSUGI Takehisa, YAMATAKA Eye, IZUMI Kiyoshi

のイメージをまざまざと感じさせるものだった。音楽は空気の振動だ。確かに電子音響は自然のうねりに限りなく近い。

「電子音で自然を真似るのじゃなくて、共存させる。それを作品として示す。そういうことを、ジョン・ケージやデヴィッド・チュードアがやってきた」

　小杉武久もまた然りで、彼が参加していた音楽集団、タージ・マハル旅行団の一九七一〜七二年の演奏のドキュメント映画、『「旅」について』（二〇〇八）では、中波の発信機とポータブル・ラジオを干渉させるインスタレーション作品が映っている。

「ラジオって電波をキャッチするじゃん。その電気信号を真空管で増幅してスピーカーに送る。空気が振動して、それが音になって出てくる」

　音を聞くのも仕事とはいえ、蔵の中にあれほどの量のスピーカーとラジオが必要なのだろうかと疑問に思っていたのだが、その理由がなんとなくわかる気がしてきた。

　あの奇妙な電音土蔵空間は一見、周囲の牧歌的な風景に相反するようでいて、さまざまな木々に囲まれた自然のサウンドスケープと、音の多様性において相似形をなしている。そのせいか、無理なく環境に馴染んでいるように感じたのだ。それは人為と自然の境界をも取り払い、ただ「音」に向き合うMさんの姿勢を具現化しているようでもあった。

　『TOKYO STYLE』で紹介されていた小金井市のMさんの部屋にもまた、夥しい数の書籍や音楽ソフトに埋もれる小さな文机にターンテーブル、CDプレイヤーとアンプが一台づつ、奥にスピーカーがワンセット写っていた。今から三〇年以上前だけれど、書籍と音源に囲まれながら神棚の如く鎮座するスピーカーに対峙して原稿を書くという基本スタイルは変わっていないのだ。

　その神棚に祀られているのは、空気中か、はたまた真空管の中で、「聴き手と演奏者の境界を溶かす」電気菩薩なのかもしれない。

権力者の肖像画が壁を埋めるプロパガンダグッズ・コレクターの家

KHさん［映像ディレクター］

賃貸 1DK 建物面積39・1㎡ 東京都

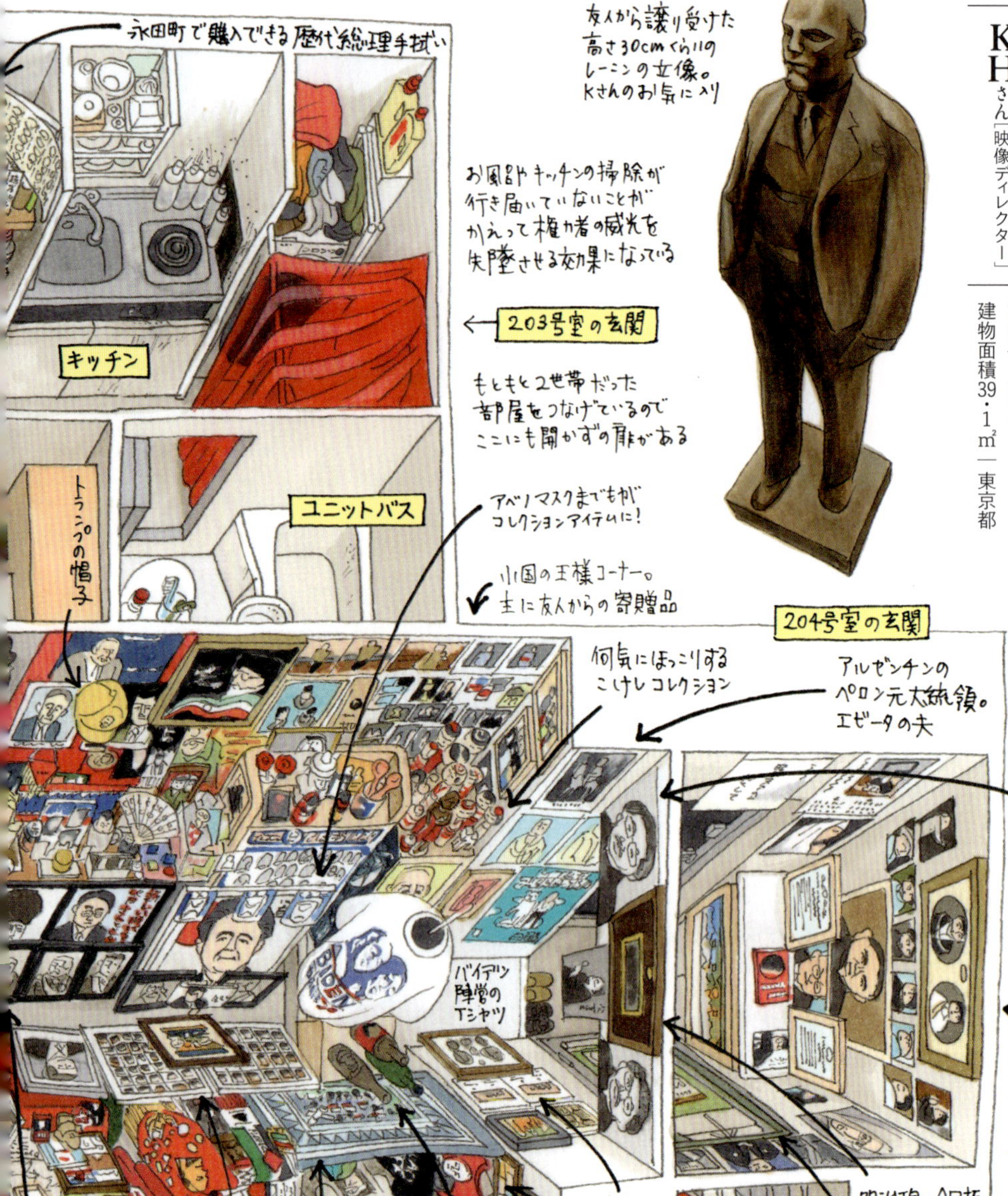
友人から譲り受けた
高さ30cmくらいの
レーニンの立像。
Kさんのお気に入り
永田町で購入できる歴代総理手拭い
キッチン
203号室の玄関
お風呂やキッチンの掃除が
行き届いていないことが
かえって権力者の威光を
失墜させる効果になっている
もともと2世帯だった
部屋をつなげているので
ここにも開かずの扉がある
ユニットバス
トランプの帽子
アベノマスクまでもが
コレクションアイテムに！
小国の王様コーナー。
主に友人からの寄贈品
204号室の玄関
何気にほっこりする
こけしコレクション
アルゼンチンの
ペロン元大統領。
エビータの夫
バングラデシュ
建国の父
ムジブル・ラフマン
バイデン
陣営の
Tシャツ
上皇・上皇后両陛下を
取り囲み、微笑む毛沢東。
その下に孫文。
この並びもすごい……
皇室
カレンダー
明治煌の銅板
スターリンのワインボトル
バラク・オバマ
菅義偉
「大日本皇祖皇統御歴代御尊影」掛け軸。
神武天皇から現在までの天皇の顔が
イラストで描かれている（一部は写真も）
モン族の祖先という説もある
中国の伝説上の神、蚩尤（しゆう）
湾岸戦争の敵陣写真の
入ったトランプカード
モン族のストーリー・クロス
ベトナム戦争の空爆の様子
などが刺繍で描かれている
プーチンのカレンダーやTシャツ。
国際情勢を鑑みて隠して展示。
もともとトイレがあった場所
壁をデフォルメして描いたため
狭くなっているが床はもっと広い

清の皇太后、大清皇后の掛け軸。コレクションの中で一番高価だった
プロパガンダに使われた巾着袋やマスクなどのグッズ
イラク元大統領タラバーニー
大日本帝国の領土拡大計画が生々しい地図の掛け軸「世界大戦記念地図」
ウクライナの国旗
エスニック食材が豊富な棚
昭和天皇崩御の新聞。号外もとってある
パーティで振る舞う世界のお菓子
オバマのスノードーム
自民党のお菓子
バイデンとトランプのWCペーパー
コレクション第1号!
意外とデザインがカッコいい菅義偉Tシャツ。東北の友人が秋田で買ってきてくれた
くり抜かれた壁
ブラジルの元大統領ボルソナーロのタオル
エチオピア元大統領メレス・ゼナウィTシャツ。これを着て自作の映画に出演している
チェチェンのラムザン・カディロフ
デスク
中国では裏切り者のユダ扱いの林彪
オバマTシャツ
クルディスタン民主党のマスウード・バルザーニ
安倍晋三
ニクソン
金日成・金正日親子
北朝鮮のテーマでつくった祭壇だが神武天皇と明治天皇の掛け軸に挟むセンス……

〝ゼロ〟プロパガンダン展

「プロパガンダグッズを集めている人がいますよ」

知人から最初に聞いたとき、好奇心と同時にいくばくかの不安もよぎった。以前、私が仕事でつくった政治家の人形を購入したいという人がいた。結局売りはしなかったが、世界中の指導者の人形を集めているとのことで、権力欲に取り憑かれた人なのかしら……と、訝しく感じたことがあったのだ。だから今回紹介されたKHさんも、お会いするまでは少しドギマギしてしまった。

マンションの二世帯の壁の一部をくり抜いて一世帯として使っている彼の家は、毎年一一月に一日限り、友人知人を招いて自宅ミュージアムとして公開される。二〇二二年に開催された〝ゼロ〟プロパガンダン展第9回展に訪れてみると、前述の杞憂など吹っ飛ぶくらい、ご機嫌なナイスガイが待ち受けていた。

「や〜！ どーもどーも！」

二〇四号室は不定形で、奥に行くほど広くなる。その部屋の構造上、遠近効果も加わり、壁一面に隙間なく貼られた権力者たちのポスターは異様な圧迫感で迫ってくる。そんな空間で、大柄な体をフリフリしながらハイテンションでコレクションを説明してくれるKさんや、やけにフレンドリーな来客者たちも気さくに話しかけてくれるので、以前、私が報道番組の仕事でつくった各国首脳の人形の写真を見せると、大いに沸いて、すげー！ 欲しい！ と盛り上がっている。……ここは一体なんなんだ⁉

Kさんの本業は映像ディレクター。多くのテレビドラマや映画も監督している。また、世界中の移民の暮らしや食べ物を紹介するYouTube番組、「Ethnic Neighborhoods」の監督も務める。北関東に点在する、パキスタン、スリランカ、ガーナなどのコミュニティを訪れるその番組は、近くにありながらも知らずにいた異文化の発見に満ちていてワクワクする。言語は英語に字幕付きで、日本に限らずアメリカ在住のソマリア移民や、韓国在住のイエメン移民まで紹介する国際色豊かな人気番組なのだ。

そもそもKさんがこの番組を始めたきっかけは、トランプ元大統領が移民排斥を掲げて登場した際、ソマリア移民がカナダに逃げていると聞いてショックを受けたことが発端だった。彼らのために何かしたいと考えて、クラウドファンディングを呼びかけたのだ。

「移民の話って関連書籍とか見ても、堅い内容が多い。政府を糾弾するとか運動とか。それも大事だけど、飯屋行って楽しく過ごせば仲良くなれる。そういうコンセプトで始めたんです」

ほんのり甘くて
食感の良い
中東のお菓子

展示会で頂いた、トルコや中東のお菓子、バクラヴァ。Kさんは共著でバクラヴァを紹介する冊子も発行している

世界中のマイノリティに向ける彼の視線は暖かく、とても優しい。

そんな活動とは一見対照的にも思える冷徹な独裁者も含む肖像画コレクション。いったい彼の頭の中では、どのように整合性が取れているのか。

きっかけは前衛美術

展示品は肖像画などがメインだが、Tシャツやマグカップ、カードなどのグッズもあり、特にアメリカの選挙グッズは対戦候補をおちょくるブラックジョークが全開で面白い。

〝ゼロ〟プロパガンダ展では年ごとにテーマを決めて関連のトークイベントも開催している。私が訪ねた年のテーマは「北朝鮮」だった。メインの祭壇には、お馴染み金日成《キムイルソン》&金正日《キムジョンイル》親子の額入り肖像セット、下に金日成の大型ポスターと、金正恩《キムジョンウン》とトランプの米朝首脳会談写真が堂々と並んでいた。

「毎年人間関係を考えてレイアウトしています。今回は金日成と金正日。この二人は一応リスペクトのつもりで、ここしか置き場がない。でもそれだと〝ゼロ〟にならないので、横に神武天皇と明治天皇、さらにニクソンとオバマを挟んで。魔除けみたいなもんスよね」

肖像画を飾るだけなら偶像崇拝、プロパガンダの意図に則った正しい使用法だが、それを無意味化するのが〝ゼロ〟なのだ。二〇一四年の第一回展フライヤーの裏表紙にはこう記されていた。

〈政治的意味合い〝ゼロ〟の場所で公開することで、プロパガンダの効力を〝ゼロ〟に導く。〉

「ゼロ次元の言葉に〈人間の行為をゼロに導く〉っていう言い回しがあって、それを模したんですね」と、Kさん。

ゼロ次元とは六〇年代後半、過激なパフォーマンスを繰り広げ、世間を騒がせた前衛アート集団だ。

「〝ゼロ〟はゼロ次元から、プロパガンダンの〝ダン〟は読売アンデパンダン展からもらってるんです」

読売アンデパンダン展もまた、同時代

に開催されていた無審査自由出品展覧会だ。五〇年代後半から徐々に前衛的な作品が増え、美術館の枠に収まりきらなくなり一九六三年に幕を閉じる。ゼロ次元や、赤瀬川原平が加わっていたハイレッド・センターなど、多くの前衛芸術家を生み出した。

Kさんは学生時代、赤瀬川原平の『東京ミキサー計画』（PARCO出版局）に多大な影響を受けたという。この本は詳細な写真記録と独特の語り口で、ハイレッド・センターの活動や、六〇年代前衛美術の魅力を伝え、八〇年代の美術界にも大きな影響を及ぼした。要するに、この〝ゼロ〟プロパガンダン展も、Kさんの前衛美術活動の一環だったのだ。

毛沢東のタペストリー、レーニン像との出会い

一九九二年、大学生だったKさんは春休みを利用して初の一人旅を敢行した。大阪から船で上海に渡り、北京からシベリア鉄道でモンゴルを経由してモスクワへ。最後はハバロフスクから飛行機で新潟へ帰るという壮大な旅程だった。そのとき、北京で立ち寄った毛主席紀念堂で運命のタペストリーに出会う。

「何かふざけた土産を買おうと思って、この〈元首モノ〉を欲しくなってしまった。家に貼ったら面白いし、アンディ・ウォーホルのシルク・スクリーン作品『マオ』と並べて飾ってみたい！　って」

おそらく機械織りで、裏返すと裏地がネガのようになっているため、その後、裏側を飾ったりもして楽しんだ。

毛泽东同志
記念すべき〈元首モノ〉コレクション第一号！
ブロマイドは帰国後・中華人民にならって車のミラーに下げて運転していた

そしてモスクワに着いたKさんを待ち受けていたのは、ソ連崩壊直後で投げ売られていたプロパガンダグッズの数々だった。すでに北京で洗礼を受けていた彼にとって、それらはもはや「買わなきゃいけない」ものへと変わっていた。

そのとき、道端の屋台で数十ドルで手に入れたのが小さなレーニンの胸像だ。後にこれを使ってコマ撮りアニメを撮り、自身も出演する自主映画「レーニン」を制作、イメージフォーラムで上映した。

「だからこれは凄まじく思い入れがあります。すべてにおいて、このレーニンが僕の人生に関わってる！」

これをきっかけに、猫の名前も「レーニン」、メールアドレスにも「lenin」の文字が入るなど、レーニンが彼の人生を〝支配〟し始める。そういえば訪問時、マンションのポストにも「lenin」の表札があり不審に感じていたのだった。

モスクワの屋台では他にも、世界の指導者のマトリョーシカ人形、タペストリー、バッジなどを購入した。一九九三年まで存在したＶ・Ｉ・レーニン中央博物館では公式図録も購入したが肖像画のポスターはどこも売っていなかった。

ところが最終目的地ハバロフスクに到着すると、旧ソ連時代のうらさびれた雰囲気がまだ濃厚に漂っていた。これはと思って薄暗い本屋に立ち寄ると、レーニンとゴルバチョフの肖像画が販売されていて、歓喜しながら購入した。最初の旅でここまで調達できてしまっては、これはもう逆らえない運命だったのかもしれない。

大きさは手のひらにのるくらい

〈元首モノ〉を集める世界一周の旅

その後、Ｋさんはアメリカに留学する。コレクションを部屋に飾っていると、面白がったルームメイトがエディンバラ公爵フィリップ王配の肖像画をプレゼントしてくれた。それはこれまで集めた〝土産物〟と違い、イギリス領事館でもらってきた初の〝オフィシャルもの〟だった。喜んで盛り上がった挙句、その友人に後押しされてプロパガンダグッズを集める世界一周の旅を企てる。飛行機でイギリスに渡り、陸路でユーラシア大陸を横断し、船で日本へ一時帰国するという、これまた壮大な計画だった。

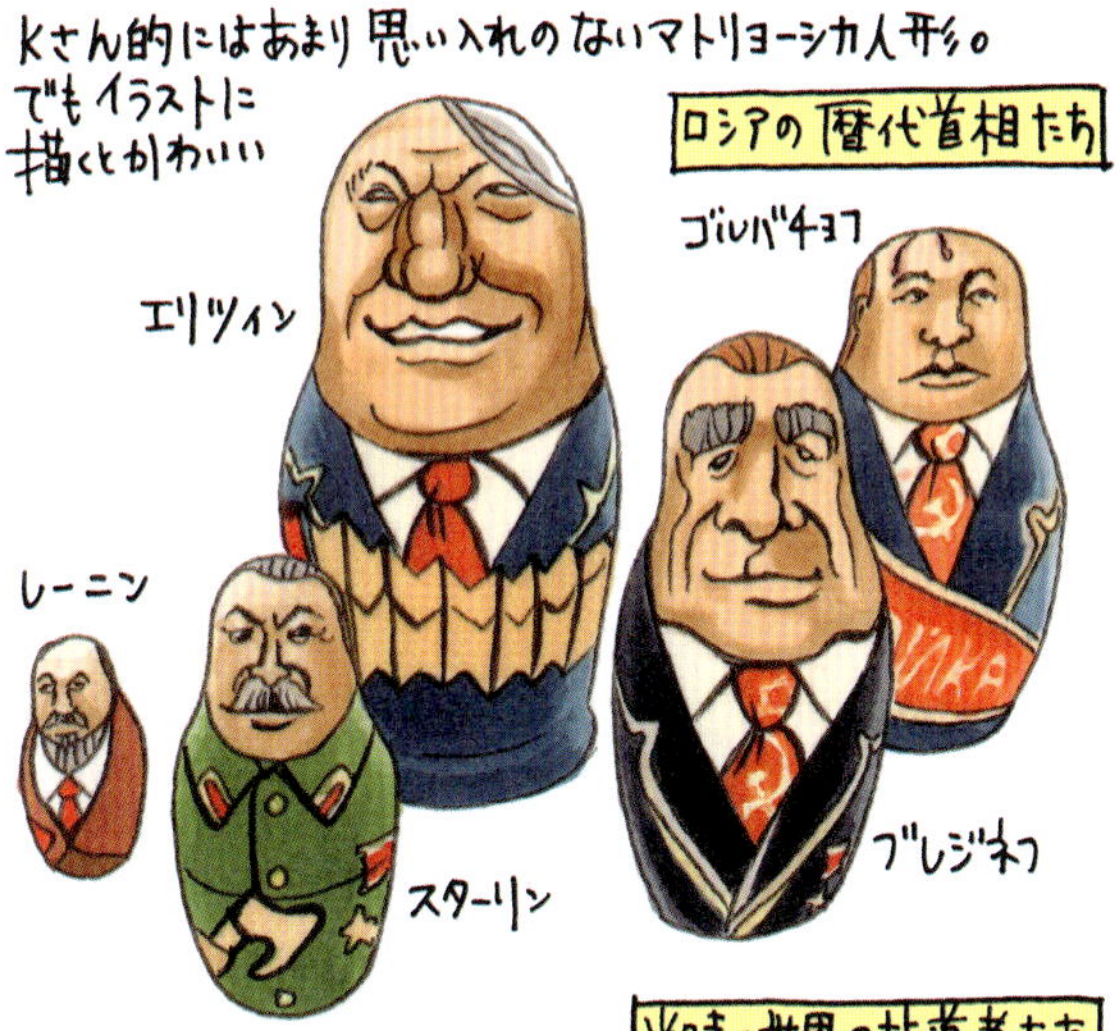
Kさん的にはあまり思い入れのないマトリョーシカ人形。
でもイラストに描くとかわいい
ロシアの歴代首相たち
エリツィン
ゴルバチョフ
ブレジネフ
レーニン
スターリン

当時の世界の指導者たち
米・ブッシュ元大統領(パパ)
独・コール元首相
歴代米国大統領のショットグラスから抜けなくなった仏・ミッテラン元大統領
英・メージャー元首相

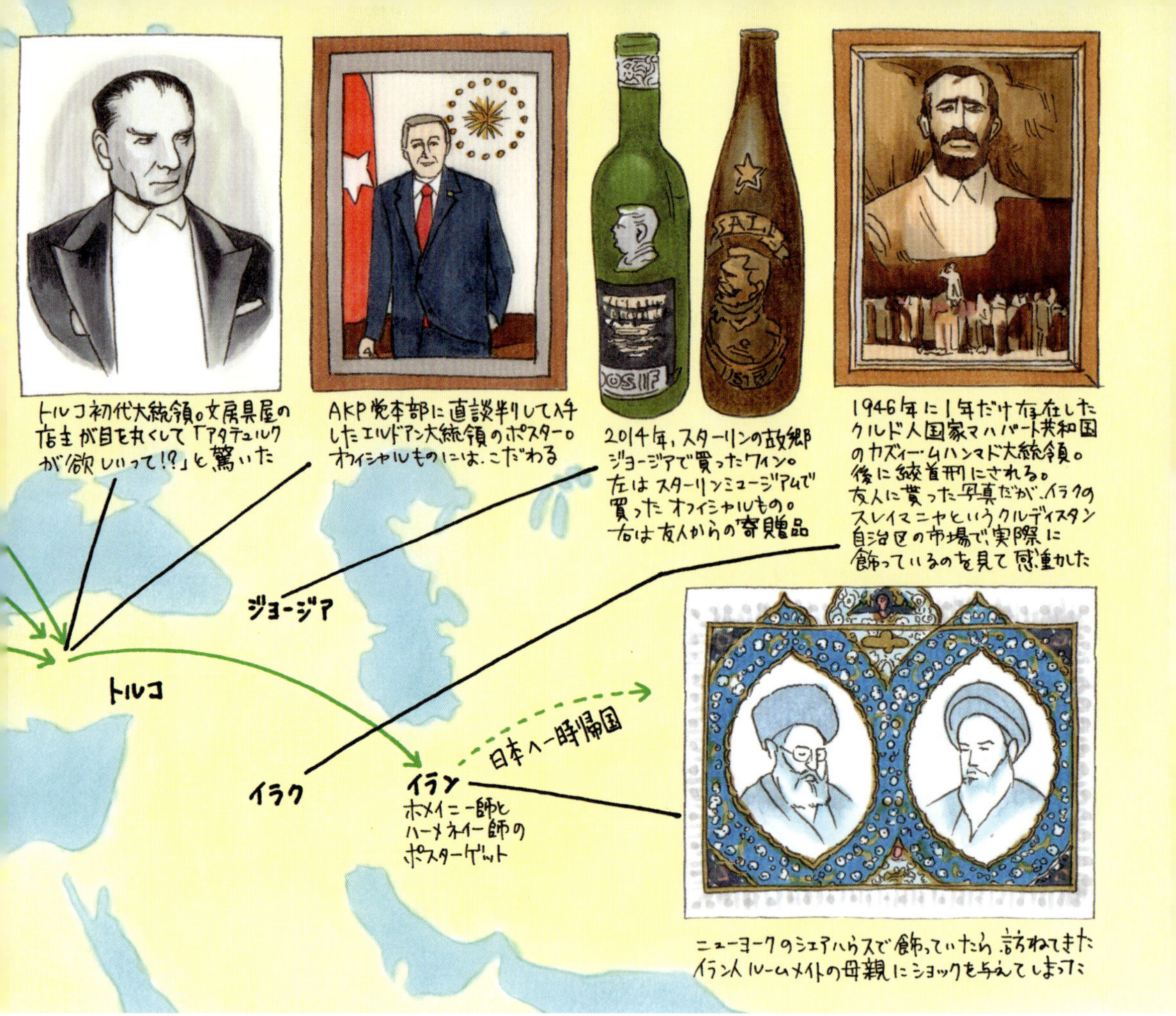

最初のイギリスでは順調に王室モノを入手。その後欧州諸国を巡るが、今まで訪れた社会主義国家と違って、自由主義陣営の西側諸国にプロパガンダグッズは少なかった。フランスでナポレオンの彫像、ベルギー、オランダで国王の絵葉書をかろうじて購入するが、ドイツに至ってはもうまったく何もない。収穫に乏しくやる気をなくしていたところに、チェコで大きなお宝に出会う。

「文房具屋に初代大統領ハヴェルさんがいたんですよ！　別にレストランとかで飾られているわけでもない。でもかつて社会主義国家だった頃の習慣の名残で売っていたのかと思うと面白い！」

再びやる気が湧いてきて向かったトルコでも、やはり文房具屋で初代大統領アタテュルクのポスターをゲットした。

イランのビザ取得に足止めを食らい、待ち時間に周辺国を周遊する中で、紛争中のセルビアにも訪れた。ユーゴスラビア建国の父ティトー元帥のお墓を参ってみたところ、かつての英雄のお墓も紛争

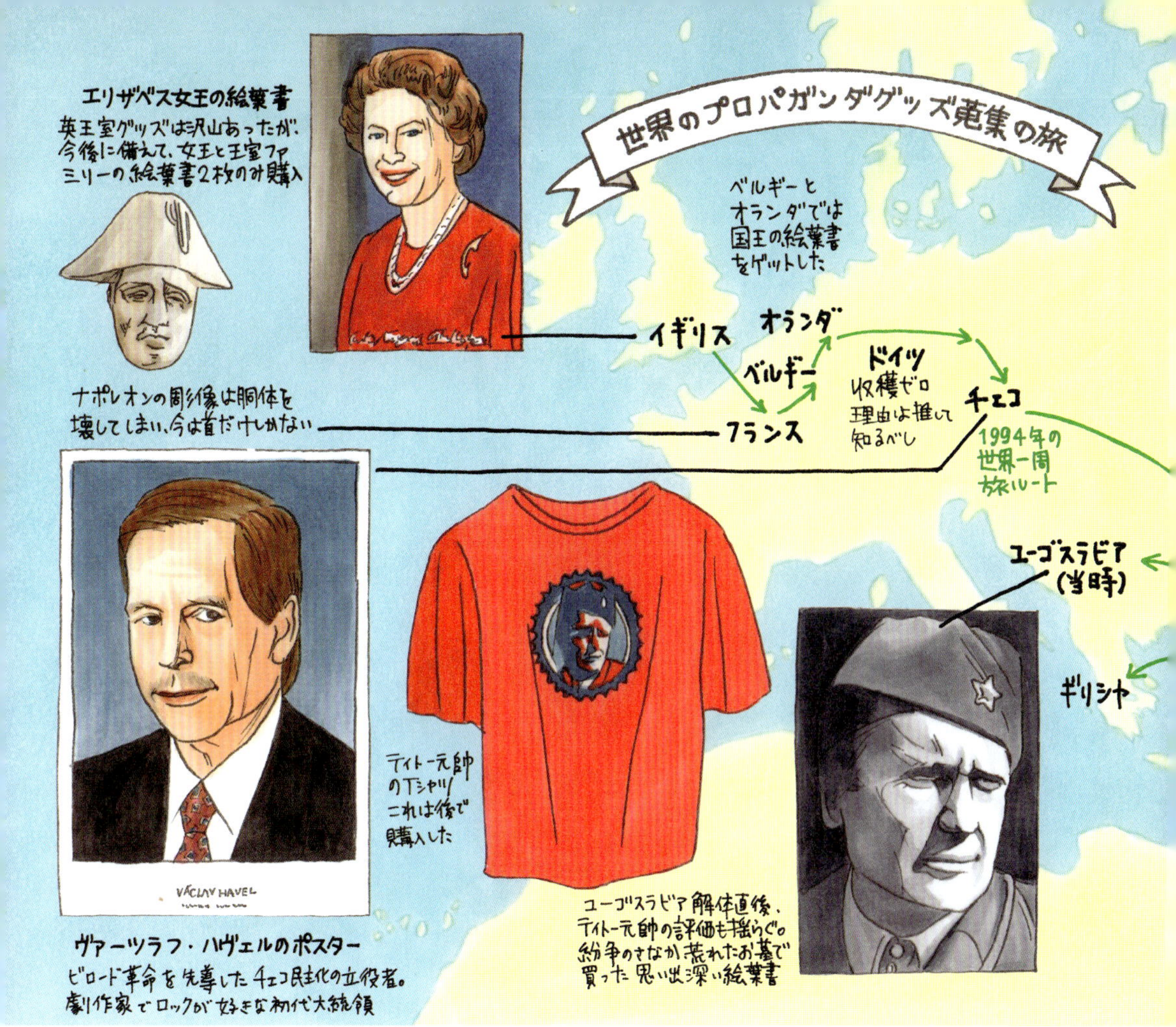

中で荒れていて、盛者必衰の理を感じながら二枚の絵葉書を購入したそうだ。

ようやくビザが降りて入国したイランではホメイニー師とハーメネイー師のポスターを入手。トルコ周辺で一月近く費やしてしまったので、後の旅程はあきらめ日本へ帰国した。しかし前回のシベリア鉄道の旅と合わせると、ユーラシア大陸を軽くなぞるくらいは実現出来た。

ここまでがプロパガンダグッズ・コレクションの創世記。その後アメリカで就職して一〇年滞在していた間も、日本へ帰国してからも、自ら旅先で購入したり、上司や旅仲間から譲り受け、コレクションは徐々に増えていった。

けれど本格的に増殖し始めたのはこの展示を始めてからだという。日本国内のグッズなどは、トークショーの内容にあわせて集めたものが多い。また展示が知られるようになると、自然と物が集まってきた。友人経由で見知らぬ台湾の方から蔡英文のグッズが届いたり、三〇センチ大のレーニンの立像や、サッダーム・

この手のグッズは小泉元首相の頃、特に増えた。他に、「新・三本の矢」せんべい、「スガちゃんまんじゅう」などのお菓子もある

フセインの絨毯など、レアなグッズが続々とKさんの元に集まってきた。

小さな切手から見わたす世界

Kさんの話の情報量は膨大だ。国際情勢に疎い私には知らない人の肖像画だらけだが、話を聞く内に知らなかった国への興味がムクムクと膨らんでいった。

「結局よくわからないものが好きなんです。知らないことを知りたい。素直に、こんな国があるんだ！　面白そう！　行ってみたい！　って」

とはいえ楽しい話ばかりではない。戦争や内紛、独裁国家の圧政など、一筋縄

蔡英文
蔡英文元総統グッズは日本のグッズと違い、デザインがかわいく、おもわず欲しくなる

ではいかない国際情勢からもKさんは目をそらさない。パレスチナのガザ地区が空爆されたときには、怒りに駆られて自主映画を制作するなど、義侠心に溢れる一面も見せる。世界の酸いも甘いも丸ごとむさぼるような、その屈強な咀嚼力はどこから来るのか。

「帰国子女でアメリカに住んでいたから、やっぱり〝国〟に対して普通の子よりはたくさん考えていましたよね」

Kさんは小学校二年生からの五年間をニューヨークで過ごしている。その間にも両親に連れられて欧州各国などを旅していた。物心ついた頃からすでにグローバルな視点を獲得しているのだ。

そういえば、彼が監督した米映画『口裂け女 in L.A.』の中盤、サブプロット的に挿しこまれるエピソードに謎の日系兄妹が登場する。その兄役が面白くて涙を流して笑ったのだが、演じていたのはなんとKさんご本人だった。少し若く坊主頭だったので、視聴中まったく気付かなかった。この役どころがすべてを物語っていて、Kさんを一言で言うと「謎の日系人」なのだ。国籍など最初から問題にしていない。

そしてアメリカで過ごした少年時代にはまっていたのが、母と集めた切手のコレクションだった。

「ストックブックに整理するだけじゃなくて、テーマを決めてアルバムリーフ（ページ）をつくったり。これは小学生の私ががんばってコメントをつけています」

アルバムを見せてもらうと、

「U.S.A.1943-44 Overrun Nations (Flags)国旗シリーズ」

これらの切手の左の像は、生のシンボ

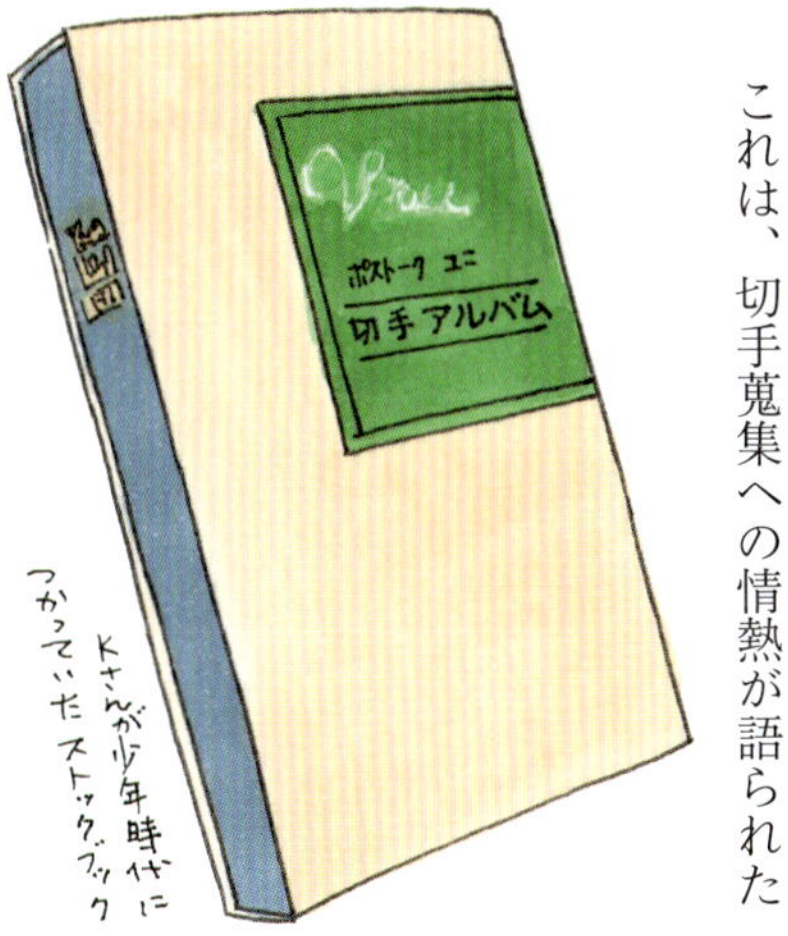
ポストーク ユニ
切手アルバム
Kさんが少年時代につかっていたストックブック

ルの不死鳥、右は服従からの解放をあらわす女性像

などと、ワイルドな文字ながらも、ていねいに解説されている。

「賢そうな小学生！」と、感心すると、「ハハハ。ガイドブックから書き写しているだけなんスけど」と、照れ笑い。けれどこれはただの「国旗シリーズ」ではない。「Overrun Nations」を直訳すると「蹂躙国家」。第二次世界大戦中、もしくはそれ以前に占領された各国への激励としてアメリカで発行されたものだ。

〈切手は、大国が子供部屋で差し出す名刺である〉

これは、切手蒐集への情熱が語られた四方田犬彦の『女王の肖像』（工作舎）の中で引用されていた思想家ベンヤミンの言葉だが、国家が威信をかけて発行する切手というものには、時にあからさまなほど国の思惑が刻印される。

そんな世界の難しい事情を知ってか知らずか、小学生の男の子が書いている。この頃すでにKさんは、今の活動につながる萌芽を十分に宿していた。

そのアルバムには、広大な世界に胸をときめかせる一人の男の子の息吹きが、真空パックのように閉じ込められていた。そして、根本のところでは何も変わっていない。純粋に世界に対する好奇心がすべての原動力なのだ。

ところで家の話である。当然こんなコレクションの状況では仕事も生活もままならないので展示は一日で解体される。けれど後日伺った平常時にも壁のポスターは貼られたままで、さほど雰囲気は変わっていなかった。こんな部屋で安眠できるのかと彼に問うのは愚問である。

ただコレクションの隙間に隠れていた壁の色がよく見えて、二〇三号室は青、二〇四号室は赤の壁紙が全面に貼られていた。テレビドラマの撮影で家を使う際貼ったそうだが、なぜそのまま残しているのだろうか。

「剥がすのが面倒だから」

やはり家に対してのこだわりは少ないのかと思いきや、「それは違う」と強く否定された。

「歴史によって意味が出てくることが好きなんです。だから壁がこの色になったことに意味がある。価値が高くなる」

ドラマ制作のために塗った赤と青の色が、Kさんにとっての歴史なのだ。ひるがえって俯瞰すると、この家そのものが、旅の思い出や友人との交流の痕跡であるプロパガンダグッズをストックしたアルバムとも言える。

大人になった少年は、大好きな切手帳の中に身を浸していた。けれど、今なお輝きを失わない大きな瞳をますます丸くさせて、ずっと世界を見わたしている。

Home Sweet Column——2

家も主役の映画やドラマ その2

『コンクリート・ユートピア』
オム・テファ 監督（二〇二三）

未曾有の大災害で奇跡的に一棟だけ取り残されたマンションで、非常時を乗り切るために選ばれた隊長（イ・ビョンホン）のもと、先鋭化していく住民たち。巨大なマンションを“家”とみなし、住民という“家族”を守るための防衛が、いとも簡単に攻撃、略奪行為に転じるさまは戦争の本質を見せつけられるようだ。終盤で隊長が呟く「雌鶏歌えば家滅ぶ」は東アジアに広く伝わる諺で、家族を国家の最小単位として捉える同じ家父長制の国の病を見せられるようでゾッとする。

『壁の中に誰かがいる』
ウェス・クレイブン 監督（一九九一）

邦題のイメージから家ものホラーかと思いきや、ほとんどコメディ。病気の母を抱えながら大家に三倍の家賃を請求されたスラム住まいの少年が、泥棒グループに誘われて悪徳大家の家に盗みに入る。ふりきった狂いっぷりが笑いを誘う大家兄妹を演じたのは、ドラマ『ツインピークス』でも異彩を放つエヴェレット・マッギルとウェンディ・ロビーのコンビ。迷路のような壁内世界や忍者屋敷じみたからくりが巧妙で楽しい。この前年に大ヒットした『ホーム・アローン』（クリス・コロンバス監督）のブラックバージョンといった趣向。

『借りぐらしのアリエッティ』
米林宏昌 監督（二〇一〇）

古い洋館の軒下に住む小人のアリエッティ（声・志田未来）は父親とともに“借《か》り”に出て、人間の家から砂糖やティッシュをほんの少し借りて暮らしている。考えてみれば人間も地球の軒下を借り、自然の恵みをシェアして暮らしているようなもので、家政婦のハルさん（声・樹木希林）に言わせればそれが「泥棒」ということになる。ところでハルさんがアリエッティの家の天井を開けて、「見つけた！」と言ったときのあの悪戯っぽくときめいた表情……、俯瞰図を描いているときの私はきっとあんな顔になっている。

『死霊館』
ジェーズ・ワン 監督（二〇一三）

「家もの映画」といえばホラーが本場。たくさんありすぎるので迷ったが、B級感溢れる邦題（原題は『The Conjuring』）のイメージを裏切り、格調高い恐怖で迫ってくるこの作品を選んでみた。実在した心霊研究家エド＆ロレイン・ウォーレン夫妻が依頼を受け、家を調査し悪魔祓いをする実録物人気シリーズの一作目だ。舞台となる湖畔の一軒家も趣きがあるが、禍々しい呪物のコレクションルームがあるウォーレン夫妻の家のインテリアも見応えがある。二作目の『死霊館 エンフィールド事件』（二〇一六）はイギリスが舞台なので、アメリカとイギリスの家の違いを観察するのも一興。どちらの作品でも、依頼主の家の物をエドが修理するシーンがあるのは、修理や整理が心霊を寄せ付けない心得と示唆しているのか。

第三章 受け継ぎ 活かす

Home Sweet Home

陶芸家夫妻が蘇らせた 築一五〇年の京風町家

YNさん［陶芸家（夫）］／UNさん［陶芸家（妻）］
賃貸｜7DK＋ギャラリー＋工房＋窯場／建物面積約400㎡｜滋賀県

絶やさぬ囲炉裏の火のように 受け継がれてゆく小さな家族の物語

YMさん［調律師（夫）］／SMさん［コンビニ店員（妻）］
住み込みの管理人｜3LDKS／建物面積約50㎡｜福井県

陶芸家夫妻が蘇らせた築一五〇年の京風町家

YNさん［陶芸家（夫）］
UNさん［陶芸家（妻）］

賃貸｜7DK＋ギャラリー＋工房＋窯場
建物面積約400㎡｜滋賀県

ゆるやかに膨んだ大きな「むくり屋根」の下には
異なる種類のガラスがはめこまれた木枠格子の窓が並ぶ

間口の狭い正面外観から、その奥行きは想像できない

新しい家族を迎え建物は息を吹き返した

琵琶湖のほとり、滋賀県のとある町は古くから街道の宿場町として栄えてきた。街道沿いには京風町家が軒を連ね、古い酒蔵や醤油醸造店などの有形文化財の他、美味しいパン屋やお蕎麦屋もあり、そぞろ歩くのが楽しい街並みだ。

そんな一角に陶芸家のYNさん、UNさん夫妻の住居、工房、窯元を兼ねた常設展示ギャラリーがある。

それにしても「鰻の寝床」と呼ばれるほど細長く商家の建物である町家に、窯や工房まで設けられるスペースがあるものなのか、どうにもピンと来なかった。けれど、実際に訪ねてみるとその細長さは、想像をはるかに超えるものだった。

間口五・四メートルに対して奥行きは六五メートル、およそ一二倍にも及ぶ。敷地面積は約五〇〇㎡、母屋、土蔵、窯場を含む建物面積は約四〇〇㎡で、俯瞰図の右側に描ききれなかった駐車スペー

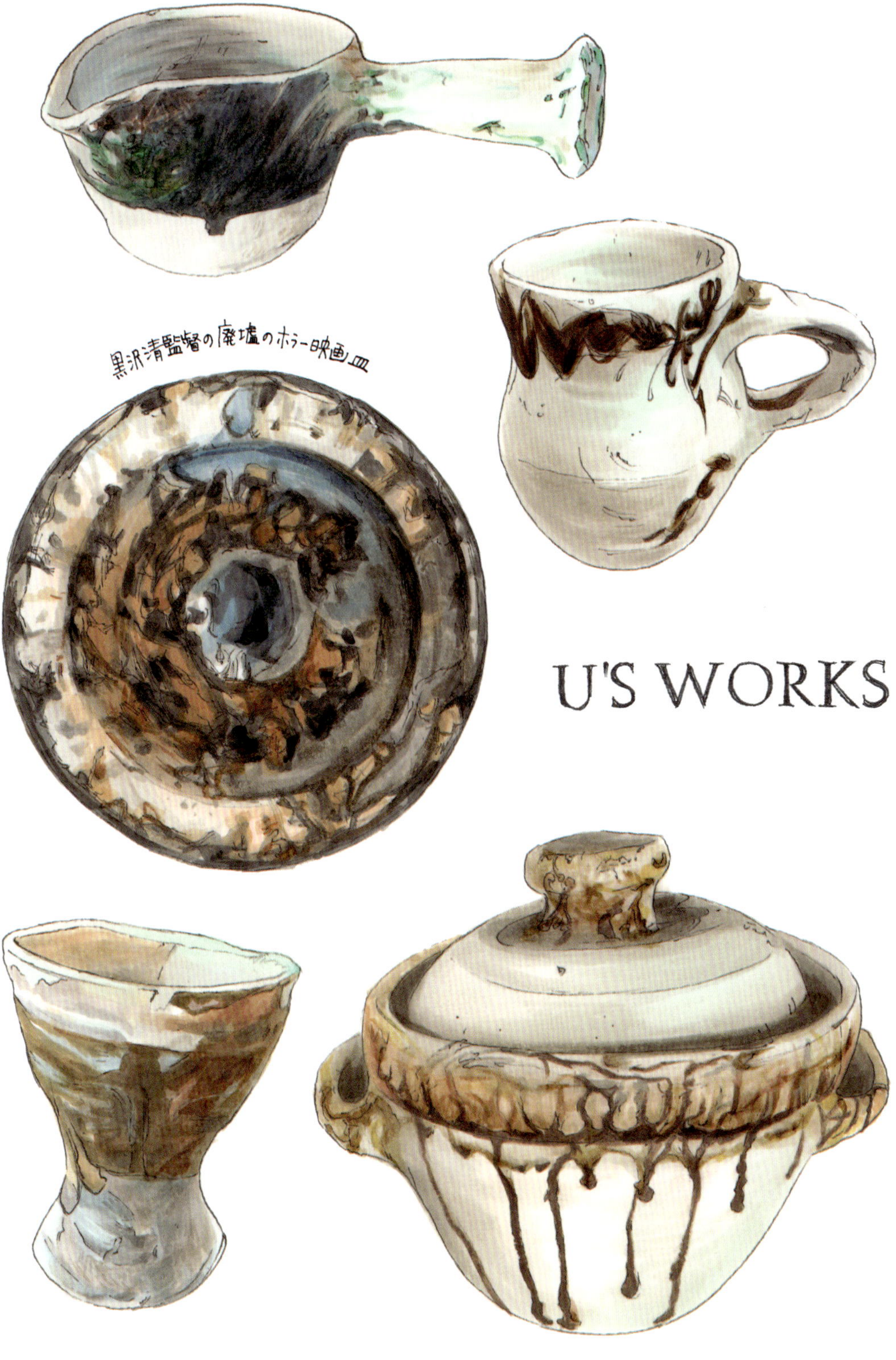
黒沢清監督の廃墟のホラー映画皿
U'S WORKS

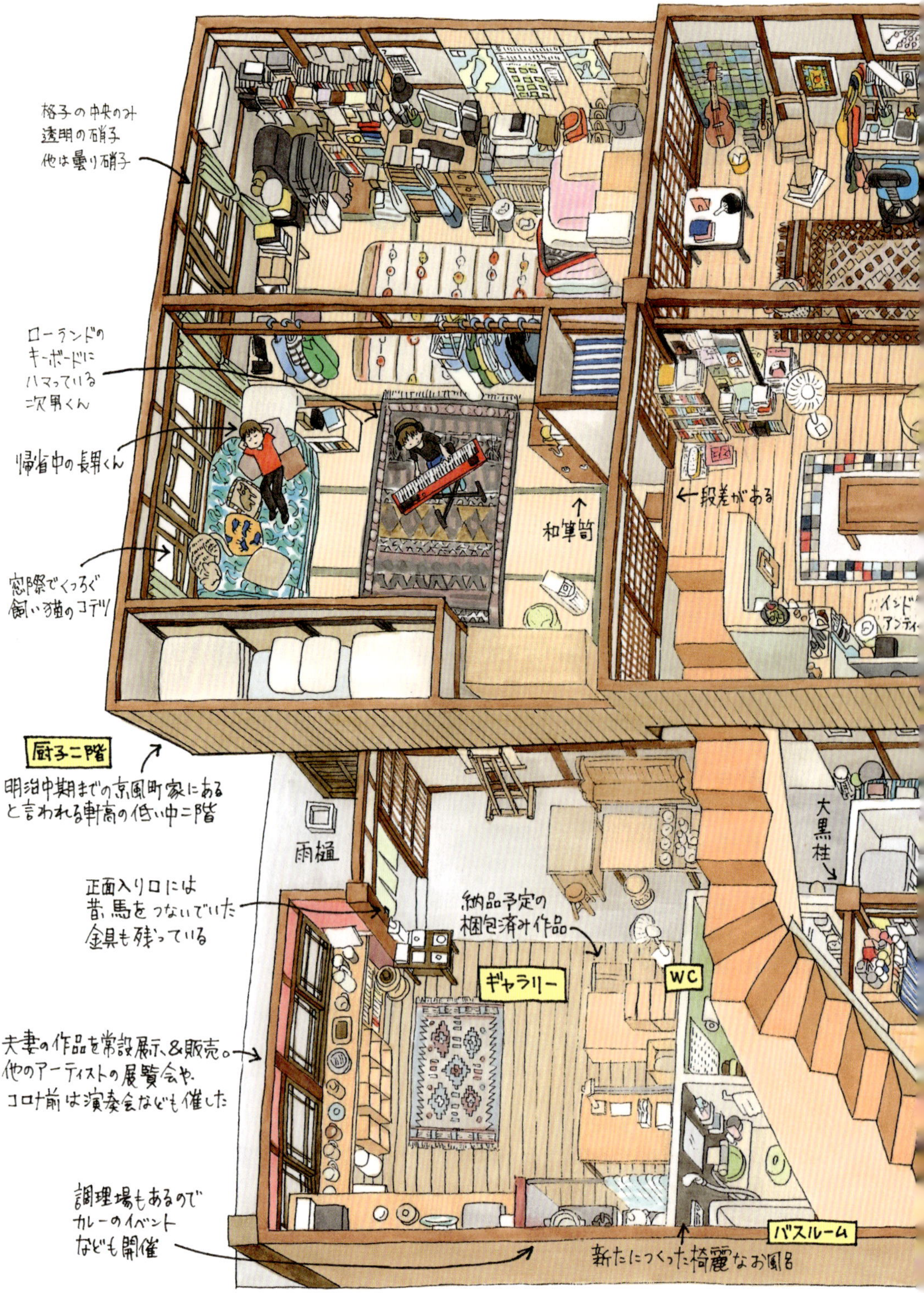
格子の中央のみ
透明の硝子
他は曇り硝子
ローランドの
キーボードに
ハマっている
次男くん
帰省中の長男くん
窓際でくつろぐ
飼い猫のコテツ
和箪笥
←段差がある
インド
アンティ
厨子二階
明治中期までの京風町家にある
と言われる軒高の低い中二階
雨樋
大黒柱
正面入り口には
昔、馬をつないでいた
金具も残っている
納品予定の
梱包済み作品
ギャラリー
WC
夫妻の作品を常設展示＆販売。
他のアーティストの展覧会や
コロナ前は演奏会なども催した
調理場もあるので
カレーのイベント
なども開催
バスルーム
新たにつくった綺麗なお風呂

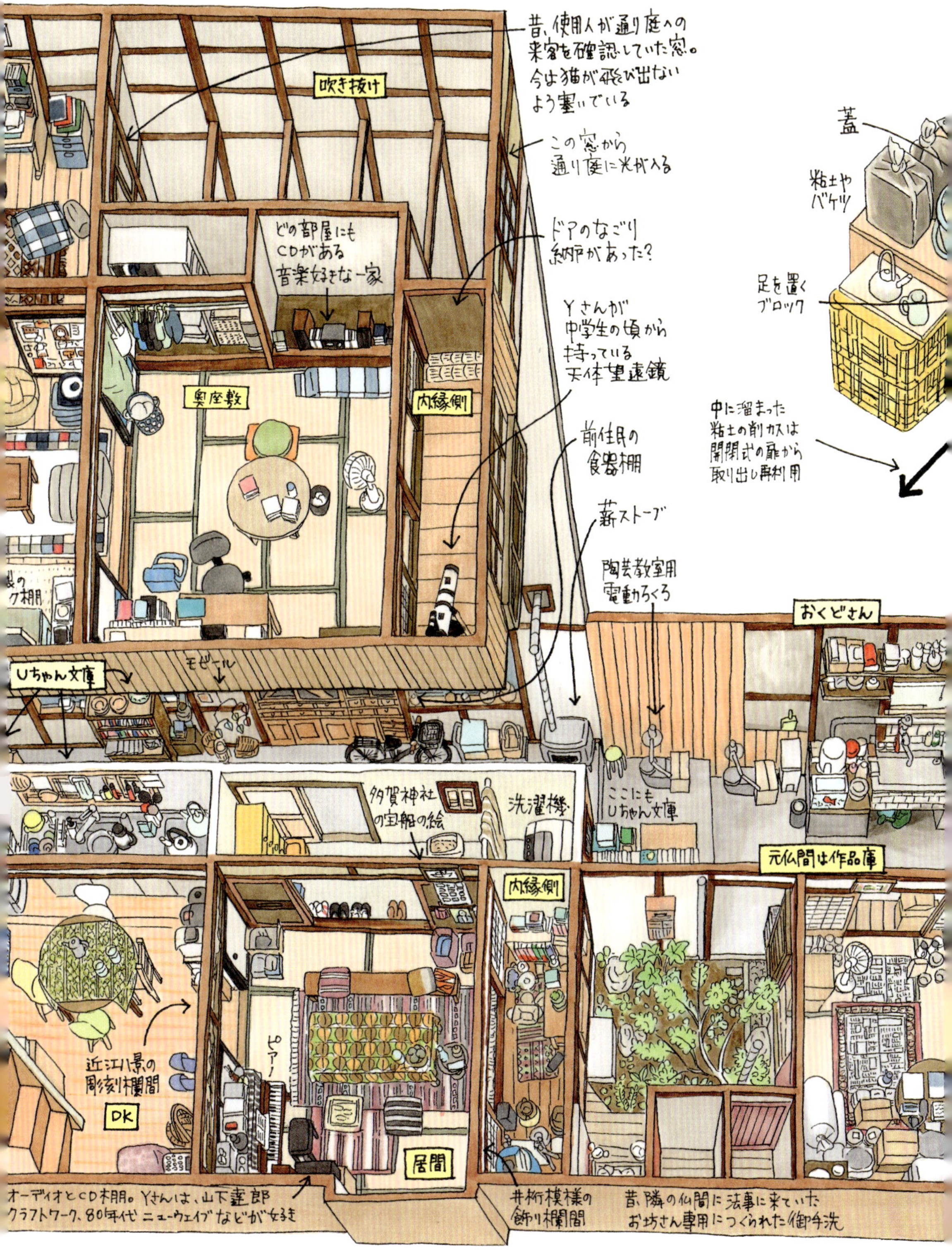

昔、使用人が通り庭への来客を確認していた窓。今は猫が飛び出ないよう塞いでいる
吹き抜け
この窓から通り庭に光が入る
蓋
粘土やバケツ
どの部屋にもCDがある音楽好きな一家
ドアのなごり 納戸があった?
足を置くブロック
Yさんが中学生の頃から持っている天体望遠鏡
奥座敷
内縁側
中に溜まった粘土の削りカスは開閉式の扉から取り出し再利用
前住民の食器棚
薪ストーブ
陶芸教室用電動ろくろ
おくどさん
Uちゃん文庫
モビール
多賀神社の宝船の絵
洗濯機
ここにもUちゃん文庫
元仏間は作品庫
内縁側
ピアノ
近江八景の彫刻欄間
DK
居間
オーディオとCD棚。Yさんは、山下達郎、クラフトワーク、80年代ニューウェイブなどが好き
井桁模様の飾り欄間
昔、隣の仏間に法事に来ていたお坊さん専用につくられた御手洗

三井晩鐘(三井寺)、唐崎夜雨(唐崎神社)、堅田落雁(浮御堂)、比良暮雪(比良山系)の景色が彫られた彫刻欄間

器棚が壁に埋め込まれていた。以前は、通り庭も潰され板張りの床になっていたそうで、皆が新しさを追い求めた高度経済成長期には、土間なんて前時代的で不便なものと感じていたのだろう。

ここでようやく住居スペースの玄関にたどりつく。靴を脱いで座敷へ上がると、座卓の傍にはクッションが転がり、親戚の家みたいにまったりと落ち着く居間が広がっていた。

「ここはね、いじってないんです。昔のまんま」と夫のYさん。

土壁には雲母が光り、内縁側の障子の上には素朴な井桁《いげた》模様の飾り欄間、襖の上には見事な彫刻の飾り欄間が嵌められていた。欄間の左側に彫られた建物は歌川広重が描いた「石山秋月」の石山寺に似ている。これは琵琶湖南部の名勝地を描いた近江八景だ。彫刻欄間の定番モチーフだが、琵琶湖のほとりの町でなら、なおのこと映える。

鴨居にかかる宝船の絵も元からあったもので、多賀町の多賀神社の印がある。この居間は、元住民の深い愛郷心で満ちていた。

ギャラリー側の隣の部屋はダイニングだ。キッチンとの境の梁には溝があり、元々引き戸の鴨居だったものを壊さず上手く使っている。通り庭にはみ出す形で新たにつくられたキッチンの窓からは通り庭の「Uちゃん文庫」が見えた。

「ここから本が眺められると、家事の喧騒から救われて、なんだかホッとしますね」と言うと、夫妻は目を見合わせて、「落ち着かないよね」と笑っていた。

階段下の手づくりの食器棚には、彼ら

キッチンの窓から見える通り庭

Y'S WORKS

― 釉薬

自分でつくることで薪の種類による
発色の違いなどを確かめられる。
「貴重な灰は宝物のようなモノ」
と夫のYさん。目に見えない
手間暇が仕事の質につながる

窯詰めの様子は、さながら器の宮殿

こちらの土蔵の方が古く明治8年築。
2階は妻のUさんの妄想部屋

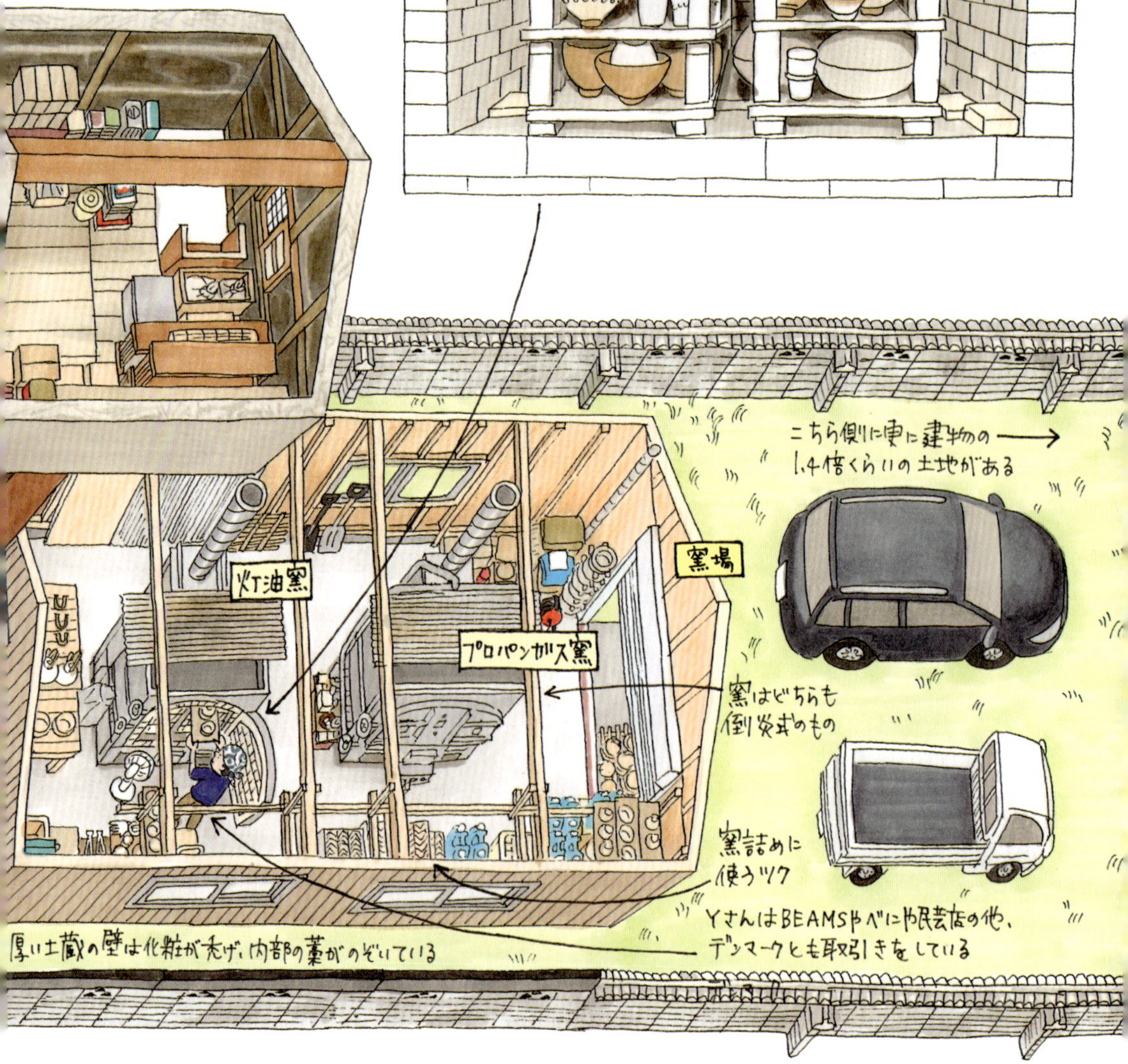

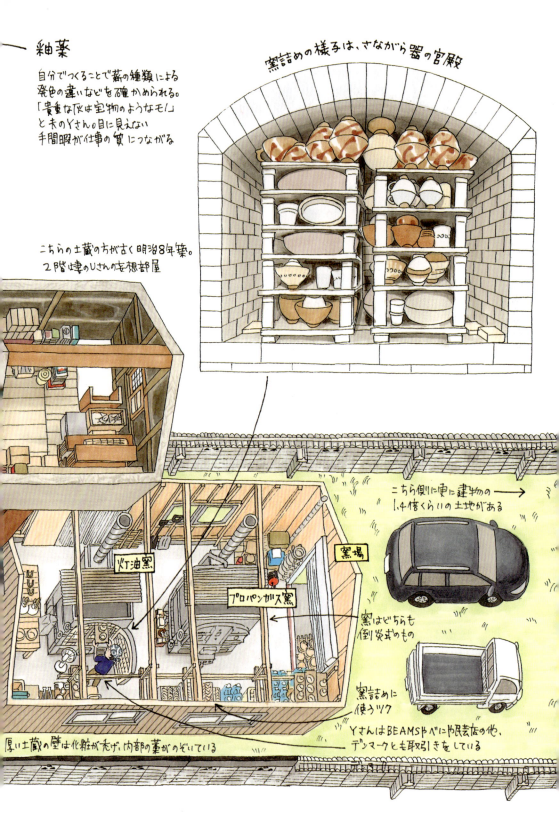

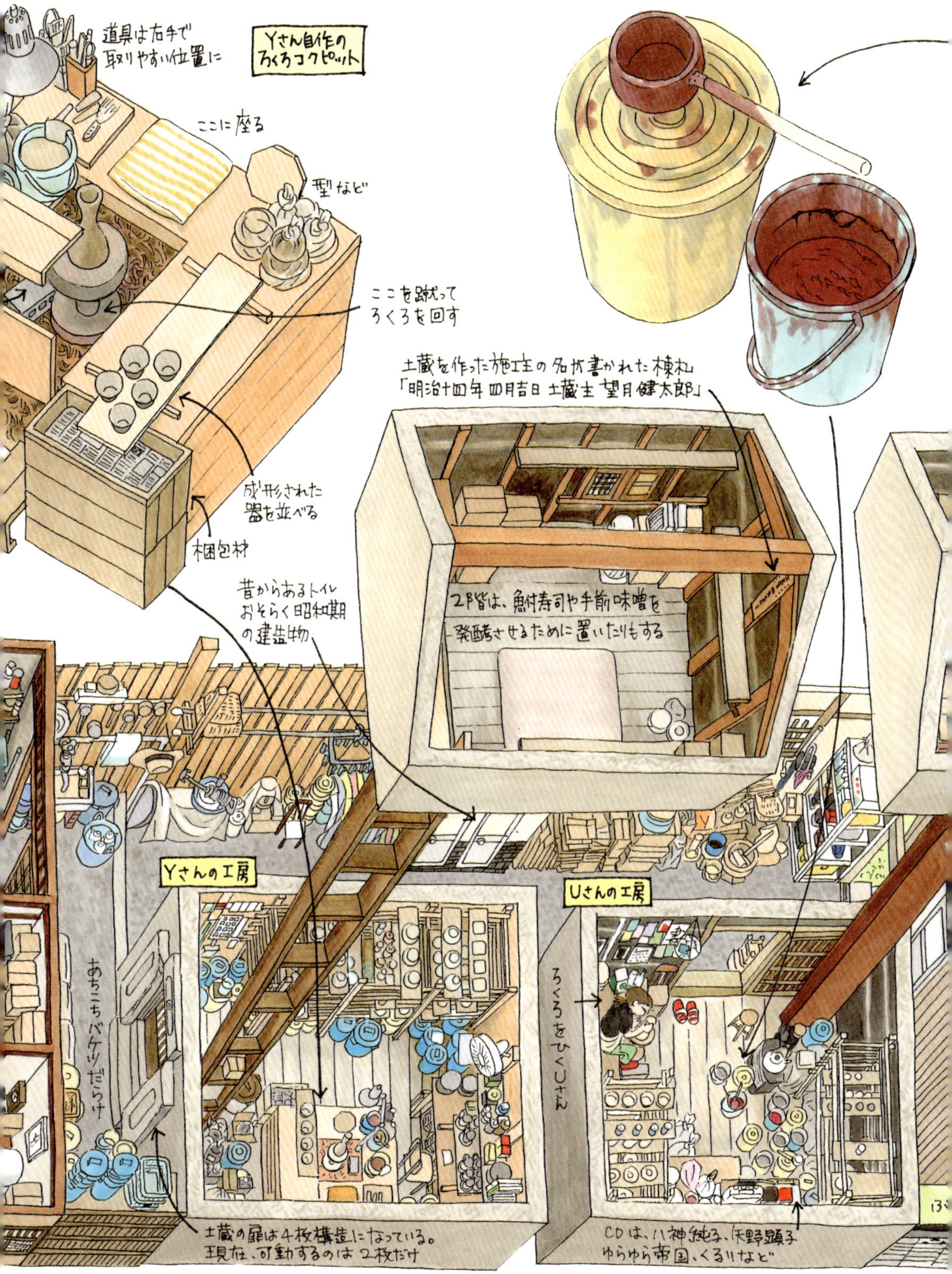

道具は右手で取りやすい位置に
Yさん自作のろくろコクピット
ここに座る
型など
ここを蹴ってろくろを回す
成形された器を並べる
梱包材
土蔵を作った施主の名が書かれた棟札
「明治十四年四月吉日 土蔵主 望月健太郎」
2階は、鮒寿司や手前味噌を発酵させるために置いたりもする
昔からあるトイレ おそらく昭和期の建造物
Yさんの工房
Uさんの工房
あちこちバケツだらけ
ろくろをひくUさん
土蔵の扉は4枚構造になっている。現在、可動するのは2枚だけ
CDは、八神純子、矢野顕子、ゆらゆら帝国、くるりなど

妻のUさんセレクトの本棚は
通り庭にしっくり馴染んでいる。
本は貸し出しもしている
おいら・ぼく

スの空き地まで含めると、都会の小さな建売住宅なら一〇軒くらいは軽く建ちそうだ。窯や工房を設けてもまだ持て余すほどの広さだった。

一五〇年の歴史の中で、さまざまな変貌を遂げてきたこの家には、各時代の記憶がちぐはぐに同居している。例えば、町家特有の長い廊下「通り庭」の壁の漆喰は明治時代の建設当時のままで、いつしか化粧ベニヤが張られ長年隠れていたものが、夫妻のリフォームによって数十年ぶりに表舞台へ顔を出した。

そう。今でこそ明治風情を漂わせる京風町家として堂々と構えるこの家も、その風格を蘇らせたのは、夫妻の尽力に寄るところが大きかったのだ。

一家が北海道からここに引っ越してきたのは二〇一五年。当時、国の重要伝統的建造物群保存地区選定を目指していた市からは、伝統的な町並みに配慮した建築物の改修補助金が出た。

けれどそれを受けるには、いくつもの審査をクリアした上で、設計士と相談して、改修計画も提出しなければならなかった。かつてはアルミサッシだった玄関も伝統的な仕様につくり直し、今は立派な格子戸になっている。

古い家をリノベーションするには、新築以上に大変な事情もある。下水道のなかった通り庭に水道管を通すのにも、重機が入らず手掘りで行われ、補助金だけではとても賄えない莫大な費用がかかったそうだ。

町家探訪は「Uちゃん文庫」ではじまる

本格的な町家の中がどうなっているのかゆっくり探訪してみよう。

夫妻の作品が並ぶ玄関脇のギャラリーを通り過ぎると、奥まで伸びている通り庭の入口付近に妻のUさんの名前を掲げた「Uちゃん文庫」がある。本棚と壁に、絵本、写真集、料理本などが並んでいてとても楽しい。

前の住民は、この辺りをダイニングとして活用していたらしく、その名残の食

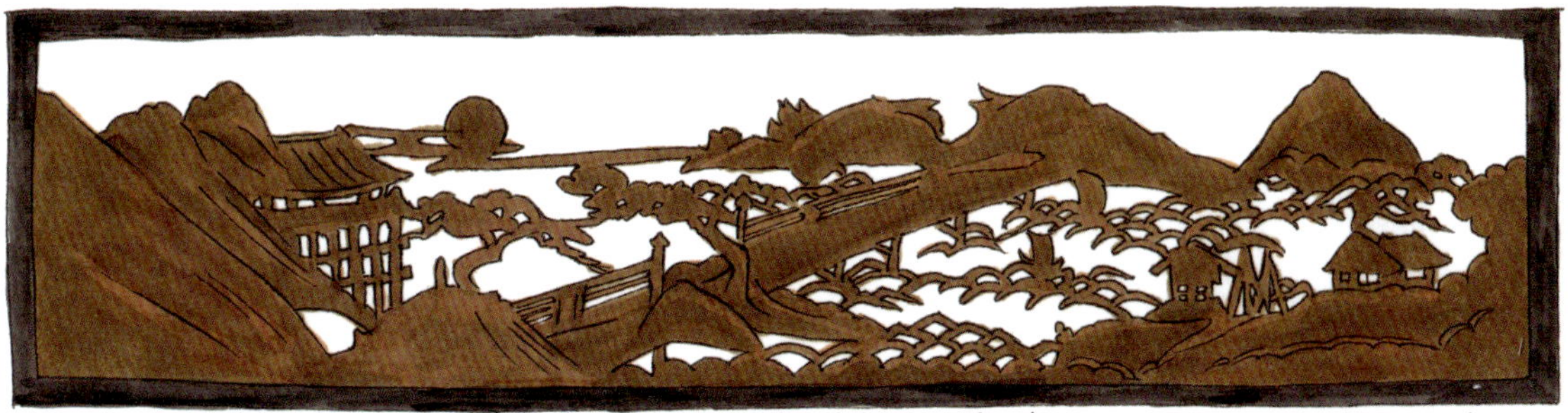

近江八景とされる景勝地、「石山秋月」(石山寺)、「勢多夕照」(瀬田の唐橋)、「粟津晴嵐」(粟津ヶ原)、「矢橋帰帆」(矢橋)、

の器がずらりと並ぶ。どのお皿に盛り付けても豊かな食卓になりそうだ。「一応器をつくってるんで、料理もつくらんとね」と、Yさん。夫妻は近所の友人と集まってスパイスオンリーのカレーや郷土料理の鮒寿司をつくる会を催すなど、地域交流にも意欲的だ。

二階へ上がると、広さにまた驚く。五つの座敷がつながっていて、通りに面した二部屋は一段低い。これは「厨子二階」という軒高の低い中二階で、江戸時代から明治中期にかけてつくられた京風町家特有のものだ。明治中期以降は、江戸風町家と同じく、軒高が高い「総二階」へと変わっていった。

実用性重視で高く聳える総二階に比べ、厨子二階はどこか控えめで品がある。これがいかにも京都らしい景観をつくっていたことに気づく。京都の影響が強い滋賀県にも、この景観が点在する。

典型的な京風町家には厨子二階に虫籠窓と呼ばれる格子状の窓があるが、それはない。代わりにゆるやかに膨んだ大きな「むくり屋根」の下に異なる種類のガラスがはめこまれた木枠格子の窓が並び、これはこれで、とても可愛らしい。

飼い猫のコテツも窓際で、居心地良さそうにくつろいでいた。

奥座敷には内縁側もあり、旅館のように坪庭を眺めながらくつろげる。別棟との瓦屋根が複層的に並んで見える景色は趣があり、瓦の種類で時代を考察するのも一興。置いてある天体望遠鏡で星を眺めても楽しそうだ。

その土地の土と木と水でつくられた器たち

再び階下に降りて、Yさんに案内してもらった。通り庭にしっくり馴染む薪ストーブは暖房用だろうか。

「そう。だけど灰から釉薬《うわぐすり》をつくって

道産子ネコ コテツ

います。北海道にない樫の木とかを使って。森林組合から買ってますね。山に木を切りに行くまでの時間はないので」

冗談かと思ったら、北海道で窯を開いた最初の頃は、自分で山に木を切りに行っていたこともあるという。

釉薬は、原料の木材次第で仕上がりの風合いもだいぶ変わるらしく、その土地の材料を調達しているのが興味深い。当然土も場所によって違いが出る。Yさんは以前から信楽《しがらき》の土を使っていた。滋賀県に引っ越してきたのは、原材料が入手しやすいという理由もあったようだ。

木や藁、籾殻を燃やす時、
ゴミやタバコ、紙類は入れず
火を点けるにも木の皮などを
使い、"純粋な灰"だけをつくる

薪ストーブの先には、先ほど二階の内縁側から眺めた坪庭があった。

「町家には採光や風通しを良くするために、必ずこういう中庭をつくります。ちゃんと庭師さんが入ってまして」

小さいながらも綺麗に整えられた坪庭は、創作で疲れたときにほっと一息つける憩いの場だ。

昔、井戸の滑車をかけていた梁
電動ろくろ
金魚
段差
井戸は塞いでいるが管を通して蛇口から出る
炉があった場所?
おくどさん

この付近の通り庭はもともと緩い坂になっていたので、改修工事で三段の段差をつけた。段ごとに陶芸教室の生徒さん用の電動ろくろが置かれていて、その先に「おくどさん」がある。今で言うシステムキッチンだ。

「薪でご飯を炊くために、ここの炉で火を焚いてたんですね。だから上も煤で真っ黒」

裸電球の灯りに、湯気や煙で煤けた漆喰壁や柱の黒ずみが浮かび上がると、気が遠くなるほどの歳月、この前に立っておさんどんを繰り返してきた女性たちを想ってしまう。

「この辺の家はみな井戸を持ってます。水が豊富なんです。飲まないけどね」

おくどさんの蛇口からも井戸水が出る。これも灰を攪拌して釉薬をつくる作業に現役活躍しているそうで、琵琶湖の恩恵までもが陶芸に活かされている。

母屋の連棟はここで終わるが、別の屋根の下、半屋外的な通り庭が続く。外水栓や古い公共施設にありそうなタイル張りのトイレが並び、右手には大きな土蔵が二つ連なる。これが夫妻の工房だ。

研ぎ澄まされたラボラトリー

手前の土蔵はYさんの工房。彼は、色の異なる粘土の層によって特殊な鶉手《うずらて》模様を生み出す「練り込み」という技法を得意としている。石膏型を使ってストイックなまでに工業的に仕上げた器の表面には幾何学的なパターンがうねり、デザイン性が高くとても洗練されている。

工房にも、その作風を窺わせる緊張感がみなぎる。黒板には、搬入日まで三週間ほど、ひっきりなしに窯詰め、窯出しを繰り返す予定表。壁には、配合データなどのメモが几帳面に貼られていて、長年の試行錯誤の積み重ねの上に、今の熟成した技術があるのがわかる。

石膏型や焼き上がった器を並べる棚も、保管効率を重視して自作している。その下に並ぶバケツには、釉薬の灰に

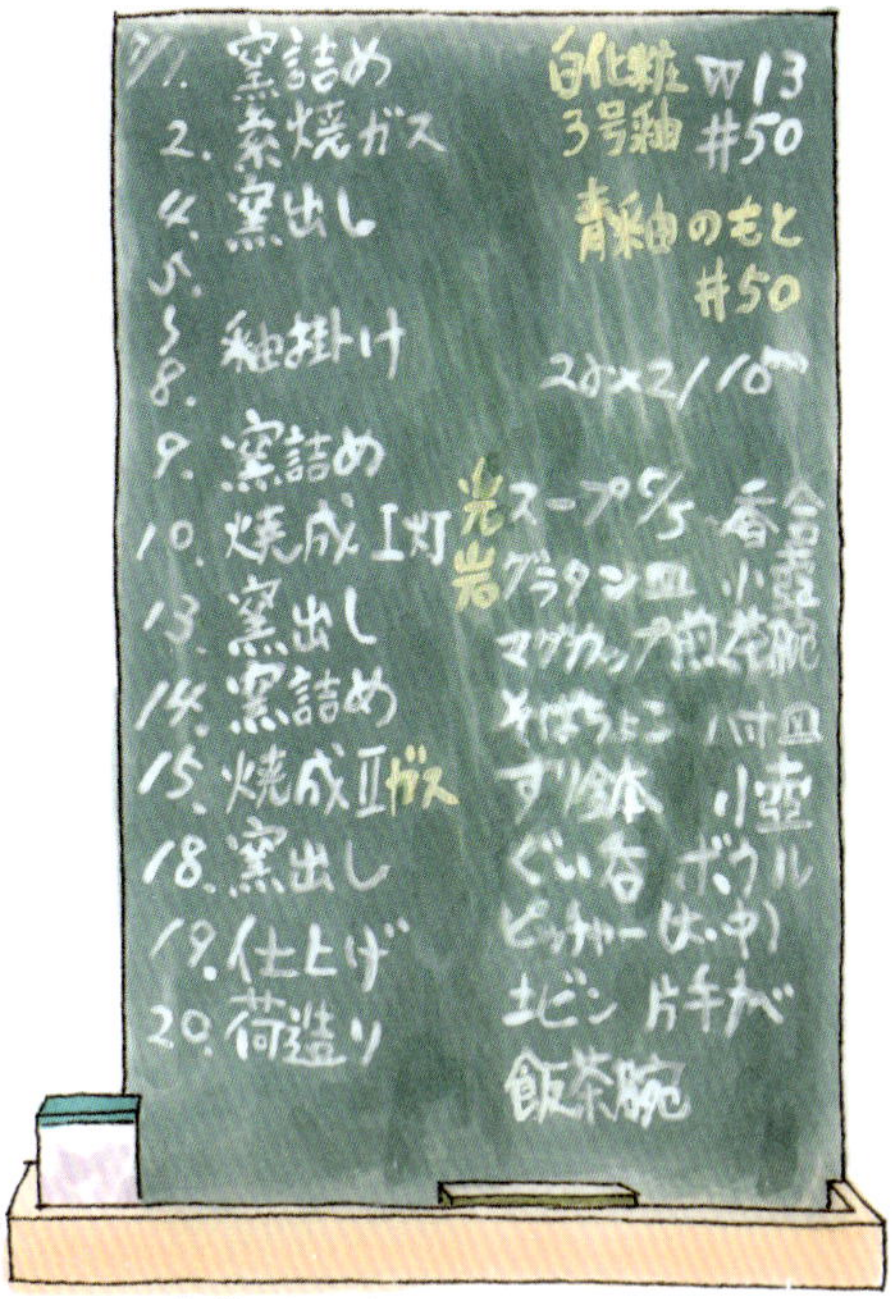

作業予定が詳細に書き込まれた黒板

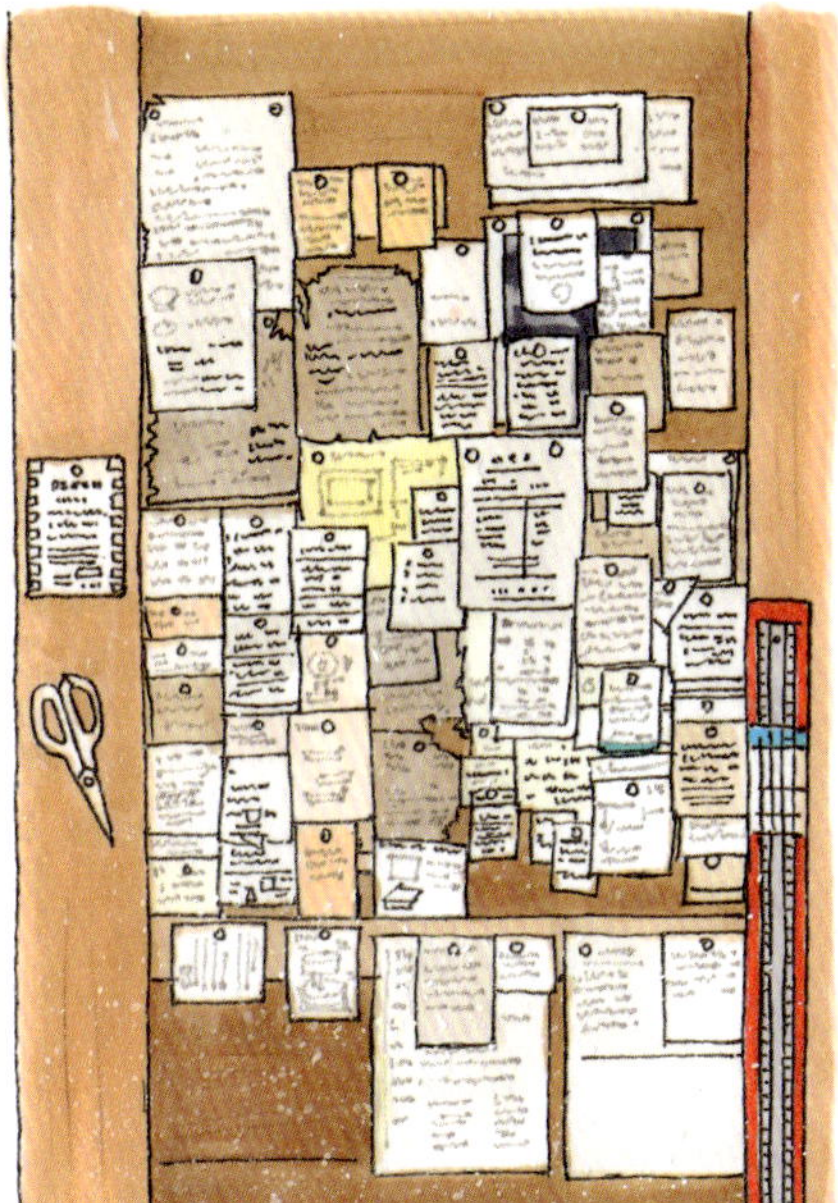
古びて茶色く煤けたノートの切れ端から真新しい白い付箋まで さまざまな研究成果が貼られた壁

使った木材の名前や制作日が、一つ一つガムテープで貼られ、きちんと管理されている。まるで科学者のようだ。

また、箱型の作業台〝ろくろコクピット〟も面白い。中央の穴にろくろが設置されていて、穴に足を入れ座り、蹴ってろくろを回す仕組みになっている。

「自分でつくりました。北海道にいたときも、こんな風にコクピットみたいにして。座ったまんま全部道具が取れる」

基本スタイルはずっと変えずに小さな改良を重ねながら現在に至っている。台の下に溜まった粘土の削りカスは水に溶いて再利用する。灰からつくる釉薬と同じく、すべてが循環する生態系みたいで無駄がない。

薄暗い土蔵の中で誘われる物語の世界

奥の土蔵は妻のUさんの工房だ。覗くとすぐ正面の壁の、自身を鼓舞して「できる!!!」と書かれた張り紙が目に飛び込んできた。収納棚や作業台、バケツが並んでいるのはYさんの工房と同じだが、全体的にもっと雑然としている。壁に、映画や展覧会のチラシが所狭しと貼られているのだ。夫のYさんは言う。

「彼女はイメージでつくるから」

Uさんは物語をモチーフに器をつくっていて、「妄想器」と名づけている。映画や音楽は、彼女を豊かな妄想の世界へ誘い、制作を助けてくれる良き友なのだ。

「ロシア人のおじさんと夜空を眺めながらウォッカを飲むカップとか。ギターを奏でるジプシーの使う器、みたいなイメージでつくっています。勝手に自分で妄想して旅をしながら」

Uさんは皆がバブルに浮かれ、DCブランドに夢中だった八〇年代後半、路地裏の骨董屋さんで染め付けの器を買ったり、笠智衆の写真集を買ったりするような女子高生だった。

高校卒業とともに、兵庫県三田市の窯

たくさんのチラシが貼られている妻のUさんの工房

元に弟子入りし、落ち葉掃きの修業から、陶芸の道を歩み出した。

　彼女がつくる器は渋い。表面はゴツゴツとして、土着的な雰囲気を漂わせている。このテクスチャを求めて、北海道江別のレンガ用の土を取り寄せているが、これは石ころなどの異物が混じり、ろくろもひきにくく、仕上げのペーパーがけにも一苦労する厄介な土らしい。

「だけどなんか好きなんです。やりづらいのが良いなって。人間ってそんなに綺麗じゃないよって」

　夫のYさんは同じ大きさで揃い物がつくれないUさんを、こう評する。

「二〇年もやってれば、たいてい上手くなるんだけど、この人絶対上手くならないから、ある意味すごい」

　Uさんは言う。

「下手とか上手いとかそういうことはどうでもよくて、自分のつくっている器に血を通わせたい、何かを吹き込みたい」

　不器用に凸凹している器たちは、それぞれが血の通った人間みたいで、愛おしく感じられた。

　明治時代からの建物はここまでで、最裏手には夫妻が新たに建てた窯の小屋がある。北海道から運んできた灯油窯と、こちらに来てから購入したプロパンガス窯が鎮座し、それぞれの煙突が木造の三角屋根を貫いている。

　入口側の壁には「火廼要慎」のお札、上部の大きな御幣《ごへい》は窯場建設時に地鎮祭でつくったもので、その左右にしめ飾りが並ぶ。京風町家の最奥部は、神様のいる厳かな場所になっていた。

　通り庭探訪は、そのまま陶芸の制作プロセスを体感しているようだった。土を水で溶き形成し、火で燃やし素焼きにする。木を燃やした灰でつくった釉薬で色が現れる。

　Uさんは、「何かを吹き込みたい」と言っていたが、自然に在るものが互いにからみあいながらつくられる陶芸というものは、芸術分野の中で最も有機的で、命を生み出す感覚に近いものを得られるのではないかと思った。

笑門
火廼要慎
しめ飾りは左から、
飛騨高山の素朴なしめ飾り（蛇型）
「蘇民将来」に由来する伊勢のしめ飾り（海老型）
京都のしめ飾り（海老型）
「蘇民将来」に由来する伊勢のしめ飾り（海老型）

北海道でDIYした仕事場。朴訥な外観だが二階の内装はむき出しの古電柱が味わい深い古民家風ギャラリーとなっている。今でも年に一度は様子を見に帰る

フロンティア・スピリット

夫妻は兵庫県の別々の窯元の弟子同士として出会った。

一九九五年の阪神淡路大震災では、お互いボランティア活動に尽力し、その年に結婚して陶芸家としても独立した。そしてYさんの故郷、函館の近くの檜山郡にJターンして居を構えた。

そこでの仕事場建設はなんとDIYに挑戦している。マタギの知り合いにノウハウを教わりながら、木製の古電柱を二七本買って一年半かけて掘建小屋を建てたそうだ。そうまでして建てた仕事場や購入した家もあったのに、なぜ滋賀県へ引っ越したのか。

「いろんなことがあったんです」

Uさんは思い出を手繰るように、北海道での暮らしぶりを語り始めた。

「熊がいたりとか。トイレも汲み取りだし、お風呂は薪で炊いて、TVの電波も一局のみ、天候によってほとんど映らないときも。閉ざされて、本当に誰にも頼れずポツンといて……」

何より冬がすごい。外気は氷点下二五度で屋内も氷点下。その上、地震の影響で最初の二年は冬場に井戸が枯れて水も出なくなり、役場から支給されるポリタンクの水で洗濯をして風呂を沸かしていたという。厳しい自然の中で事故に遭い、車を大破させたこともある。あまりの自然のパワーに負けて、体重も激減してしまったとか……。

「やっぱりパワーがすごい。私は所詮街っ子だから、結構キましたね」

厳しい天候の中では、仕事場に行くのも一苦労だ。子育て中だったUさんは、住居と一体型の仕事場を強く望んでいたこともあり、便利で暖かいところへの移住を考えるに至る。

Yさんは、道産子はシャケが生まれた川に帰って来るように、皆、北海道に戻りたがると言う。

「なんか、DNAで帰らなきゃ、みたいな。やっぱり好きですよ。ホッとするから。でもそうも言ってられない。家族

がいたから」

お互いを思いやり、今度は関西出身のUさんに馴染みが深く、原材料入手や搬入にも便利な滋賀県に住むことにした。

古い家に馴染む人と作品と生き方

しかし家探しには苦労した。まずはこの町に居たUさんのおじさんを頼り、空港からレンタカーで何度も足を運んだ。自治体の空き家バンクを利用したが、工房や窯まで置ける空き家など、そうそう見つかるものではない。

そんなことを二年ほど続け焦っていたところに、この家を見つけた。条件はピッタリで、さっそく家主さんに会いに行き、契約を結ぶことができた。

それから九ヵ月で先に触れた補助金申請や改修を進め、トントン拍子で引っ越しに至った。

「町家に憧れはあったけど、まさか住めるとは思わなかったです。普通、貸家にはしませんよ」とYさん。

町のメインストリートにあるこの家での暮らしは、かつての環境からは考えられないくらい便利で、子どもたちもすぐに馴染んで溶け込んだそうだ。

「やっぱり人の営み、生活臭があるところが好きなんです。好きなものが全部この街にある。古本屋さんも、古い図書館も。酒蔵も二軒ある」

うれしそうに語るUさんは、今はとても健康そうだ。街の廃業した映画館を使って、監督を招いての映画上映会や、自宅のギャラリーでアコースティックギターやアイリッシュハープによる北欧音楽の演奏会を開催するなど、文化活動に勤しみ、輝いている。

一方でYさんは、関西特有の言葉の文化に戸惑いながらも、町内会長やお宮さんのお世話など、地域に貢献する活動をしていて、こちらもまた忙しそうだ。

一家は、この立派な京風町家をさしたる気負いもなくごく自然に住みこなしているように思える。その理由を考えると、北海道時代に培われた開拓精神もさることながら、二人の修業時代の経験が頭をよぎる。

師匠とともに同じ釜の飯を食い、背中を見て学び、手で覚える。体感しながら得ていく知見や情感は、生きていく上で欠かせないものとなる。修業時代にしっかり築いた土台のもとに、今の二人は毅然と立っている。

そうして手で触り学んだ二人だからこそ、古き良き時代の家の建材から、歴史と物語を読み解き、最大限に活かすことが出来るのではないか。

考えてみれば、京風町家の機能的な側面や、スタイリッシュに洗練されたたたずまいは、Yさんの作品を思わせる。

欅など良質な木材の肌触りや、漆喰の壁の温もり、通り庭のホッとする薄暗さは、Uさんの作品を思わせる。

この家は、夫妻にとてもよく似ているのだ。

絶やさぬ囲炉裏の火のように受け継がれてゆく小さな家族の物語

YMさん［調律師（夫）］
SMさん［コンビニ店員（妻）］

住み込みの管理人 ｜ 3LDKS
建物面積約70㎡ ｜ 福井県

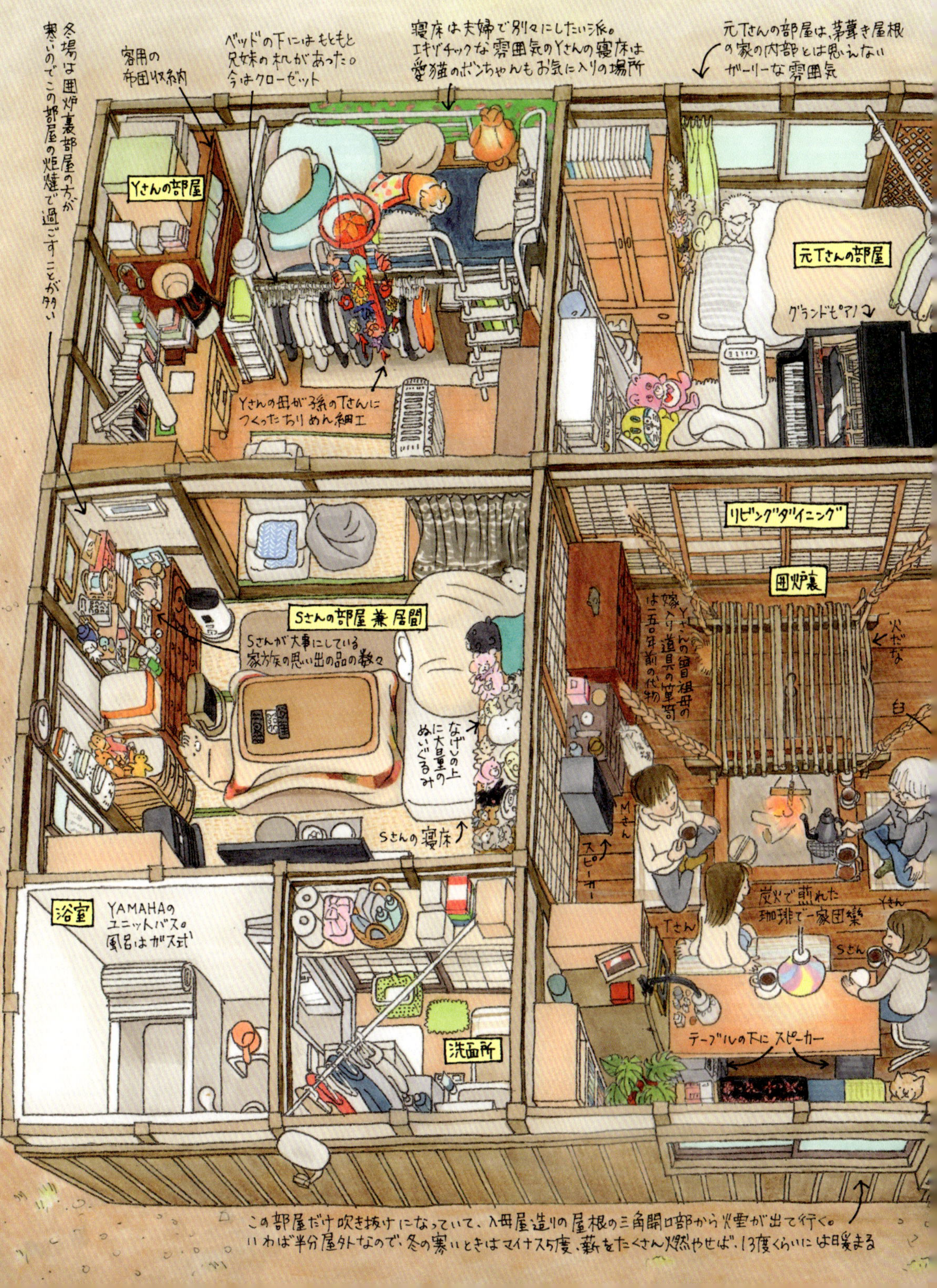
冬場は囲炉裏部屋の方が寒いのでこの部屋の炬燵で過ごすことが多い
客用の布団収納
ベッドの下にはもともと兄妹の机があった。今はクローゼット
寝床は夫婦で別々にしたい派。エキゾチックな雰囲気のYさんの寝床は愛猫のポンちゃんもお気に入りの場所
元Tさんの部屋は、茅葺き屋根の家の内部とは思えないガーリーな雰囲気
Yさんの部屋
元Tさんの部屋
グランドピアノ
Yさんの母が孫のTさんにつくったちりめん細工
リビングダイニング
囲炉裏
Yさんの曾祖母の嫁入り道具の箪笥は二百年前の代物
火だな
臼
Sさんの部屋兼居間
Sさんが大事にしている家族の思い出の品の数々
なげしの上に大量のぬいぐるみ
Sさんの寝床
Mさん
スピーカー
Yさん
Tさん
Sさん
炭火で煎れた珈琲で一家団欒
テーブルの下にスピーカー
浴室
YAMAHAのユニットバス。風呂はガス式
洗面所
この部屋だけ吹き抜けになっていて、入母屋造りの屋根の三角開口部から煙が出て行く。
いわば半分屋外なので、冬の寒いときはマイナス5度、薪をたくさん燃やせば、13度くらいには暖まる

正面から見たYさんの家。
入母屋造りの屋根の煙出しから
コバルト色の煙がはきだされる
大雨のときも水の侵入を
防いでくれた石垣。
「昔の人の知恵を感じる」とYさん

音と光に誘われる薄暗がりの世界

観光施設や宿泊施設、蕎麦屋やカフェの店舗などで、茅葺《かやぶ》き屋根の民家を見たことがある人は多いだろう。けれど現在進行形で住んでいる人を見たことがある人は、どのくらいいるだろうか。

ＹＭさんは福井県の山間《やまあい》にある茅葺き屋根の民家に住んでいる。先祖代々住んできた家ではなく、町の依頼を請け負い、住み込みの管理人をしているのだ。屋根の茅を乾燥させるために囲炉裏に火を焚べるのが一番のミッションで、そんな生活をもう三〇年も続けている。

まるで異なる時代に生きている人に、時空を超えて会いに行くような感覚でドキドキしていたが、門前に現れたのはこざっぱりと身なりの整った白髪の紳士だった。白いタートルネックのニットにカジュアルなスウェットタイプのシャツ。胸元にはブローチが光っている。洗練された出立ちに意識の高さが感じられた。洒落ているのは服に留まらず、軒先を

休みの日は夫妻で海へ出かけ
綺麗な貝殻を集めることも

ウィンドチャイム
プリズム
マニ車

彩る雑貨たちにもセンスが光っていた。古びた木製テーブルには綺麗な石や貝殻が並び、青いガラス容器には季節の花が生けられている。

オレンジ色の光を放つ年代物の外灯の脇に、アルミ製のウィンドチャイムや鉄製の猫の呼び鈴など、音にまつわるアイテムが並んでいる。柱に取り付けられているのは、チベットのマントラが刻まれたマニ車だ。軒に吊られた多面体のプリズムが光を受けて虹を落とす足元には、白い象の陶器の花台もあり、さりげなくもエキゾチックな雰囲気に満ちている。

玄関に足を踏み入れると、今度は暗がりに水色の曇りガラスのペンダントライトが燈っていた。揺らぐクラゲの模様に酔いしれると、柔らかな光にあてられた土壁のヒビまで古代遺跡のような趣きで浮かび上がってきて、しみじみと感じ入ってしまう。

小さな音や光のリズムに誘《いざな》われるうちに、気がつけば暗い室内へ引き寄せられていくようなこの小粋な演出も、Yさんの職業がピアノの調律師だと伺って、

玄関にあるクラゲのペンダントライト

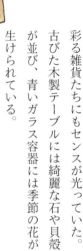

キッチンのペンダントライト。
青と緑の切子細工のガラスが美しい

なんだか納得してしまった。

玄関から入るとすぐに囲炉裏の部屋があり、屋根の茅が音を吸収するためか、しんと透き通った優しい静けさに包まれていた。室内は基本的に暗くしているため、窓から差し込む柔らかい光に照らされた煙やポットの湯気が白く際立ち、揺れているのが美しい。ダイニングやキッチンのペンダントライトも入念に仕込まれていて、まるで光の競演のよう。

「中学生くらいの頃から明るいのが嫌いで、青いブルーの灯り一つだけ点けて、ＹＭＯやルースターズを聞いたりしてました」とＹさん。

多灯分散式の暗い照明環境を好む欧米スタイルとでもいうのだろうか。照明の好みには虹彩に含まれる色素の量が関係しているようで、日本人は比較的明るさに強いらしいが、それにしても昨今は、室内も夜の街も明るすぎる。暗い部屋でパチパチと音をたてて跳ねる火の粉を見つめていると、なんとも気持ちが落ち着いてくる。炉火で沸かしたお湯でＹさんが珈琲をドリップすると、音と灯りのハーモニーに香りも加わって、ますますリラックスした気分になってきた。

棄てられた村の囲炉裏端で

この日は夫妻の他に、長女のＴさんとその夫のＭさんも遊びに来ていた。皆で賑やかに囲炉裏を囲む中で、Ｙさんが集落の歴史を教えてくれた。

「この家は築一八〇年くらいです。屋

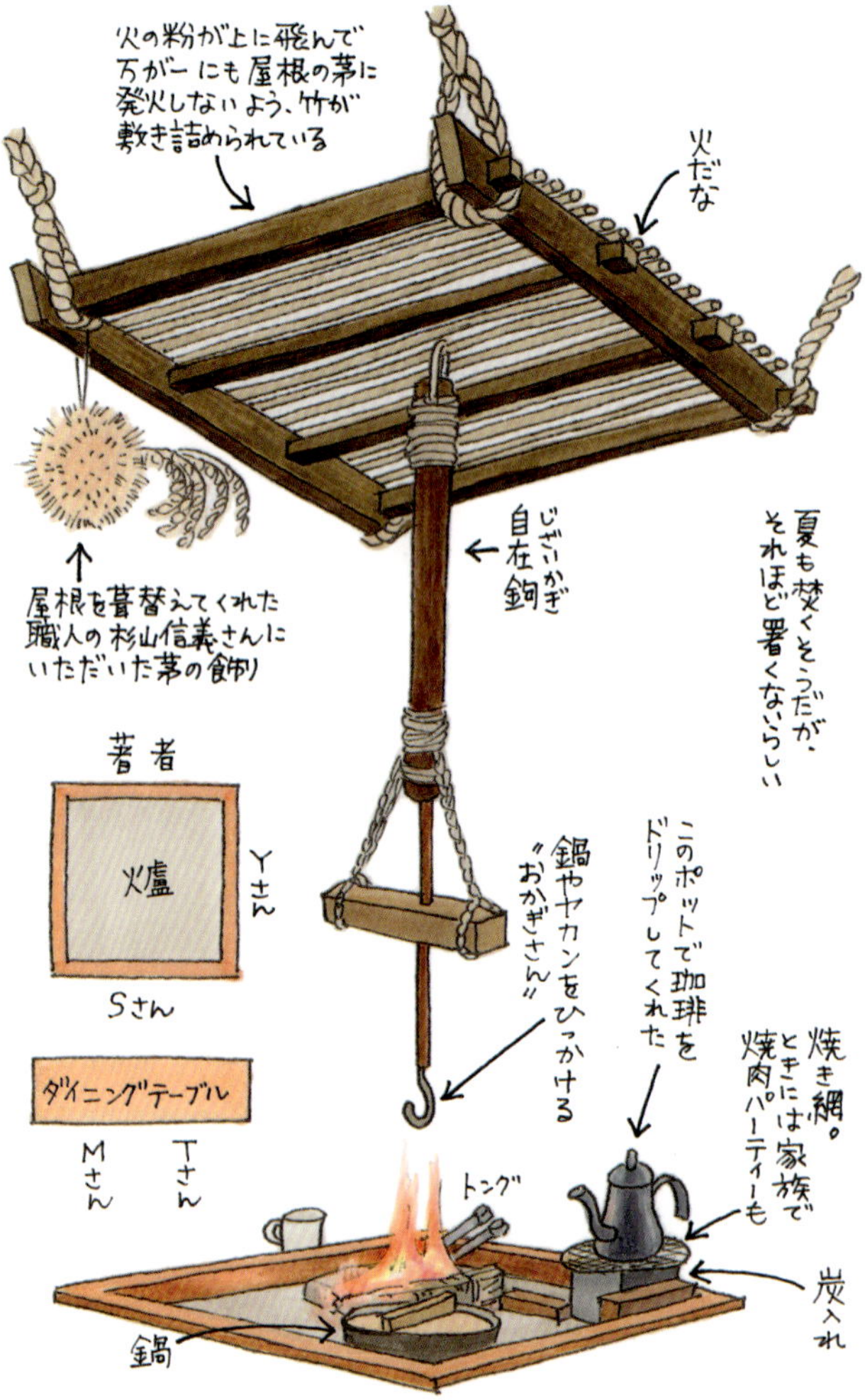
火の粉が上に飛んで万が一にも屋根の茅に発火しないよう、竹が敷き詰められている
火だな
屋根を葺替えてくれた職人の杉山信義さんにいただいた茅の飾り
自在鉤《じざいかぎ》
夏も焚くそうだが、それほど暑くないらしい
著者
爐
Yさん
Sさん
ダイニングテーブル
Mさん
Tさん
鍋やヤカンをひっかける“おかぎさん”
このポットで珈琲をドリップしてくれた
焼き網。ときには家族で焼肉パーティーも
トング
炭入れ
鍋

根の葺替《ふきか》えは僕らが入居した一九九三年の直前に一度やっていて、約三〇年経ったので二〇二一年にまた葺替えられました。費用は一三〇〇万円もかかるそうなので、個人では所有できないですね」

管理元の町によって葺替えられたばかりの屋根は、パリッと乾いた軒先の茅が真っ直ぐ揃っていて清々しい。茅葺きというと前時代的なイメージを抱くけれど、軽いので耐震性も高いし、実は耐水性にも長けている。寒さはさておき風通しは抜群なので、囲炉裏や竈門の火を焚いても一酸化炭素中毒になりにくく、昔の人の知恵が結集された技術なのだ。

今和次郎の『日本の民家』（岩波文庫）によれば、「藁は七年十年、茅は一代、柾は七年ないし十五年等と各々耐久年限にきまりがある」と書かれており、親子が代替わりをする三〇年くらいを一代と考えると、茅は他の素材に比べて耐久性が高いことがわかる。一九二二年に刊行された本書には、より補修の心配のいらない瓦葺きの屋根が普及していくことも示唆されていた。

この集落に残っている茅葺き屋根の家は全部で四軒、仲良くつがいのように二軒ずつ並んで建っている。Yさんはその内の一軒に住みながら他の家も管理しているそうだ。すべて入母家《いりもや》造《づく》りの妻入《つまい》りだが、集落入口付近の二軒は二階部分の採光のために軒を前髪カットしたような〝兜造《かぶとづく》り〟になっていて、全国的にも珍しいのだそう。内一軒は一八二三年に建てられた二階建ての元旅籠《はたご》で有形文化財に指定されており、もう一軒は内部も見学できるように開放されていた。

集落入口付近の入母屋兜造りの茅葺き屋根の家。こころなしかYさんの髪型にもちょっと似ている

「一九六〇年代までは三〇軒くらいの民家が残っていたそうですよ」

もともとは街道沿いの宿場町で、幕末頃には全体で民家五三戸、旅籠七軒、茶屋と問屋が三軒ずつと、だいぶ栄えていたそうだ。明治に入り、道路や鉄道が整備されると街道の通行人が激減し、過疎化が始まった。一九六三年（昭和三八年）の豪雪でライフラインが寸断されたのを機に住民たちは他所へと集団疎開して行き、一九七五年に廃村になったそうだ。

「三八豪雪って言って、ここは六メートルも積もったそうです」

そう教えてくれた妻のSさんも福井県の出身だ。コンビニで働いていて、全国の優秀スタッフに二回も選抜されたという明るく親しみやすいお人柄だ。

「その年は福井県全域ですごい雪だったようで、二階から屋根を伝って出入りしている母の写真も残っているんです」

その豪雪以降、この集落はめっきり寂れてしまったということらしい。

夏目漱石流（?）のプロポーズ

時代はくだり一九九〇年代初頭。学生時代を京都で過ごし、滋賀県で就職したYさんだったが、地元の楽器店に引き抜かれ、故郷の鯖江に戻ってきたのは、二〇代中頃のことだ。

「親元に戻って暮らしていて何の不自由もなかったんですが、ぬるま湯的な日常に居心地の悪さを感じていた。もっと自分の知らない世界に飛び出して、冒険したい気持ちがあったのかもしれない」

その頃、この茅葺き屋根の集落はめっきり寂れていて、今より交通の便も悪く、人の気配も少なかった。秘境めいた雰囲気に魅せられたYさんは、夜遅い時間などに頻繁にこの地に訪れて息抜きをしていたという。

「その頃、たまたま友だちの家で仕事をサボってお茶していたら、〝あ、これ、おまえの好きなところじゃない？　管理人の住民募集してるよ〟ってチラシを見せられて、その足で役場に行って〝住みたい〟って言いました（笑）」

しかし管理人の条件は〝既婚者〟だった。当時Yさんは独身で、おつきあいしている人さえいなかったのだ。

「じゃあ、〝結婚する人、三ヵ月以内に探して連れてくるんで、よろしく！〟って役所に言って帰って。それでこの人つかまえて」

ちょっと待った。なんか今、五倍速くらいで早回しされたような気がしたが。

「まだおつきあいもされていなかったのですよね？」

妻のSさんはYさんが勤める楽器店の店員で、小さなカフェコーナーのお茶を出す係も担当していた人気者だった。以前から好感を抱いていたため、一応お付き合いは申し込んだらしいのだが、

「でもプロポーズはされてないんです」

Sさんが言うと、

「しましたよ。この家の前に連れてきて、〝僕、ここに住みたいんやけど〟って言ったら、〝良いとこやね。水の音も綺麗だし〟って答えてくれたでしょ」

その頃は家の前の小さな沢が今よりもっと深く、近隣に流れる大きな川のせせらぎとのハーモニーがとても綺麗だった。ということらしいのだけれど、この会話のどこがプロポーズ？

「夏目漱石の〝月が綺麗ですね〟と一緒やなと思ったんです」

夏目漱石の生徒が、「I love you」を「我君を愛す」と訳したときに、漱石に「〝月が綺麗ですね〟とでもしておきなさい」と言われたという話は、著作物に確認のとれない都市伝説なのだそうだが、それはさておき、Yさんは自分たちの会話をも文学的な婉曲表現として都合良く解釈した。……おそろしい。

「で、一週間後くらいにご実家に行って、お父さんに〝結婚させてください〟って挨拶して」

そんなこととはつゆ知らず、ただデートの帰りに送ってくれたYさんを、ボーイフレンドを紹介するくらいのつもりで実家に招いたSさんは、

「お茶を持っていった母が血相変えて

戻ってきて〝あんた結婚するんか⁉〟って。〝しないよ〟て答えたら〝そんな話になってるで！〟って。これって結婚詐欺でしょ？」と、笑っている。

　そんな顛末であれよあれよと結婚し、その後三〇年も連れ添ってこの茅葺き屋根の家で家庭を築き、もはやネタにしているのだから、まったく問題ないのだろう。茶目っ気たっぷりに彼女は言った。

「ま、来て楽しかったんで！」

　器がでかい、のか？　けれど話を聞いていく内に募集条件云々の話に限らず、この家での暮らし自体、彼女なしでは成立しなかったのではないか。そんな確信が深まっていった。

愛猫のボンちゃんは、窓際もお気に入り

即戦力を備えた最強のパートナー

　というのもSさんは、この茅葺き屋根の家での生活が、「すっごく便利」と思えるくらいワイルドな環境で育っていたのだ。彼女の実家のトイレは汲み取り式で、バキュームカーさえ来ない山間部だった。そのため自分で肥桶を担いで山に撒きに行っていたという。

「学校から帰ってくると、家の近くの橋の五〇メートルくらい手前で匂いがするからわかるんです。〝あ、今日は撒きに行く日か〟って。ばあちゃんが肥料に使えるよう綺麗に混ぜ合わせて準備をして、桶を担いで待っている。その日は、学校の道具が入ったザックをおろして〝さ、行くよ！　山！〟って連れて行かれて。まだ小学校一～二年生ですよ」

　Sさんの年齢は私とそれほど変わらない。けれど、同世代の経験談とは思えないような日本昔ばなしの世界が繰り広げられている。薪風呂の薪を焚くのも小学生のSさんの仕事だったそうだ。

「肥を山に撒いた後は、ばあちゃんと焚きつけ用の杉葉を拾いに行くんです。〝それをいっぱいにしないと今日は帰れないよ！〟って言われて。祖母が亡くなってからも、母は体も弱いし働きにも出ていたから、私が手伝うのが当たり前みたいな感じでした。学校から帰って、六時ぐらいには火をつけないと、八時にみんながお風呂に入れないんです」

　なんだかせつなくなるエピソードだが、あっけらかんと笑いながら話すSさんに悲壮感は感じられない。

「だからこの人、最初から囲炉裏の火をつけるの上手かった。嫁入り道具に火吹き棒まで持ってきてくれてね。いろんなことに慣れていて、火の付け方から何から教えてもらいました」とYさん。

〝嫁入り道具に火吹き棒〟って、これまたパンチのある言葉。溶接の仕事をしていたSさんのお父さんが結婚のお祝いにつくってくれたそうだ。

　そんな彼女だけれど、引っ越す直前にYさんが、「五右衛門風呂をつくりたい」

と言ったときだけはさすがに、「だったら行かない」と突っぱねたそうだ。子どもの頃からの苦労が身に染みていて、そこだけは楽をしたかったのだという。当然だろう。

「あと僕は、雪がここまで降るとも知らなかったんです。初めての冬は毎晩雪で家に帰れなくなる怖い夢を見てうなされました」とYさん。

同じ県内でも鯖江とはだいぶ違う。最近は温暖化の影響でそれほど積もらなくなったというが、以前は毎年のように、身長の高さを超えるほど積もったそうだ。それでもやはりSさんは、「私は全然ビビらんかった」と余裕を見せる。

「わざわざ雪かきはしない。踏みしめながら積もっていくから、だんだん高いところを歩くようになるんだけど、春先に雪が緩くなってくるとガボッて嵌まってしまう。そうなるともう歩けないので下まで掘って両側に壁のある道をつくるんです。そういうことも彼女がやってくれています」とYさん。

春先に掘り下げた雪の道。4m積もって家ごと全部埋まってしまった年は、さすがに鯖江の実家に1カ月避難したという

写真を見せてもらうと、身長より高い雪を掘り下げて道をつくるのはかなりの重労働に思えるが、そんなことも難なくこなしてしまうとは、やはりSさん、田舎暮らしのスペックが高すぎる。

実際のところYさんは、ここに来るまでカメムシさえ見たことのない都会っ子だった。結婚後まもなく窓を半分埋めるくらい大量発生したカメムシにビビったそうだが、そんなのは日常茶飯事とばかりに平気で処分するSさんを見て、驚き尊敬したそうだ。

「本当にこの人のおかげで、ずっとここに住んでいられるっていうのはあって、感謝しています。普通ならたぶん無理ですよね」

変わった環境に好んで住みたがるのは大抵、都会の人だが、現実がわかっていないこともしばしばある。けれどこれだけ即戦力を備えたパートナーと一緒ならば、どんなに心強かったことだろう。

そんな最強の伴侶を短期間で見つけだしたYさんもまた冴えていた。自分にはない何かを彼女が備えていることを、無意識に見抜いていたのかもしれない。

物の怪も跋扈する民話の世界

来たばかりのときは、間仕切りも何もない全面杉板張りのワンルームだった。真ん中にグランドピアノだけドーンと置いていたそうで、それはそれで想像するとかっこいい。

ガス式のユニットバス、その他の水まわり、電気のコンセント、畳などを設置するリフォーム代は全部で三〇〇万円くらいかかったそうだ。

「でもその一回の工事で三〇年も住めたんだから、一年に換算すると一〇万円、安いものですよね」とYさん。

ちなみにこの集落は、水道のインフラが整備されていない（取材後の二〇二四年初冬に整備された）。綺麗な水を得るためには山の取水地に頻繁に掃除に行かなければならないのだが、引っ越して間もない頃は、元からの住民がまだ一世帯だけ残っていて、そうしたこともふくめ、暮らしにまつわる情報や知恵を教えてくれた。

また、裏山を小一時間ほど登った峠には、室町時代からあるという茅葺き屋根の民家に住んでいる人もいた。

「あそこはもっとすごい。こんな囲炉裏があるんだけど、五〇〇年分の煤がこびりついていて、タールが鍾乳洞のように垂れたまま固まってるんですよ」

引越した当初の夕暮れどき、その家に挨拶しようと訪ねてみると、家の中から声が聞こえてきたという。

「誰や〜！」

「下に住むようになったMです」

「ここは落武者がおるんやさかい、こんな時間に来るもんやない。気をつけて帰れや〜」

そう言われて気になったYさんはついでにちょっと聞いてみた。

築500年の峠の茅葺き屋根の家

「うちの集落にもいるのでしょうか」

「あそこは街道沿いやから、人に見つかるし、おらん」

そう聞いて安心して住むことができたとSさんは言う。ちなみにこのおじいさんはその後も健在だったが、二〇二三年に亡くなったそうだ。

「でもうちの娘は、オバケにも会うたことがあるんです」

Yさんが長女のTさんに話を振ると、彼女が言った。

「あ、のっぺらぼう」

怪談話まで古典的なテイストだ。ちなみに彼女とそのお兄さん、この家で生まれた二人の兄妹には竹取物語に出てきそうな風情のある名前が授けられている。

「のっぺらぼうってツルンとしているの？」と、私が尋ねると、

「いや、顔がぐちゃぐちゃだった」

……怖い。

「中学生のとき、自転車での帰り道。人がいたから、〝さよなら〜〟って声かけようとしたら、〝え！顔！ヤバ！〟っ

て思って、ガーッて逃げて。その先にいつも話しかける大きい犬がいるんだけど、かまわず帰ろうと思ったら、こっち向かってめっちゃ吠えてきた」

戦争の忠魂碑の近くだったそうだ。なんだか囲炉裏を囲んで話しているうちに百物語の様相を帯びてきたと思っていたら、「私は熊も見ましたよ」とSさん。

今度は動物。秋になると近隣で熊の出没はたびたび報告されるようだけれど、彼女が見たのはこの家の真ん前だった。

「長男が中学生の頃、二人で車で帰ってきたら、家の前の桑の実を食べていたんです。小さな子熊で、ぬいぐるみみたいでかわいかったんだけど、絶対近くに母熊がいると思って、しばらく車から出られなかった。写真撮ったり観察したりして待っていたら車の音に気が付いて、テテテテッて山に帰って行きました」

この取材の帰り道も目の前を猪が横切っていったけれど、もっとすごい話を聞きすぎて、もはや何も驚かなかった。おばけも野生動物もてんこ盛り。現代の常識に照らし合わせれば、すべてが規格外な環境の中で、子どもたちはスクスクと育っていった。

囲炉裏端で過ごした家族の時間

「この集落って私たち家族しか住んでいないから行政区としての活動がないんです。おかげで子どもたちと過ごす時間はたくさん持てました」とSさん。

地方では同じ地区の住民が集まり、お寺や田んぼの仕事や草刈り、婦人会、青年団、子ども会など、さまざまな活動がある。もちろん必要不可欠なこともあるし、交流を深める良い機会でもあるのだが、昔ながらのやりかたで継続されているため、核家族化が進んで人手の足りない子育て世代にとっては負担が増大しているようだ。

そうした義務から比較的解放されていた夫妻は、土日に遠出をするなど家族で過ごす時間をたくさん持つことができたという。一見、〝田舎の中の田舎〟であるこの茅葺き集落の方が、より利便性の高い周辺地域よりも、都会的な個人行動を謳歌できるようになっているという逆転現象が起きていて興味深い。

「子どもたちだけでお留守番させておけない事情もあったんです。一応ここ、観光地なんで、誰でも敷地内に入れるじゃないですか」とSさん。

そうなのだ。ほとんど宣伝されていないとはいえ、ここは観光地なのだ。

「トイレも外だから変な人に声かけられたらちょっと怖い。だから買い物行くだけでも必ず一緒に連れて行きました」

外国でも面白い街並みそのものを観光スポットとして売り出している場所が多々あるが、プライベートな空間をジャンジャン写真に撮られてSNSに投稿される住民たちはどんな気持ちなのかといつも気になっていた。ここも観光客はけっこう来るのだろうか。

「まあまあ来てます。夏は多いかな」

嘱託職員契約のYさんは比較的、仕事時間に自由がきくため、最近はSさんよりも在宅時間が多いという。観光客は特に午前中に多く、朝の六時台から観光バスでくる団体客もいるらしい。

「朝、トイレに行こうと思って玄関開けたら、三〇人ぐらいの人がずらっと並んで絵を描いてたこともありました」

起きがけにそんなシュールな光景に出くわしたら、尿意も引っ込んでしまいそうだ。わりと年配の絵画教室の生徒さんたちだったという。

「びっくりして、思わず一回ガラッと玄関閉めて、ここはどこ？ 自分んちだよって（笑）」

Sさんもけらけらと笑っている。そんな姿を見ていると、あまり神経質にならずに、そういう状況も楽しんで暮らしてきた様子が窺える。

「家の中でも、家族で一緒に過ごす時間は多かった。この囲炉裏の部屋が、居間であり、台所であり、子ども部屋でもあったんです」とSさん。

間仕切りの障子はYさんの実家の主屋を壊したときに運んで再利用したというが、子どもたちが小さかった頃は間仕切りもない中で囲炉裏を囲んで、より一体感が感じられたのかもしれない。

憧れの白い壁の家

囲炉裏部屋の障子を開けると、もともとTさんが使っていた部屋がある。ピアノが幅を利かせているが、足元には白いふわふわのラグマットがあり、ぬいぐるみが転がっていた。白いテレビに白い鏡、白い棚にはコスメグッズが並んでいる。まさか茅葺き屋根の家の内部にこんなガーリーな空間が広がっているとは誰も思わない。彼女はこの部屋でどんな思春期を過ごしてきたのだろう。

「楽しかったですよ。でも子どものときは、友だちのうちみたいな白い壁の部屋が欲しいって思ってました」

確かにヒビ割れまくった土壁に女子感はまるでない。彼女が中学生になって与えられたこの部屋には、憧れの〝白〟のイメージに近づけようと努力した痕跡がそこかしこに感じられて涙ぐましい。

「おばあちゃんちを見てたから、子ども頃には、うちんち、変なんやって思ってた。おばあちゃんにも言ったはず。うちんち、貧乏なんだって（笑）」

子ども心にそう思っても無理はないが、〝古い〟と〝貧乏〟はだいぶ違う。

「でもそう思う方、けっこういますよ。〝Mさんはお金がなくて、住むとこないんで、こんなところに来てるんや〟って。別に良いんですけど……」とYさん。

なんと。確かにある種の人からしてみれば、わざわざ〝不便〟な生活を選ぶなんて酔狂なことは、〝貧乏〟という理由でもないと、理解の範囲を超えているのかもしれないけれど……。

Tさんの部屋の棚。家具は白で統一されている

「わかっている人は、逆に貧乏やったら住めんやろって言いますね。手間もかかるし、行き来するのにガソリン代もかかりますし」

古いものの価値を理解したり、自然を愛でる感性を育むことも、ある意味余裕がなければできないことだ。〝田舎の中の田舎〟暮らしを楽しめる人は、あんがい恵まれた人なのかもしれない。〝金持ちの道楽〟と言われてしまえばそれまでだけれど、そうした自覚をした上でなお、この一〇〇年間で、皆が〝便利〟と思って選んできたものが、本当に幸せな選択だったのかどうか、そろそろ本気で検証されても良い気はする。

この家で育った二人の兄妹はどうだろう。長男は独立して、やはり自然豊かな他県で家庭を築いているという。長女のTさんは就職してから街に出て、憧れの白い壁のあるマンションではじめての一人暮らしを経験した。

「めっちゃ暖かかった。こっち帰ってくると寒！　みたいな（笑）。オトンは普通の家を経験してからここへ来たから良いけど、私は〝普通〟を知らなかったからやっぱり体験してみたかったんです」

彼女の気持ちはとてもわかる。でもきっと、幼少時に眺めた薄暗い部屋の囲炉裏の火も音も、一面を銀色に覆う雪景色も、もっと年を重ねたときに振り返れば、白い壁の家に住んでいた友人たちの記憶よりも、一層深く鮮やかに蘇って、彼女を癒してくれると思う。

そして〝酔狂〟は受け継がれた

その後Tさんは、この日一緒に訪れていたMさんと結婚をした。それは両親がこの茅葺き屋根の家で新婚生活を始めてからきっかり三〇周年目の節目の年だった。実は彼女がMさんと新婚生活をスタートさせた場所は、なんとこの茅葺き屋根の家の隣、つがいのように仲良く並ぶもう一軒の茅葺き屋根の家なのだ。憧れの白い壁の家を経由して、再びここに戻ってきた彼女は、この集落に新たな歴史を刻み始めた。

Yさんと同じく街育ちのMさんはこの暮らしに馴染めているのだろうか。

「いやー、最高です！」

ほんとかな？（笑）

「最初はやっぱ、虫と雪が半端なくて、無理かなぁと思ったんですけど……」

「慣れたな」Tさんがにやっと笑う。

「慣れました。住めば都で」

「カメムシも摑めるようになったしね」

M家ではカメムシが捕まえられるかどうかが一人前の証のようだ。

「こんなところに来るなんて珍しい人がいるもんだな～って、みんなに言われますよ」と、Sさんも嬉しそうだ。

帰ろうと思えばいつでもYさんの実家がある鯖江に帰ることもできたM夫妻が、その道を選ばず三〇年間もこの集落で暮らしてきたのには理由があった。

実は著者も初めて見た
カメムシの Tさんは
「パクチーはカメムシの
匂いがするから
食べられない」と言う

Yさんのお母さんが
孫のTさんの成長とともに
ときどきつくってはプレゼント
してくれた、ちりめん細工の花

「子どもたちにとって、ちゃんと思い出になるくらいまではここに住もうっていうのを目標にしてきたんです」

　子どもたちの瞳に映る世界を最優先に考えてきたということだ。最後に人を引き止めるのは利便性などではなく、思い出を深く内包したその土地特有の感触なのではないかと私は思う。

　もはやM集落と名付けても良いぐらい、この村の新たな歴史を刻んでいる一家だが、それもいつまで続くかはわからない。夫妻がもっと高齢になって、自分で運転ができなくなったりしたときには、もっと便利なところに移り住まなければならないと覚悟はしているそうだ。

「でもその後、ここがどうなるのかはちょっと気になります」とYさん。

　三〇年前に町が修復保存事業を始めたときとは少し事情が変わってきている。大合併により大きくなった町の議会では、他の地区の議員から「壊すべき」との意見も出ているそうなのだ。

「やっぱり古いものが恥ずかしいって思ってる人がいるんです。ここらは地元で一生懸命働いている真面目な人ばかりだけど、遠くのことや未来のことを考える人はあまりいない。茅葺き屋根の家って、一度壊しちゃうと建築基準法でもう二度とつくれなくなっちゃうのにね」

　もともと町が始めた保存事業ではあったものの、この家に入居して三〇年も守り続けた夫妻にとって、この家はもはやかけがえのない存在になっていた。

「今後も町のシンボルとして受け継いでいってほしい」とSさん。床のカメムシを眺めながらYさんも言った。

「本当は世の中、カメムシみたいに何の役にも立たないものがほとんどなんやと思う。不便なものや役にたたないものを排除していくのが都市や文明なのだろうけど、要らないとされているものとずっと一緒にいて、だんだん慣れてくると、優しさっていうのが生まれてくるのかもしれないですね」

　本当に便利なものだけに囲まれたら、私たちはきっと窒息してしまう。

「水の音も綺麗だし」というSさんの言葉を好意のしるしと受け止めたYさんの解釈は、あながち間違っていなかったのかもしれない。暗がりで見えるほのかな光、静けさの中で聞こえる小さな音。役にも立たないものたちの小さな囁きを聞きこぼさないよう、調律師とその妻は、今日も耳を澄ましている。

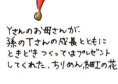

Home Sweet Column——3

住宅建築が観察できる施設案内

江戸東京たてもの園

江戸〜明治期の古民家から、大正〜昭和期の洋館やモダン建築までバラエティに富んだ江戸、東京の建物を移築、復元、保存している野外博物館。写真館や銭湯の他、看板建築が充実している。住宅は、政治家の高橋是清や建築家の前川國男など、著名人の邸宅が観覧できる。

東京都小金井市桜町3-7-1
www.tatemonoen.jp

川崎市立日本民家園

急速に消滅しつつある古民家を保存するため一九六七年に開園した野外博物館。民家、水車小屋、船頭小屋、高倉、農村歌舞伎舞台などの建物二五軒が見学できる。気候風土に適した設計や使われた材などから、地域によるデザインの違いが観察できて興味深い。

神奈川県川崎市多摩区枡形7-1-1
www.nihonminkaen.jp

野外民族博物館リトルワールド

日本の周辺地域、南米、オセアニア、欧州、アフリカ、アジア、韓国、テント式住居村など、八つのゾーンに世界中の建物が復元、展示されている野外博物館。世界の多様な建築を堪能できる他、世界のグルメや民族衣装体験も楽しめるので、デートや家族連れにもオススメ。

愛知県犬山市今井成沢90-48
www.littleworld.jp

博物館明治村

明治建築を保存するために一九六五年に開村した野外博物館。公共施設の建築物が多いが、森鷗外と夏目漱石がそれぞれ違う時期に借家した住宅や幸田露伴の「蝸牛庵」など文豪の家、洋館、町家、商店建築なども見学できる。フランク・ロイド・ライト設計の帝国ホテル正面玄関内のカフェで、往時の気分を想像しながらお茶を飲むのも贅沢なひととき。

愛知県犬山市字内山1番地
www.meijimura.com

URまちとくらしのミュージアム

住宅公団（現UR公団）が手がけてきた歴史的に価値の高い集合住宅を建物内に組み込み再現したミュージアム。同潤会代官山アパート、蓮根団地、晴海高層アパート、多摩平団地テラスハウスを体感しながら観覧できる。予約制で一日三回九〇分、ガイドさんが案内してくれる。

東京都北区赤羽台1-4-50
akabanemuseum.ur-net.go.jp

昭和のくらし博物館

生活史研究家の小泉和子さんのご実家で、設計士だった父、小泉孝さんの設計により一九五一年に建てられた公庫住宅。戦後まもない時期に建てられた住宅は、資材や技術の不足により脆弱な建物が多かったため残存数が低く、当時の庶民の暮らしを知る上で貴重な資料となっている。小さいながらも落ち着く雰囲気の板張りの書斎が特に印象的。

東京都大田区南久が原2-26-19
www.showanokurashi.com

Home Sweet Home

第四章

旅の途中でたたずむ

遊牧民のゲルか、宇宙船地球号か軽やかに人生を愉しむドームの基地

MTさん［本屋（夫）］／JTさん［セラピスト（妻）］
持ち家｜1LDK＋ロフト＋ライブラリー／建物面積約70㎡｜長野県

旅の途中のスナップショット仮住まいのヴィラから眺める異国の街角

AIさん［書家・飲食店経営者（妻）］／HSさん［文筆家・飲食店経営者（夫）］
賃貸｜3DK／建物面積約50㎡｜ソウル特別市

花から花へと舞い飛ぶ蝶の生き抜く糧が詰まった小さな部屋で

MUさん［ミュージシャン・タイ料理研究家］
賃貸｜1K／建物面積約20㎡｜東京都

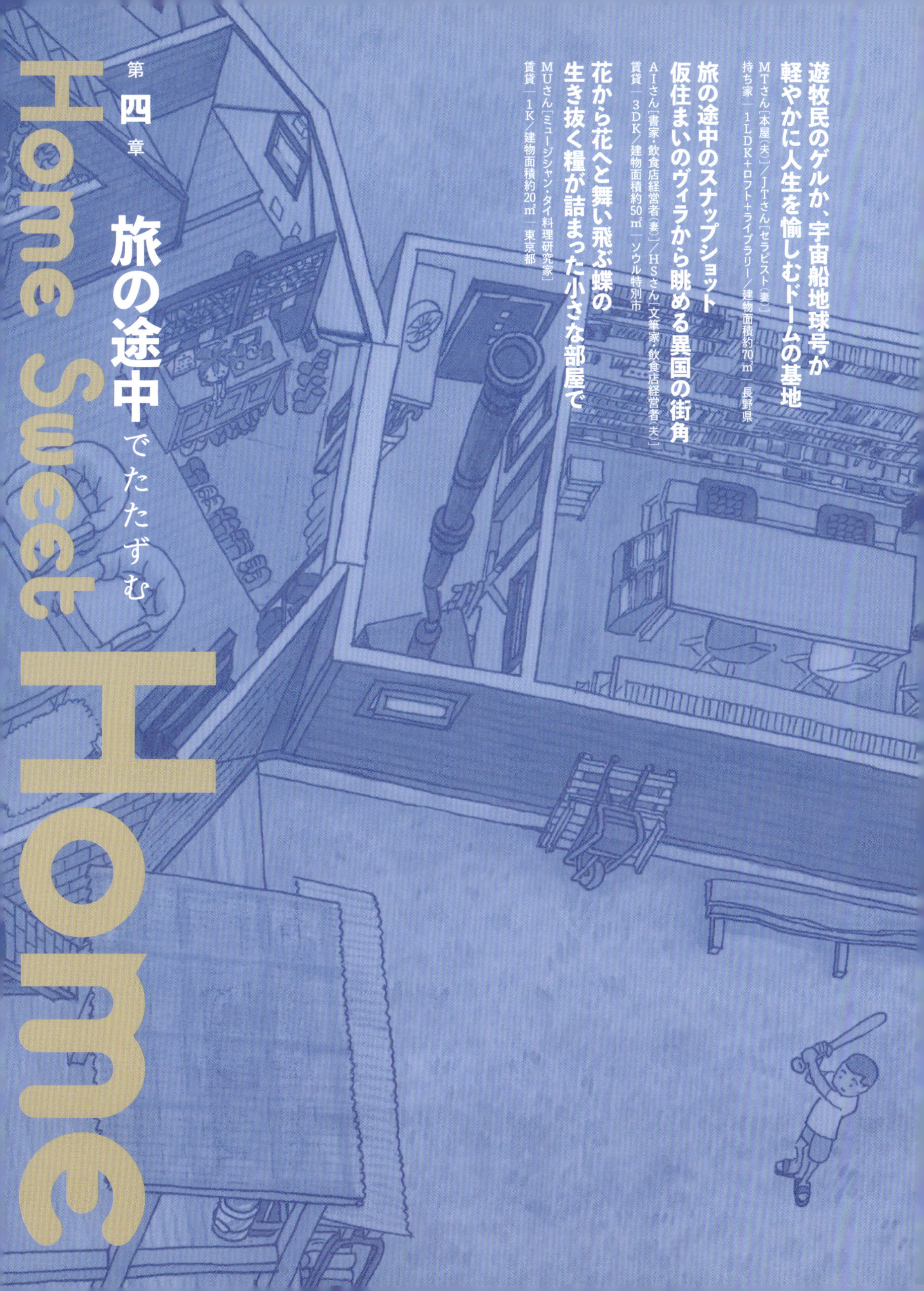

遊牧民のゲルか、宇宙船地球号か 軽やかに人生を愉しむドームの基地

MTさん［本屋（夫）］
JTさん［セラピスト（妻）］

持ち家｜1LDK＋ロフト＋ライブラリー
建物面積約70㎡｜長野県

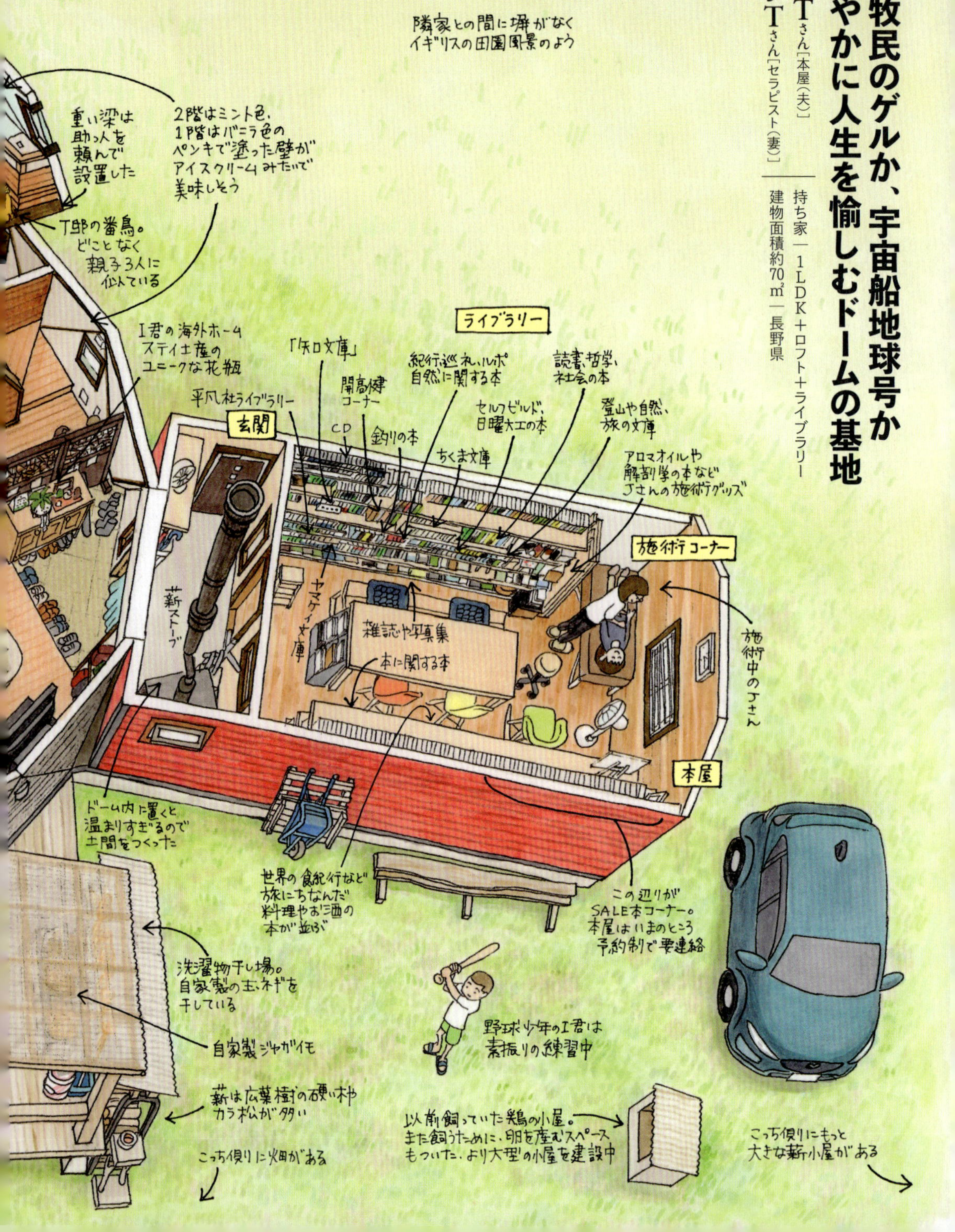

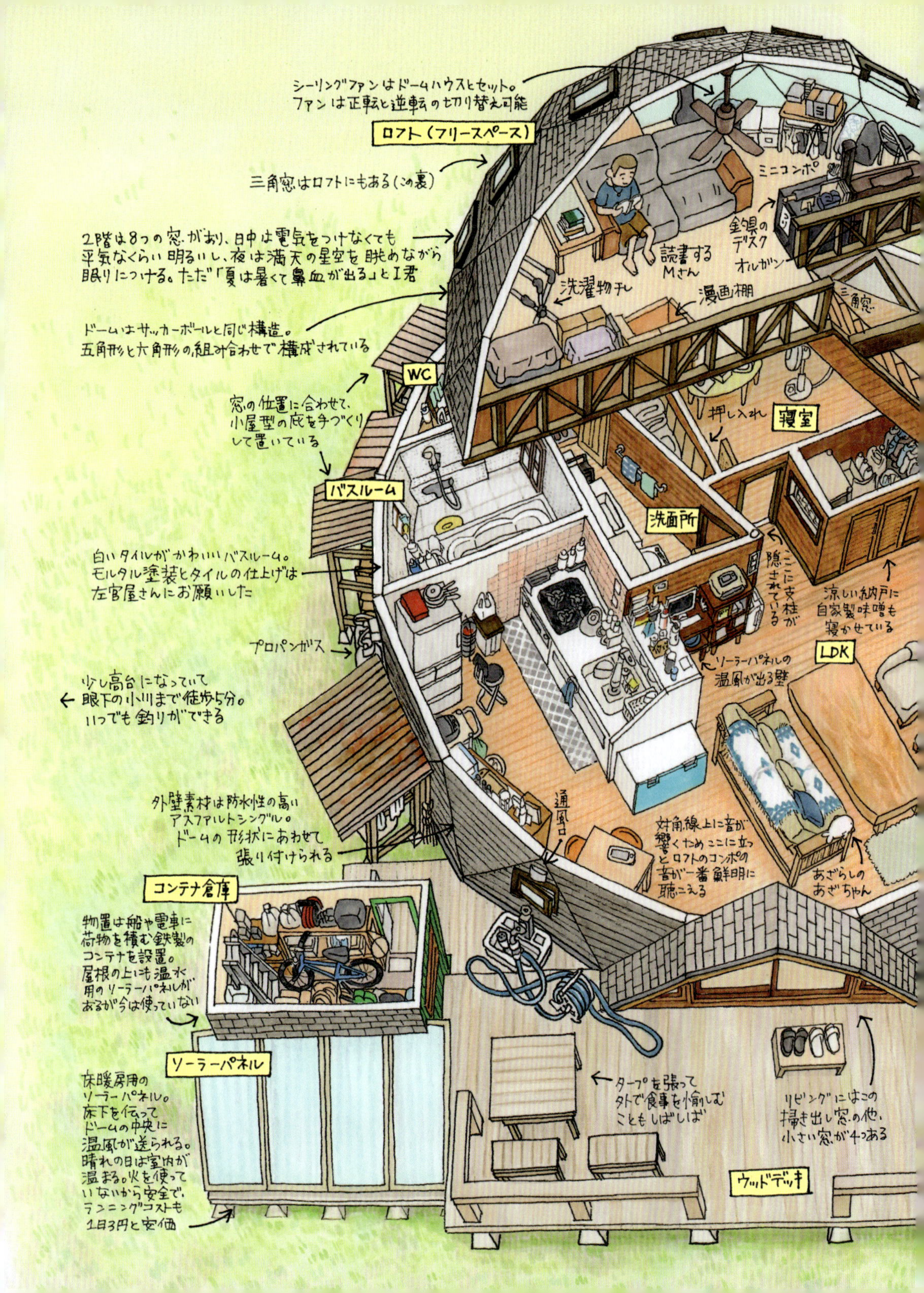

シーリングファンはドームハウスとセット。
ファンは正転と逆転の切り替え可能
ロフト（フリースペース）
三角窓はロフトにもある（この裏）
ミニコンポ
釣具のデスク
オルガン
読書するMさん
洗濯物干し
漫画棚
三角窓
2階は8つの窓があり、日中は電気をつけなくても
平気なくらい明るいし、夜は満天の星空を眺めながら
眠りにつける。ただ「夏は暑くて鼻血が出る」とI君
ドームはサッカーボールと同じ構造。
五角形と六角形の組み合わせで構成されている
WC
窓の位置に合わせて、
小屋型の庇を手づくり
して置いている
押し入れ
寝室
バスルーム
洗面所
ここに支柱が隠されている
涼しい納戸に
自家製味噌も
寝かせている
白いタイルがかわいいバスルーム。
モルタル塗装とタイルの仕上げは
左官屋さんにお願いした
プロパンガス
ソーラーパネルの
温風が出る壁
LDK
少し高台になっていて
眼下の小川まで徒歩5分。
いつでも釣りができる
通風口
対角線上に音が
響くためここに立つ
とロフトのコンポの
音が一番鮮明に
聴こえる
あざらしの
あざちゃん
外壁素材は防水性の高い
アスファルトシングル。
ドームの形状にあわせて
張り付けられる
コンテナ倉庫
物置は船や電車に
荷物を積む鉄製の
コンテナを設置。
屋根の上に温水
用のソーラーパネルが
あるが今は使っていない
ソーラーパネル
床暖房用の
ソーラーパネル。
床下を伝って
ドームの中央に
温風が送られる。
晴れの日は室内が
温まる。火を使って
いないから安全で、
ランニングコストも
1日3円と安価
タープを張って
外で食事を愉しむ
こともしばしば
リビングにはこの
掃き出し窓の他、
小さい窓が4つある
ウッドデッキ

ドームハウスの外観。手前の赤い小屋は2020年に増築したライブラリー。敷地が広くて開放感がある

最強の構造体、ジオデシック・ドーム

ジオデシック・ドーム（通称フラー・ドーム）を自宅兼本屋にして住んでいる一家のお宅を訪ねたのは、よく晴れた初秋の日だ。まだ暑さが残る東京を逃れ、たどり着いた海抜九〇〇メートルの長野県の高原は爽やかだった。けれどこの家の夫のMさんは、「今日は本当に暑いですね〜」と汗を拭っている。いつもならとっくに肌寒いくらいの季節なのだそうだ。

このドームハウスは、BESS（旧社名ビックフット）という会社で販売されるキットを使い、夫妻がセルフビルドしたものだ。この日は妻のJさんや一人息子のI君も勢揃い。親子三人で賑やかにドームハウスを案内してくれた。

まずは庭から眺めてみた。近くで見ると、ドーム外壁は砂つぶのようなザラッとした質感だ。素材を伺ってみると、

「これはアスファルトシングル。ゴム材にアスファルトが吹き付けられていて耐水性が強いんです」とMさん。

増築部分の本屋の屋根も同じ素材だ。弾力性があって曲げ加工しやすいため、複数の三角形で構成され、角の多いドームハウスの外壁に適している。新しい素材なので劣化過程を楽しめるような風合いではないが、とにかく軽量なので耐震性が高い。こうしてつくられたドームの見た目はポップで未来的だ。

「でもこのドーム、中身は木です。木造建築」

「え！　そうなんですか⁉」

未来的ななりをしているが中身は慣れ親しんだ木造だった。けれど侮るなかれ。BESSの公式サイトによれば、三角形は、「最小にして最強の構造体」で、「外圧に非常に強い性質」を備えているのだそう。その〝最強〟な三角形から構成された球体形状は風圧を受け流し、低く

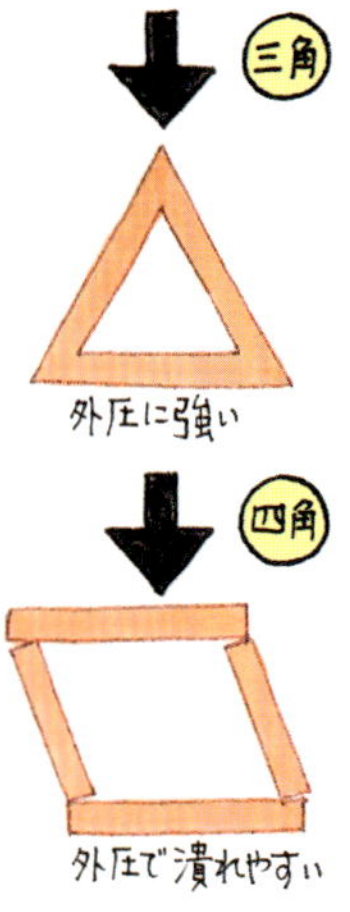

抑えた重心も地震エネルギーを吸収、分散するとある。これら、思想家／建築家のバックミンスター・フラーが考案した「ジオデシック・ドーム理論」に基づき考案されたBESSのドームは、「これまで人類が考案した建造物の中で最も合理的・効率的な建築技術」で、「地震や強風にも耐える、強靭な建築構造を実現してきました」と高らかに謳っている。

「でも実際、どうですか？　地震のときはやっぱり揺れないですか？」

Mさんに聞いてみると、

「そもそもこの地方、揺れないんですよ。地盤が強くて」

テストの機会もほとんどないという、なんとも幸福な返答であった。

豊かな自然の恵みと薪ストーブのある暮らし

庭にはコンテナ倉庫、ビニールハウスや畑、薪小屋や建設中の鶏小屋まで、さまざまなものがあるが、それでもあり余るほど広大だ。コンテナ倉庫にはソーラーパネルが設置され、ドームハウスの床下に温風を送っている。業者と相談しながらシステムを考え、床下にパイプを設置する作業も一緒に手がけたそうだ。

「帰ってきて家が暖かいのは嬉しいですよ」とMさんは満足そう。

大きなウッドデッキの脇には、玉ネギが干され、その下には小さなジャガイモもザルいっぱいに並んでいた。

「これは失敗したジャガイモ。今年は忙しくて、畑には手が回らなかった」

セラピストのJさんは、この家で施術を手がけている。出張や他の仕事もしているのでなかなか忙しいのだが、畑は彼女の担当なのだ。

「僕は二次利用。料理の方が得意です」

「私は畑担当で、夫が調理担当なの」

ありがちな男女の役割分担とは異なるが、お互いの得手不得手を熟知した上で分業する方が合理的だ。

この前年には、ニラ、トマト、きゅうり、ニンニクなども育てた。Mさん曰く、高地は寒暖差が大きいので野菜自体が糖度を蓄えて美味くなるのだとか。

「関東は温暖だから量は採れる。こっちは量は少ないけど、質は高い。レタス

Jさんが育てた玉ネギ。
高地で虫も少ないため
農薬なしでも
育てられる

Mさんがダッチオーブンの
スキレットでつくった鶏胸肉焼き。
道具好きなので料理も調理器具から
ハマる。薪ストーブとの相性も抜群

とか、明らかに美味いですね」

自分でつくらなくても、仕事の関係や近隣農家、養鶏場に勤める友人のお裾分けで、野菜や卵はもちろんのこと、山菜や鮒までいただくこともある。食べ物にはほとんど困らないのだそう。

「この村は松茸で有名なんです。息子の小学校では、六年生が山に入って松茸を採ってきて、給食に松茸ご飯がでたりするんですよ」とMさん。

当の六年生であるI君は、「椎茸もつくるよ。六年生が流木に穴を開けて菌を打つんだ」と楽しそうに話す。

おおらかな環境でのびのび育った素直さと、両親ゆずりの旺盛な好奇心からくる利発さを備えたI君は、野球チームでキャプテンもつとめるしっかり者だ。

「人数少ないけど、体験の濃度は半端ないですよ」とMさん。

I君が通う小学校の生徒は全校で五十人。彼のクラスは八人で、一番少ないクラスは、なんと三人なのだとか。

「だから一人ひとりが主役にならないと保たないんですよね」とJさん。

ほとんどの生徒が〝その他大勢〟としてのアイデンティティしか持ち得ない、都会の学校とはまるで様相が違うようだ。

デッキの横と庭の端、大小二つの薪小屋には大量の薪もストックされていた。

「薪は主に広葉樹の硬い木と、針葉樹のカラ松です。近所に薪ストーブの代理店をやっている大工の友人がいて、薪の材料の手配から製材までいろいろ手伝ってくれています。山の上の作業場で一緒に薪づくりをしたり」とMさん。

薪ストーブは玄関を上がってすぐの土間に鎮座していた。導入してからは、冬を迎えるのが愉しくなったという。

「暮らし方そのものが変わりました」というJさんに頷きながら、Mさんも、

「薪ストーブはそういう存在です。最初の年は扱いも下手なんですよ。煙が逆流しちゃったり。二年目ぐらいからコントロールするコツがわかってくる。趣味ってなんでもそうだけど、上手くなってくると愉しいんですよね」

PANADEROの薪ストーブ
じっと炎を見つめるI君
大工の友人が販売するPANADEROの薪ストーブ。ヤニの多い針葉樹も高温で燃焼できるため、地元で増えすぎた針葉樹も無駄なく活用できている

木の種類や質によって温まり方も変わってくる。村で一番多いカラ松は安く手に入るが、ヤニが多いので低温で燃焼すると煤が溜まって掃除するのが大変なのだそうだ

空気と音が循環するドーム空間

玄関の右手にはドーム、左手に本屋のスペースがある。まずは住居を拝見させてもらおうとカーテンをめくると、プラネタリウムのような球天井に包みこまれた心地よい空間が広がっていた。

「わぁ、天井が高くて良いですね〜」

ドームの中央を真っ二つに区切るように二階部分のロフトがある。残りの半分が吹き抜けなので、とにかく開放的なのだ。天井の頂点に三角パーツが五つ集まり五角形を形成している。

「オーソドックスなサッカーボールって五角形と六角形で構成されているでしょ。基本、あれと同じ構造です」

「友だちが遊びに来ると、〝サッカーボールみたい。風が吹いたら転がりそう〟って言われるよ」とI君。

てっぺんの五角形のほぼ真ん中で回転するシーリングファンは、ドームハウスとワンセットだ。ドーム全体の空気の流れをこのファンでつくるという。

「冬の朝一は薪を炊く時間もないので石油ストーブをつけるんだけど、熱はすぐ上に溜まるから、ファンを正転させて下へ送る。そうすると満遍なく温まる。夏はその逆ですね」とMさん。

リビングの壁には数ヵ所の通風口があり、これを開閉することでさらにファンの機能を高められる。快適に感じたのは視覚的な要素だけではなく、気流など目に見えないデザイン設計が考え抜かれているからだ。空気がこれだけ循環するなら、音はどうなのかと尋ねてみると、

「あ、面白いですよ。すごく反響して」

Jさんがロフトのミニコンポで音楽をかけてくれた。すると音量は控えめなのに非常にクリアな音が響きわたる。音源の位置がわからない。まるで建物自体が音響設備で、音の中にいるような感覚だ。場所によって聴こえ方も変わり、一階掃き出し窓付近に立つと一番大きく聴こえるが、玄関の方向に少し外れるだけで急に音が小さくなる。面白い！

「対角線上が一番よく聴こえるから、外から帰ってくると、玄関の対角にある台所の音がすごく響くんですよ」

BESSのサイトによれば、ドームの中央で音を発すると全方向で聴こえるらしい。オーディオ好きな人なら大喜びで、面白い音響空間を構築しそうだ。

「うちは考えうる限り一番無駄な空間

真上から見たドームは十五角形。
2階部分の75枚、1階部分の30枚、
合計105枚の三角形で構成されている

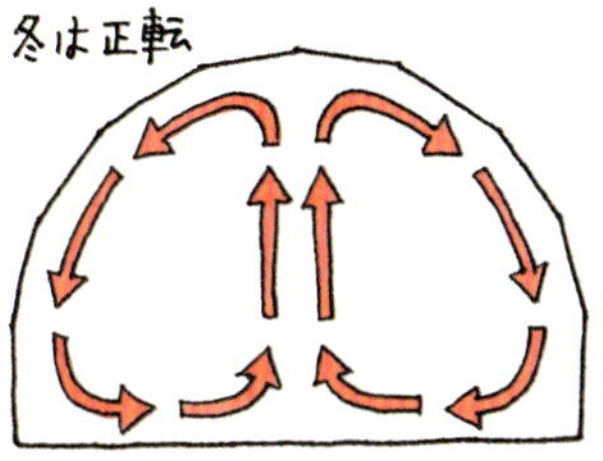

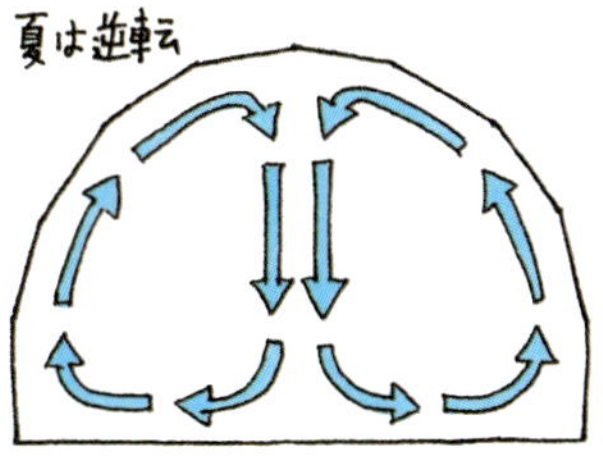

の使い方をしてる」とMさんは言うが、空気や音の効果を最大限に引き出し楽しめるのは、空間を広くとっているからこそ。壁をつくるのがもったいない。

BESSのドームは、さまざまなエクステンションが用意されていて、モデルルームや宿泊施設で体験もできるという。個室をたくさんつくる家や、サニタリーを外付けにする家、二つのドームを連結しているお宅もあるそうだ。家族の要望にあわせてフレキシブルにカスタマイズできて、増設も割と自由が効く。

「ただ壁が真っ直ぐじゃないので、家具が置きにくいのが難点です」とMさんは苦笑する。確かに一階の壁は若干外側にせり出しているし、二階は内側に食い込んでいるので、デッドスペースは生じがちだ。本棚やタンスなど、大型家具を置くときには一工夫必要となる。

独創的なサニタリー

ロフトの下に隠されたこの家唯一の支柱は十五角形の中心点で、ロフト側に放射状に張られた梁を支えている。そのすぐ横に下部空間への入り口がある。入って左がサニタリー、右が寝室だ。

洗面所はケーキを切ったような斜めの空間で、木目を活かした壁が山小屋のようでなんとも落ち着く。その先、左手にバスルームがある。

「ドームハウスの風呂は、エクステンションのユニットを入れてるところが多いけど、うちは外の業者に頼みました」

雲型の浴槽が清涼感のある白いタイルに包まれている。窓のある壁が特に良い。湾曲した壁面に並んだタイルは、昭和初期の銭湯のようなモダンな雰囲気を醸し出していた。全体のデザインはJさんが考えたという。

隣のトイレも面白かった。こっちはお好み焼きの切れっ端みたいな形だ。便座

Jさんがデザインした、レトロモダンなバスルーム
こっちの壁は、白と数種のグレーのタイルが点々と。昔のゲーム画面のピクセルのようでかわいらしい

タイルの下にはモルタルが塗られている。「左官屋さんも職人魂に火がついたようで、綺麗に仕上げてくださいました」とMさん。目地にカビもなく、手入れも行き届いている

裏のデッドスペースにあるMさんお手製の三角棚も手がこんでいる。

再び中央の入り口に戻り、今度はロフト下右半分の寝室を見せてもらった。ここは物が少なくガランとしている。

「ここは以前客間にしていて、僕らはロフトで寝ていたんです」とMさん。

こんなに広い部屋を客間にしていたとは、なんとも手厚いおもてなし精神。来客は多いそうで、季節によっては庭でキャンプをしたり、最近では本屋スペースに寝たいと言う人も多いという。気さくでオープンな家族なので、多くの人が訪ねてくるのは頷ける。

「住居空間はだいぶ落ち着いてきたので、あとはこの子が大きくなったときの部屋をどうするか。ロフトは暑いしね」

そう言いながらMさんがI君の意向を伺うと、彼は照れくさそうに「どこでも良いよ」と答えていた。

ドームハウスのつくり方

夫妻が長野県に引っ越してきたのは二〇〇四年のこと。大学のサイクリング部で出会った二人は大のアウトドア好きで、いつかは地方に住んで趣味を愉しむ基地をつくりたいと企んでいた。

「東京暮らしもそれなりに楽しんでいたけど、人生の後半は地方で暮らしたいと考えてた」とMさん。一方Jさんは、

「東京時代は仕事のシフトが夜遅くまで入ったりしていて、だんだん自分の時間が区切られていくような窮屈な感じがしていました。もっと、〝陽が昇ったら起きて、陽が沈んだら休む〟そんなサイクルで暮らしたいなって思ったんです」

移住当初は、築百年の古民家を賃貸し、Mさんは自宅で整体業を開業して暮らし始めたという。

「『BE-PAL』っていう雑誌でドームのことは知っていたけど、その頃はまだ現実的じゃなかったんです」と、Jさん。

BESSは他にもさまざまな住宅を扱っているが、ログハウスなどは材が重いのが難点だった。ドームを選んだのは、建物の面白さもあるが、材が軽くて二人でもつくりやすいという利点があった。

まずは立地選びだが、更地で売り出される土地は少なく、見つけるまでには、だいぶ時間がかかった。たまたまこの地に巡り会ったMさんは、「これ以上良いとこはもう出ない！」と思ったそうだ。

もともと桑畑だったというこの土地は少し高台にあり、川からも崖からも距離がある。周囲に住宅も密集していないため開放感があり、住民に同世代が多いことも気が楽だった。ドーム建設に着工したのは二〇〇七年のことだ。

「知らない人間がいきなりこんなもの建てだしたら、敬遠されるかな、なんて思ってスタートしましたけど……」

「なかったよね。むしろ応援してくれた。おばあちゃんが散歩中に〝頑張ってね。いつ建つの？〟なんて、声をかけてくれたりして」とJさん。

「当初は近所の人に〝土俵ですか？〟って言われました（笑）。土台だけだと、めちゃくちゃ土俵っぽかった」とMさん。

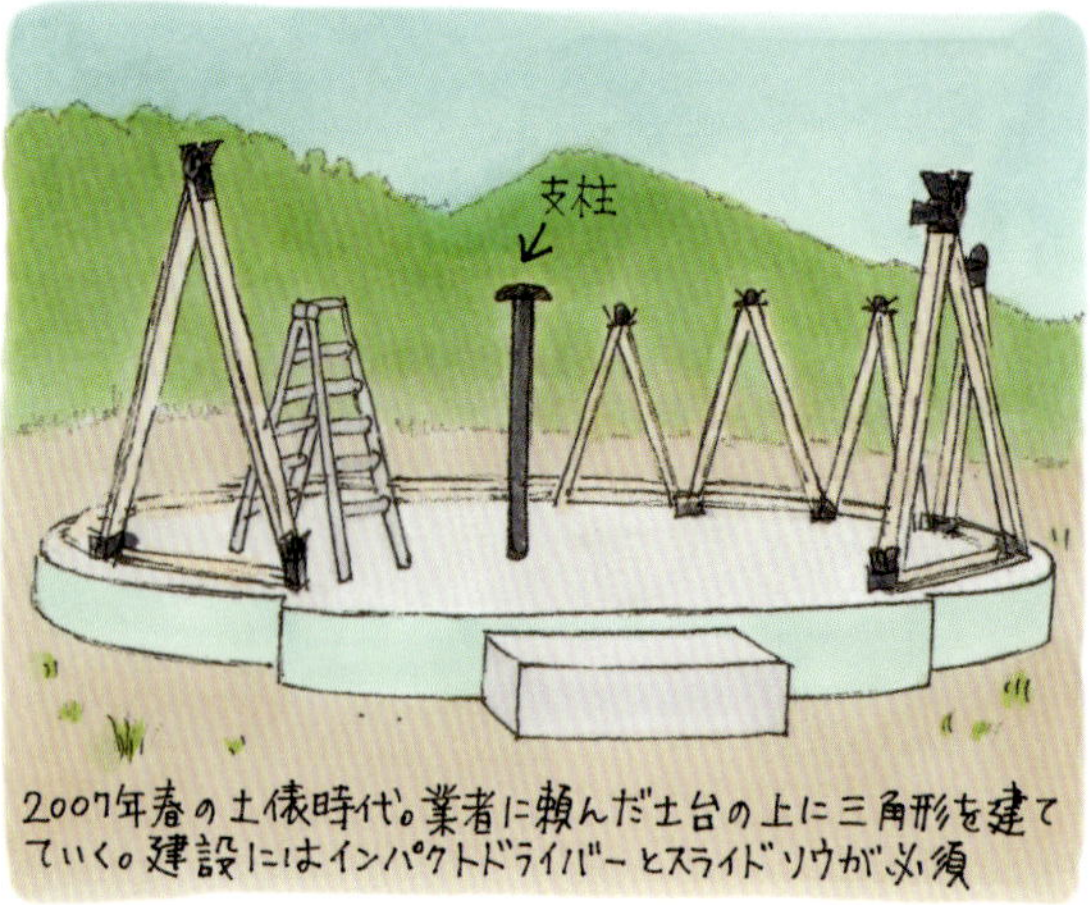

2007年春の土俵時代。業者に頼んだ土台の上に三角形を建てていく。建設にはインパクトドライバーとスライドソウが必須

キットと言うからプラモデルのように三角パーツが届いてポコポコ嵌めていくのかと思いきや、届くのは木材。しかも三角だから斜めに切らなければならない。相当大変な作業ではないか……。

まず〝土俵〟の上に一層目の三角パーツを組み立てて、その後はレンタルしていたローリングタワーという車輪のついた脚場を動かしながら、徐々に二層、三層と組み上げていった。

「高所は僕の方が苦手なんです」

「私が屋根の上に登って」

「そこへ重い物を上げるのが僕」

お互いの得手不得手を補い合うパートナーシップは、この頃からすでに発揮されていた。

「一番上の五角形を留める太陽のマークみたいな金具が頂点になるんですが、それをビチッと嵌めたときは快感でしたね。できたあ！　って」

「そうそう！　二人で押し上げてね」

ドーム建設には夫妻の思い出が詰まっている。前半は賃貸していた近隣の村から通い、後半はこの家から徒歩一分の村営住宅に移り住んで施工を手がけた。

「骨組みを組んだら、外壁の基礎のパネルを貼って、そこに断熱材のウレタンを吹き付けています」とMさん。

業者にまかせるところはまかせ、内部の木工作業は、収納などの建具に至るまですべて夫妻で手がけている。仕事の関係で作業時間も限られていたため、建物だけで二年半、ウッドデッキまで含める

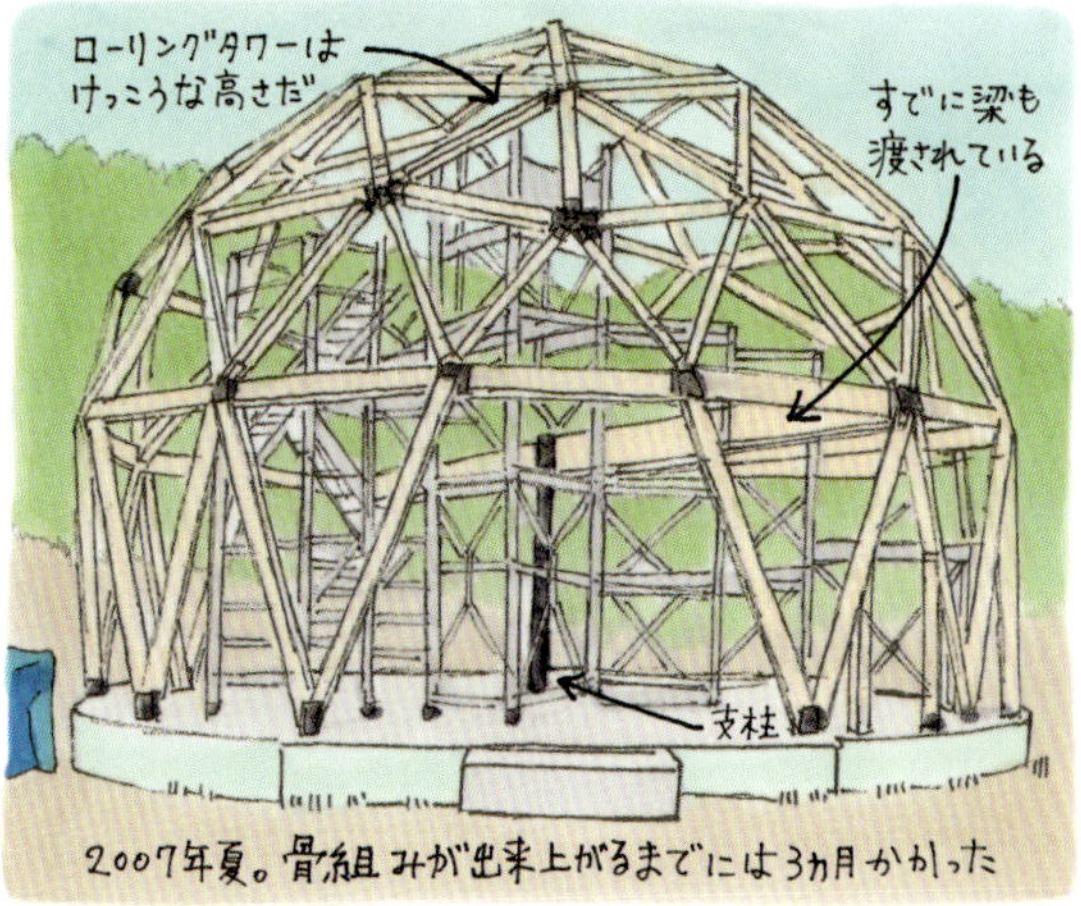

2007年夏。骨組みが出来上がるまでには3カ月かかった

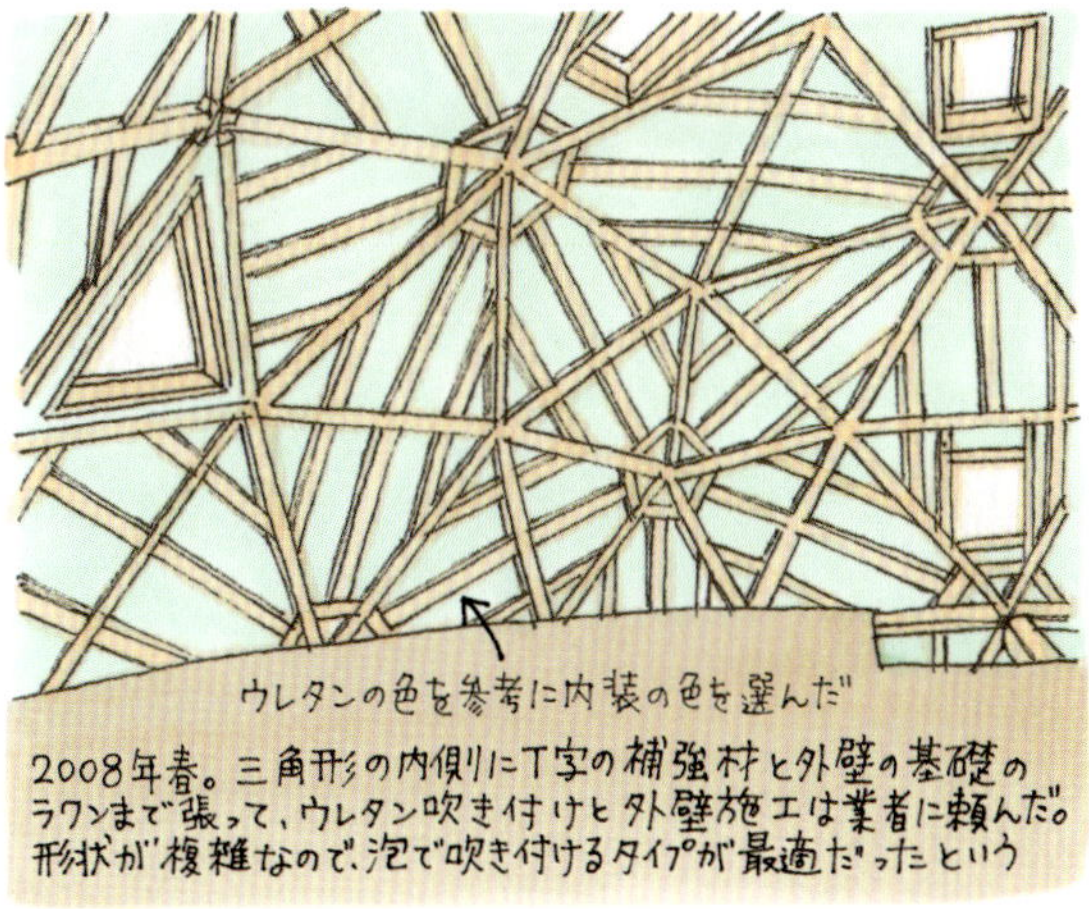
ウレタンの色を参考に内装の色を選んだ
2008年春。三角形の内側にT字の補強材と外壁の基礎のラワンまで張って、ウレタン吹き付けと外壁施工は業者に頼んだ。形状が複雑なので、泡で吹き付けるタイプが最適だったという

とトータルで三年半かかったという。

「冬の一番寒いときに、外の屋根のパネルを張っていたり、夏の一番暑いときに、熱気が溜まる室内の天井付近を手がけていたり、季節の巡り合わせがうまくいかなくて苦労しましたね」

Mさんが苦笑すると、Jさんも、

「まだ屋根がないときなんて、冬の朝は土台に張った氷を割るところから始めてたもんね」

両親の会話をまじまじと聞きながらI君が、「その話ははじめて聞いた」

「氷を割る話ははじめてかもね」とMさんが言うと、

「外に氷が張ったのは見たことある」

「そうそう。あれと同じことがこの家の中で起きてたわけだ」

このドームが完成したのはI君が生まれる一年前の二〇一〇年。彼にとっては丸い家が〝普通〟なわけで、友だちの家に行くと天井が低く感じるそうだ。そんな彼にとって、自分が生まれる前の両親の家づくりの話は、国産みの神話を聞くような感覚なのかもしれない。

本屋デビューと、シナプスの棚

本屋スペースの増設はだいぶ後で、二〇一七年から二〇二〇年にかけて行われた。ドームのエクステンションであった旧玄関の庇を覆い、サイズアップする形でリフォームしたという。本屋の開店と、憧れの薪ストーブライフが同時に始まったわけだが、Mさんにはこれ以前にも〝プレ本屋期〟の時代があった。

「僕は比較的、仕事はなんでも良い派だったんです。仕事は仕事、趣味は趣味って割り切ってた」

釣りやツーリングなど、アウトドア全般が大好きで、読書や料理の愉しみもその延長線上にあった。その趣味の最たるものが、それらを愉しむ基地であるこのドームの建設だったとも言える。

けれど住環境が落ち着くにつれ、完全に分けて考えてきたはずの仕事をつまらなく感じるようになってきた。

「それで何か出来ることはないかと考えていたときに、無店舗だけどイベントに出張して本屋をやってる方に巡り会って、これなら僕もいけるぞ！　って」

晴れて〝本屋〟を名乗り出したのは二〇一五年くらいのこと。出店イベントや、カフェの片隅に自らのコーナーを設けるなど、各所に足繁く通い始めた。イベントで接した同輩たちとの出会いもまた、とても刺激になったという。

「その頃はロフトの一番奥に本を置い

ていたから、出張のたびに、重たい本を運んで階段を降りるのが大変でした」

本屋スペース増築には、こうした事情もあったようだ。出張の際は自分の蔵書だけでなく、中古書店などで仕入れも行い、土地柄や客層を考えて持っていく本を選りすぐる。

「それが当たると面白い。釣りの餌を選ぶのとも似ていて、出張本屋の魅力の一つですね」

増築後は大きな棚を一覧できるようになり、選書をするのも楽になった。棚に並んでいるのは基本Mさん個人の蔵書だ。四分の三がライブラリーで、残りがセルコーナーになっている。不要になった本を売るのだろうか。

「〝不要〟って感じでもないんです。結構イヤイヤ売っている本もある。好きな方面の内容だけど、考え方的には他の人が持ってた方が良いのかな、とか。そんな感じで選んでいます」

〝手元に置いておくほどの本〟かどうか。それを日々見極めることは、思考の鍛錬になりそうだ。感覚を研ぎ澄まし、都度、今の自分に問いかけながらアップデートしていくような。

「ということは、この棚ってMさんの脳内ですよね？」

「一〇〇パーセント、そうです」

「脳内を見られて、恥ずかしいってことは？」

「ないですね。人と共有できてめちゃくちゃ愉しい」

なんとあけっぴろげな……。でもそんな話を伺って改めて棚を眺めてみると、また違った景色が広がってきた。

入口を入ってすぐ左側の棚には「矢口文庫」と書かれたプレートがある。漫画家の矢口高雄のことだ。

「『釣りキチ三平』大好きなんですよ。僕が釣りを始めたきっかけです」

この村の湖の看板に三平のキャラクターを使わせてもらったご縁もあり、直筆のポストカードやポスターなども飾られていた。そこを起点として、釣り、川、山などネイチャー系の本が並び、開高健のコーナーへとつながっていく。

「小学校のとき、『裸の王様』を読んで、話の筋とは関係ない池の描写があるんですけど、それがすごく美しくてずっとそこばかり読んでいたんです。そのあと、『フィッシュ・オン』や『オーパ！』シリーズで、もうドカンと持っていかれちゃった。食べ物が好きなのもそこからです」

その周辺には、野田知佑などアウトド

「矢口文庫」。中央は矢口高雄直筆メッセージ入りのポストカード。漫画だけでなく書籍も充実している

ア系の本を経て、沢木耕太郎など旅のルポルタージュへと、ゆるやかな道筋が浮かびあがる。さらにセルフビルドや家の本、田舎暮らしの本へと展開し、暮らしの中から生まれた知見、思想、哲学、社会、政治、経済へ。一方で、世界各地の食紀行やレシピ本など料理の興味へ広がるかと思いきや、書店員のエッセイなど、本屋への傾倒も見て取れる。棚をじっくり眺めていくとMさんの関心がどのように広がっていったのか、その歴史がシナプスのようにつながっていった。まさに脳内！

　家というものが住む人を表しているなら、その中でも一番具現化されるのが本棚だ。Mさんの棚は、並べ方が上手いこともあって一層わかりやすい。店主の〝人となり〟が棚という立体を通して空間的に可視化される。これこそネットにはないリアル本屋ならではの魅力だ。

「ネットだと余計な本が見えないじゃないですか」

　然り。こうして〝余計な本〟が眺められることで、今まで関心を持ってこなかった事柄への興味も広がっていく。この棚の中で私が新たに発見したのは開高健だ。取材後に、『裸の王様』を読んでみたところ、Mさんの言う〝美しい池の描写〟がどの部分を指しているのか、すぐにわかった。確かに美しい一節で、これほど絵画的な文章を私は読んだことがなかった。そして本筋もとても面白い。

　好きで何度か観ていた増村保造監督の映画、『巨人と玩具』の原作が開高健だと知れたことも嬉しかった。今度Mさんにお会いしたらその話をしよう。そんな話を共有することが、彼が本屋に求める一番の醍醐味なのだろうから。

言葉によって紡がれる土地の像

　移住やセルフビルドの棚に、長野にゆかりのある「ちくま文庫」のコーナーがあるのも気が利いていた。そういえば、そもそもなぜ長野を選んだのだろう。

「まず、すぐ釣りができる環境。川沿いが良かった。全国を自転車で回っていたから二人とも地方には詳しくて、何ヵ所か候補地はあったんです。いろんな条件を照らしあわせた結果、最終的に千曲川周辺が良いねってことになりました」

　川は川でも千曲川。見た目が綺麗とか、自然が残っているとか、そんな単純な話でもないらしい。その心は？

「〝自然〟ということでいったら千曲川には実はそんなに残っていない。言葉にするのは難しいけど〝良い川〟の基準があって、重要なのは、周りに暮らしてる人たちが川に理解をもっているかどう

ロフトのデスクにあった携帯用のルアーケース。色とりどりのルアーが美しい。釣りは野球とともに、親子で愉しむ趣味の一つだ

か。表現の中で川が身近に出てきたり、気分的に川との距離が近いこと」

湯川豊のエッセイには、プライベートの釣りの話で千曲川がたくさん登場するそうだ。他に、田舎暮らしの先駆者である田淵義雄の本。川は出てこないけど、八ヶ岳に住む画家の渡辺隆二の作品からも、土地のイメージを膨らませた。

「この辺りのエッセイから周辺の生活を知ることができたのは大きかった。これだけ本に書かれる地域って八ヶ岳と富士ぐらいかな。川なら四万十川や長良川。暮らしと川が密接で、関心の低い若い人でも、川の水が多いか少ないかぐらい常にわかっているような地域が良い」

言葉によって紡がれる像の多さは、その地が住民にどれだけ愛されているかの指標になる。さらに他所の誰かがそのイメージを受け取ることにより、ますます愛される土地として育っていく。そういう幸福な循環を、書物は生み出している。夫妻がアウトドアに求めているのは自然を満喫するだけではなく、それを支える文化があってこそなのだと思うと、よりいっそう豊かな趣味に感じられた。

気持ちはいつも軽やかに 次のステージへと思いを馳せる

ともあれ、ドームハウスに三年半、本屋増築に三年を費やして、完璧な基地ができた。

「生涯ここに住まれるのですよね」

そう尋ねると、すかさずJさんが、

「違うんです。もう次の計画が……」

人生の六年も費やして、お金もだいぶかけたのに、終の住処ではないと！

「基本的にいつでも動く気満々でいたいんです」とMさん。

「やっぱ定住の感じがしないよね」

Jさんが言うと、Mさんも、「ない」ときっぱり断言する。

次の計画はずばり、〝ポルトガルのリスボン移住〟なのだそうだ。

「例えばここにいるにしても、夏はここで釣りをして、冬は海外の家で遊ぶ、なんてことができたらもっと愉しくないですか？」とMさん。

なんと人生を愉しむことに貪欲な夫妻。土地への執着のなさも潔い。遊牧民か。でもどこか納得した。そもそもドームの形状自体がモンゴルのゲルのようでもある。もちろんテントのように畳めるわけはないのだが、そんな錯覚を抱かせるほどこの建物は軽やかな印象なのだ。

環境自体も高地のためにカラッとしている。他所者を拒まない土地柄もサッパリしている。気流の良い室内は言わずもがな。この家は、すべてにおいて湿度が低い。でもそれらの要素すべてが、この家族を象徴しているように感じられた。

彼らの人当たりの良さや屈託のなさはもしかしたら、長年自然豊かな環境に身を置いてきた人たちが持ちあわせる心の余裕なのかもしれない。「ここに来てすごく楽になった」とJさんは言う。

「都会にも出張施術に行くけれど、やっぱり都会の人の方が疲れているように感じます。こっちでは感じないようなストレスがいっぱいあるんだと思う」

Jさんがそう言うと、Mさんも、

「自己啓発系本とかに書かれていることって僕にとっては普通のこと。でも、そういう本ばかりが売れているのは、みんな相当疲れてるんだなって思う」

Jさんが使う
天然成分の
アロマオイルは
色がきれいだ

東京以外で暮らしたことのない私には客観的な判断は下せない。けれど、田舎暮らし志向のなかった私でさえ、本書で取材した自然豊かな環境で暮らす方々を見て羨ましく感じたのは、間違いなく自分が疲れているからだと思う。

するとおもむろにMさんが言った。

「ざっくり言ってしまうと悩みがない」

すごい。もしそうだとしても、それを正直に言えるところがすごい。

「だから僕は、次のステージに〝ぶち当たりたい〟という思いもある。外国に行ったらまず、言葉の壁が来る」

「そういうこと？（笑）」と、Jさんは少し困惑気味だ。Mさんにとっての〝悩み〟とは越えるべきステージなのかと思うと、いかにも〝男子〟っぽくって可笑しかった。

「でもこの本屋スペースでやりたいことはまだまだある」

それはイベントの開催だ。例えば以前、釣り好きの本屋仲間に毛鉤《けばり》釣りの講座をお願いしたそうだ。毛鉤を巻くワークショップをした後に、みんなで川に繰り出した。確かにこの自然豊かな立地を活かしたイベントなら、さまざまな可能性が膨らんでくる。庭でのキャンプや外での食事も楽しそうだ。

「今度は是非飲みにきてください。うちは泊まれる本屋なんで！」

屈託のないMさんの笑顔を見て、この家族なら海外だろうがどこに行こうが、持ち前の人懐っこさですぐに馴染んでいけるのだろうと思った。

もしかしたらこのドームはテントじゃなくて宇宙船なのかもしれない。土地の引力もしがらみもモノともせず、地表に這いつくばる私たちを尻目にいつかふわっと舞い上がり、ポルトガルへ瞬間移動する「宇宙船地球号」だ。跡にポカンと残った〝土俵〟を見て唖然とする私たち。そんな夢想をしていたら、なんだかとても愉快な気分になってきた。

旅の途中のスナップショット
仮住まいのヴィラから眺める異国の街角

A I さん［書家・飲食店経営者（妻）］
H S さん［文筆家・飲食店経営者（夫）］

賃貸｜3DK
建物面積約50㎡｜ソウル特別市

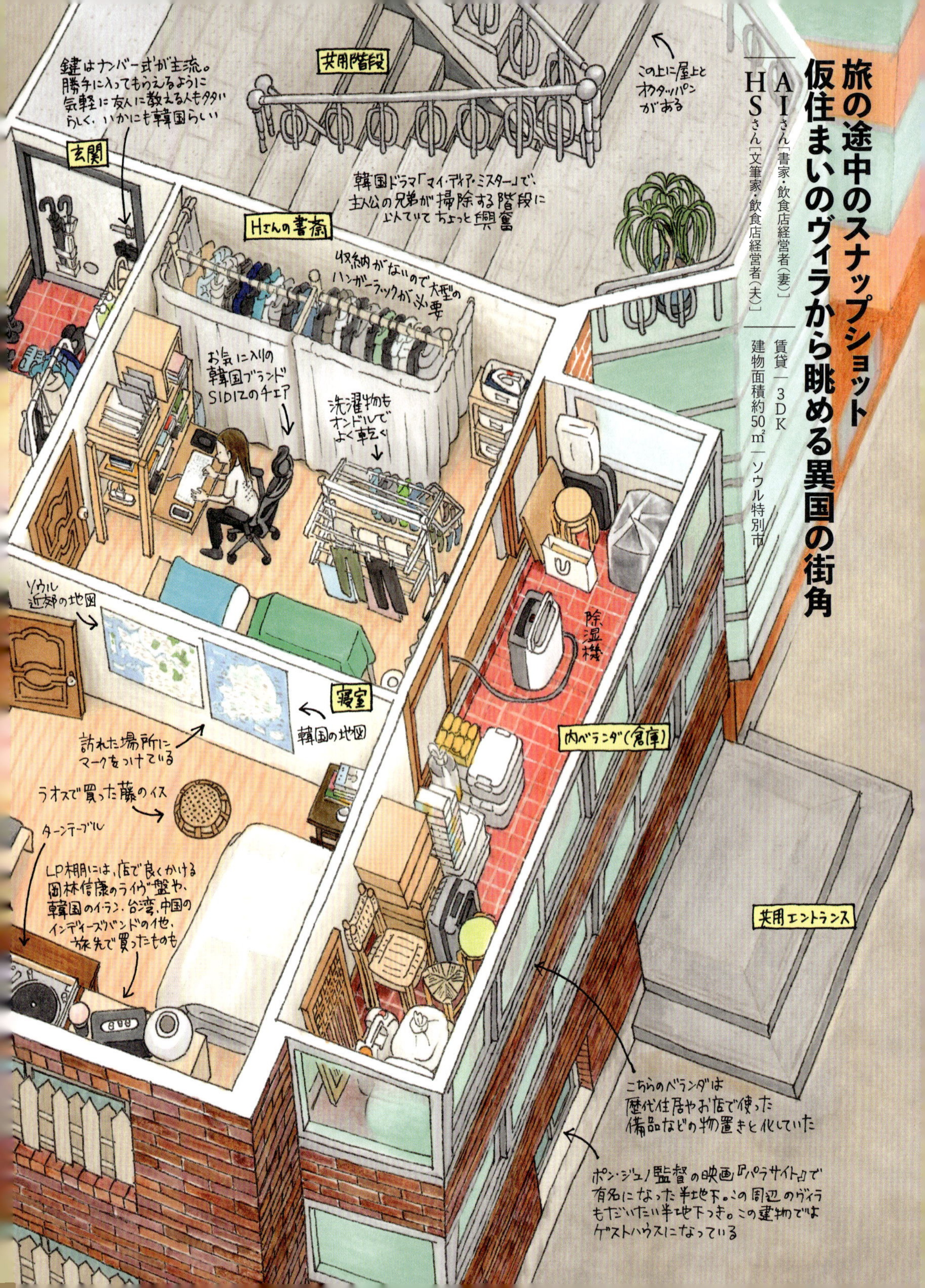

外側はクリアガラス、内側は模様ガラスの二重窓
浴室
シャワーの浄水や、排水溝の消臭対策にフィルターを装着
Aさんのアトリエ
李朝家具や白磁などの骨董品
日本、韓国、インド、ヨーロッパなど世界中の古い額縁も集めている
韓紙などの紙のストック
EPSON A3複合機
和紙職人に漉き直してもらうかもしれない紙ごみ
自分で置いたタイルマット
大理石の沓擦(くつずり)
どこにつながっているのかわからない備え付けの内線電話。はずすと怒られる
友人がつくってくれた紙収納棚
ソバン(李朝膳)
毛氈(もうせん)の下敷き
お互い集中したいのでドアを締め切り部屋に籠る
全部屋床はオンドル
イエダンハム
チェッパンダジ
デスク
オンドルで紙がよく乾く
シンク奥は青色で独特の雰囲気
分厚い漢和辞典の全集が並ぶ本棚。Aさんの画集やHさんの本も
江華島のワンゴル工芸
エアコンは使わない
DK
内ベランダ
内ベランダは防寒対策と洗濯物干し用に標準装備されているが湿気がこもりがちで使えない
煉瓦造りと緑色のガラス窓を見ると、韓国に来たとしみじみ思う

半地下のある煉瓦のヴィラで

韓国映画やドラマファンの私にとって、韓国のお宅訪問はロケ地探訪のようなワクワク感があり、楽しみにしていた。訪ねたのは韓国で〝ヴィラ〟と呼ばれる賃貸住宅に住む日本人夫妻の家だ。夫のHさんは旅のルポなどの執筆や、翻訳も手がける文筆家、妻のAさんは書家として活動しながら、二人でソウルで飲食店を営んでいる。

韓国で〝ヴィラ〟といえば、低価格帯の低層集合住宅の総称だが、日本の木造アパートよりは大きい頑強な建物が多い。日本で言う〝マンション〟（米では豪華な邸宅の意）は、欧米では〝アパートメント〟や〝フラット〟と呼ばれるが、韓国でも皆が憧れるような豪華な高層マンションが〝アパート〟と呼ばれている。

夫妻の住む煉瓦造り風ヴィラは半地下《パンチハ》（반지하）を入れると四階建てでワンフロアに三世帯が入っている。だが、最上階のお宅は五〇二号室となっていた。

「不動産登記上は三階になっています。四は〝サ〟で、漢字の〝死〟と同じ音だから避けてるんですよ。日本でもこだわる人、いますよね」

そう説明してくれたのは夫のHさん。確かに、このとき私が宿泊していたホテルの部屋も四階だったが、エレベーターは〝F〟表記になっていた。

「半地下があるから正確に言えば三・五階。IKEAで大型家具を買ったら四階以上への搬送はプラス料金がかかるんだけど、三・五階だって言ったら大丈夫でした」と妻のAさん。

周辺の似たようなヴィラもだいたい半地下がついていた。ポン・ジュノ監督の大ヒット映画、『パラサイト 半地下の家族』では貧困層の象徴として描かれていたが、意識して眺めるとそこら中に散見され、その多さにあらためて驚かされた。建物面積を少しでも広く確保したいオーナーの思惑もあるが、高低差の多いソウルの街並みでは必然的にそうならざるを得ない事情もあったようだ。

これらの物件はだいたい一九九〇年代後半くらいにつくられたそうだが、もっと古びた印象がある。そのため、近代的な高層アパートより濃厚に韓国らしさが滲んでいる。なかでも日本の住宅との違いが顕著に現れているのは、ベランダ、オンドル、浴室だ。

日本の住宅との違い　その一
内ベランダと窓

韓国のベランダは、防寒のため室内に組み込まれているタイプが多いので、日本の団地や低層マンションのように、寝具や洗濯物が賑やかに陳列される風景には出くわさない。少し殺風景な感じもするが、景観は良い。再開発に取り残された古めのヴィラが建ち並ぶ都会の一角を歩いていると、ときおりヨーロッパの街並みみたいな趣きも感じられる。

内ベランダは、サンルーム的な空間で憧れもあったのだが、夫妻は使いあぐねているようだった。共用エントランス側の広い内ベランダは完全に物置きと化し

部屋とベランダの間仕切りになっている大きな木枠のガラス戸。隙間風が寒い。西日が眩しいので遮光カーテンをつけた

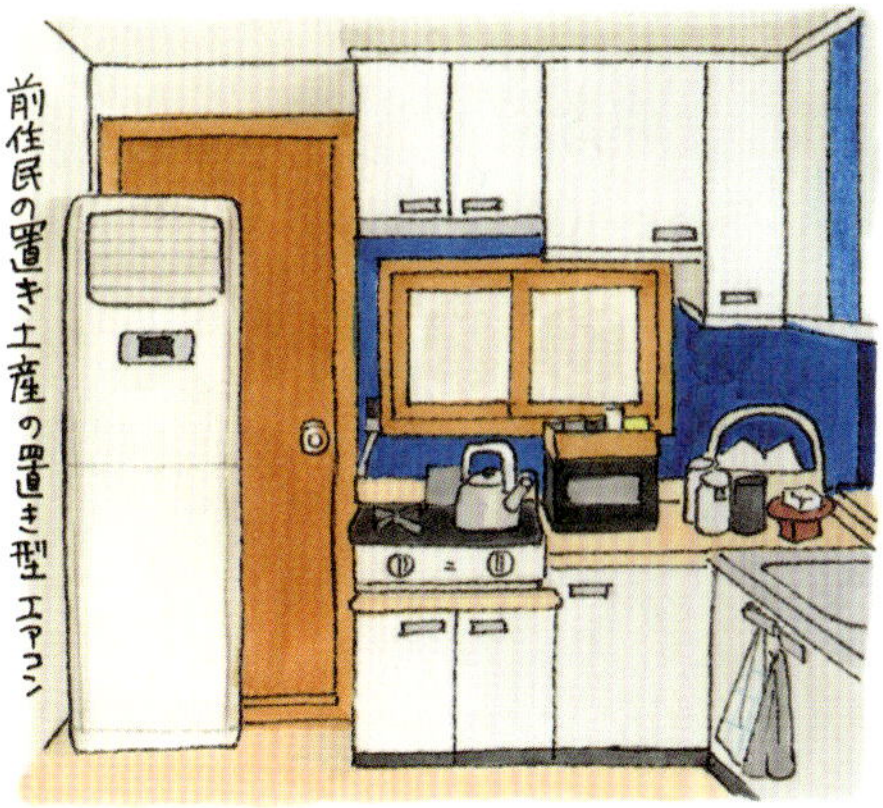

キッチンとベランダの間仕切りは木製のドア。ガス台奥の木枠の窓が、青い壁紙によく映えて、かわいらしい

ていて、洗濯物も干されていない。

「湿気がすごくて干せないです。ボイラーから湯気が出るんですよ」

訪れたのは夏だったのでわからなかったが、零下二〇度にも達するソウルの冬では、オンドルで温まった室内と外気の差が激しすぎて、内ベランダ空間全体が結露しているような状態になるのかも。二つのベランダはどちらも外側はアルミサッシ、室内との間仕切りは木製のドアや木枠のガラス戸で区切られていた。

ふと見ると他の部屋の窓もすべて二重窓になっていて、構造は内ベランダと同じく、外側はアルミサッシに緑がかったクリアガラス、内側は木枠に模様ガラスが入っている。ねじ式の鍵も懐かしく、これがレトロに感じた一因だ。日本では木枠の窓自体が廃れてしまったが、やはり温もりが感じられて良い。内窓で使う分には隙間風の問題はないのだろうか。

「いや、内ベランダに面した部屋はガラス戸が大きいからすごく寒い。内見しに来たときには防寒対策の〝プチプチ〟が貼られていました。この部屋では寝られないのでHさんの書斎にしていて、収納と、洗濯物干し場も兼ねています」

大量に干せそうな物干しラックの他、大きなカーテン式クロゼットもあり、この二つが部屋を半分ほど占領していた。

「韓国の家って基本的に備えつけの収納がないんですよ」とHさん。

「このツッパリ棒にカーテンをつけるタイプ、韓国ですごくいっぱい売られてます。最近の高級アパートは収納も多くて機能的になってますけど」とAさん。

そういえば、二〇二〇年、コロナ禍で話題になったNetflixドラマ『サイコだけど大丈夫』でも、主人公の兄役オ・ジョンセが、カーテン式クロゼットの中に隠れているシーンがあった。もっと小さなものだったけれど。

「引っ越しするたびに部屋に合わせて家具を買ってきたから、いろんなものがチグハグですね……」

サイズが合わず使われなくなった家具が、ベランダ倉庫に置かれていた。結局これくらいしか使い道がないというのが現実らしい。

日本の住宅との違い　その二
オンドルと浴室

玄関を入ってすぐに、リビングかダイニングがあり、それを取り囲むように各部屋が配置されるのは、韓国で一般的な間取りのようだ。家族との食事を大事にする国民性が表れている気がする。

オンドルも標準装備されていて、この家も全部屋オンドル式の床だった。かなり暖かいらしいが、この家の場合、電源が一つしかなく「温めなくてもいい部屋まで暖かくなる」と夫妻は苦笑する。

同じ寒冷地の石川県出身のAさんは、「気温はこっちの方が低いけど、寒さの質は石川県の方が厳しく感じます。日本海側の冬って湿気が多くて底冷えするから、足元が寒いと芯から冷える。こっちは乾燥していて過ごしやすいし、朝オンドル入れて、一度切って出かけても、夜帰ってくるとまだ暖かいんですよ」

ダイニングキッチンには前住民が置いていった縦型のエアコンが結構な存在感で幅を利かせていたが、出番はまったくないらしい。

韓国の留学生が、日本の住宅がいかに寒いかをYouTubeで紹介していて話題になったことがあったが、確かに日本の住宅建築は七〇〇年も前に書かれた「家の作りやうは、夏をむねとすべし」という吉田兼好の『徒然草』に捉われすぎてはいやしないか。湿度が高いので風通しが重要なのはわかるけれど、冬は根性で乗り切っている感もある（私の家だけ？）。

最近二重窓を取り入れた東京在住の知人は、夏場の断熱性も格段に高まったと言っていた。開ければ通気性も確保できるし、省エネや防犯のためにも、二重窓はもっと普及しても良い気がする。

「浴室は結構、熱海っぽいですよ！」

楽しそうにAさんが扉をあけると、大理石の沓摺《くつず》りの先にエンジ色の床が広がり、確かに昭和のラブホ的、チープなゴージャス感を醸し出していた。韓国では浴槽に浸かる文化がない。浴槽がある家でもあまり浸かる人はいないという。この家にも浴槽はなく、その代わりに、奥に便座と洗濯機があった。

「シャワーから離れているので、便座もそんなに濡れないです」とHさん。

便座上部には、エレガントなデザインのプラスチック製小棚がついていた。

「もともとプラスチックの花柄のついた棚があったけど、かなり痛んでたので、新たにこれを買いました」とAさん。

同じ釘の位置のまま設置できる棚が他になかったため、ほとんど同じデザイン

夫妻が取り付けた
エレガントな小棚

Hさんのレコードと購入時のエピソード

ジョージア、トビリシの蚤の市で50円くらいで購入した7インチ。ソ連時代のもの。「ジャケットが良いので期待して聴いてみたら朗読でした」とHさん

ドイツ、ベルリンの蚤の市で購入した。ハンガリーの映画監督ヤノーシュ・ソンブリアイの『A Kenguru』(1976)というロードムービーのサウンド・トラック。「なかなか良かったので、映画も観てみたいです」とHさん

ハンガリー、ブダペストの蚤の市でジャケットに惹れて購入した。ハンガリーのニュートン・ファミリーというディスコグループのアルバム。「昔、日本と韓国でヒットしたため、知っている人には懐かしいバンドだそうです」とHさん

の棚を買ったそうだが、どう見てもハマりすぎだ。チープな雰囲気を嘆くよりも、むしろその雰囲気を維持して楽しんでいる様子が好ましい。

夢の中で、旅にでる

寝室はHさんの部屋と同じ六畳だが、ほとんど物がないのでゆったりしていた。寝具とリクライニングチェアの他、ターンテーブルとLPが数十枚置かれているだけの静謐で落ち着いた空間だ。

「僕がレコードを買うのは、知らないものと出会うためなんで、旅先でジャケットだけ見て買うことが多いですね」

日本や韓国の好きなアーティストのアルバムの他、ドイツ、ハンガリー、ジョージア、ロシア、中国、台湾、タイなど世界中で入手したLPが並んでいた。ターンテーブルは、思い出を再生する記憶装置でもあるのだろう。

「このターンテーブルを買ったのも最近なんです。経営している店には置いているけど、家はちゃんと音楽を聴ける環境じゃなかった。でもちょうど、店のBGMに関する本を執筆し始めたので家にもないとダメだなって」

元来、物に執着がない。読書家だが、本も大事な物以外はすぐに売ってしまうという。あまりに持ち物が少ないので、以前はほとんど身一つでタクシーで引っ越しできていたとか。その身軽さは、いかにもルポを手がける旅人らしい。

「なんですかね。物を買うお金があったら経験に変えたいのかな。CDよりライヴの方が面白いし」

自らの体験に、より価値を見出す心情は、旅好きな人に共通する価値観かもしれない。壁には韓国全土とソウル近郊の地図が貼られていた。

「赤印は私が行ったところ。Hさんはほとんど行ってるから、つけたら大変なことになる」とAさん。

青と白だけのシンプルなデザインの地図だが、よく見ると各地の名所や名物が小さなイラストで表現されていた。そこに、AさんがGoogleマップで表示され

るマークのシールを貼っている。

「結構、まんべんなく行ってますね」

「江原道《カンウォンド》のこの辺、行ってないな。この辺りの古い家具とか、わりと好きなんですけど」

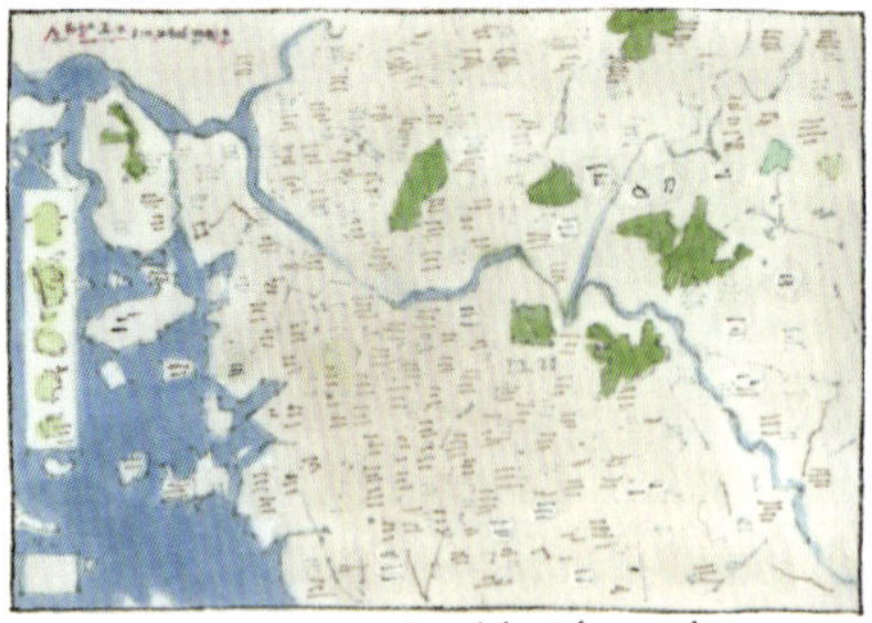
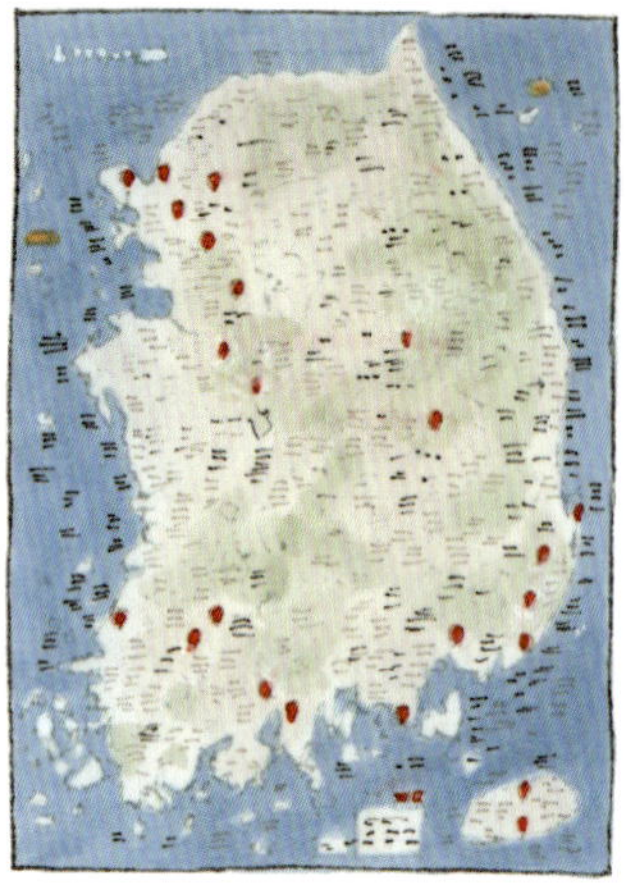

左はソウル近郊、右は韓国全土の地図。各地の名物や名所が小さく描かれている。「世界地図も欲しいけど、良いデザインのものがなかなか見つけられない」とAさん

「ここはどんなところ？」と、西南の海岸の赤いマークを指さし尋ねると、

「そこは霊光《ヨングァン》。何があったかな？」

「霊光は僕の取材で行った。一緒にタワーを見て、クルビっていう魚の干物を食べた」

「そうだ。イシモチ。美味しかった。でもなんか、ここの記憶が……」

「ま、泊まりもしんかったし」

「そうだ。取材についていって、定食バーッと食べて、帰って……」

夫妻のやりとりを聞いていると、黄海を望む海辺の街の食堂《シクタン》で、色とりどりのパンチャン（無料の突き出し）に囲まれながら、慌ただしく定食をかき込む二人の姿が浮かんできて微笑ましかった。

ここは一見ガランとしているけれど、ただの寝室ではない。ほっと一息つきながら、音楽や地図をきっかけに旅の記憶をよみがえらせ、豊かなインスピレーションを育くんでくれる精神の温床のような部屋。それは日々、実利的なお店の経営から、観念的な表現活動へと、目まぐるしくスイッチを切り替えなくてはならない夫妻にとって、とても大事な空間のように感じられた。

"멋《モッ》"の精神あふれるアトリエ

寝室の向かい、十畳の広い部屋はAさんのアトリエだ。目に飛び込んできたのは、デスク正面に貼られた書の数々。その中央に「何もしたくない」の文字が走る。なんとも清々しい。

二〇二二年六月に東京の青山で開催されたAさんの個展を拝見してから、私は彼女の書がとても好きになった。潔くシンプルでストイック。じっと観ていると、日常の中で意識にのぼる前に捨て置いてきたような小さな情感が呼び覚まされる。だから、ずっと飽きずに眺めていられる。

制作現場もストイックだった。デスクはさほど大きいわけでもなく、部屋の中央にがらんと空洞がある。

「いつもここに下敷きを敷いて作品を書いてます。オンドルですぐ乾くからあ

りがたい。これは石川県の湿気の中ではありえなかった」

墨汁の染み込んだ、使い込まれた緑の毛氈《もうせん》を広げて見せてくれた。日本画も同じだが、水溶性の塗料を用いる東洋美術は基本、床に置いて制作される。姿勢的には結構辛いはずだ。

「六歳の頃から書を書いてきたから、正座には自信あるんです。一時間ぐらいは全然平気。でも最近ちょっと腰に来るようになってきたから、小さい書は机で書いてます」

デスク天板は一四〇×六五センチと微妙なサイズ。あくまでも床がメインなので、スペースを圧迫しない程度に留めたという。高さも低めだ。

「書って、筆を真っ直ぐ縦にして書くから、普通のダイニングテーブルの高さだとちょっと高すぎるんですよね。この机は脚の長さが調節できるんです」

一般に売られている机はだいたい七〇センチ前後だが、六七センチに調節している。三センチの違いはとても大きい。

浴室側の壁の棚には、たくさんの紙が収納されていた。

「紙はコウゾなどを原料とした韓紙が多い。ネットで買ったり、骨董品屋さんに譲ってもらって集めています。書きたい気分になったとき、すぐに要るから、いろんな風合いのものを手元に置くよう

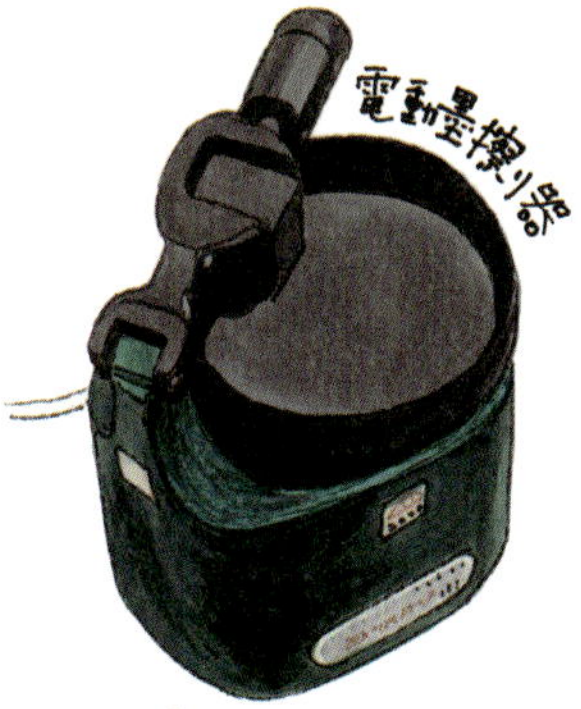
電動墨擦り器
手で擦ると半日とられるために導入。仕上がりは手擦りと変わらない。一代目はうっかり変圧器をつけ忘れ、高速回転の末に壊れてしまった

Aさんが6歳の頃から使っていた書道カバン
ごつい漢和辞典がずらっと並ぶ本棚の一角の、ほっこりとしたコーナー。木人（モギン）の他、縁のあるアーチストの作品も並ぶ

Aさんのデスク
天板は黒い毛氈で覆っている
脚の高さが調節可能なデスク。60センチまで下げられる

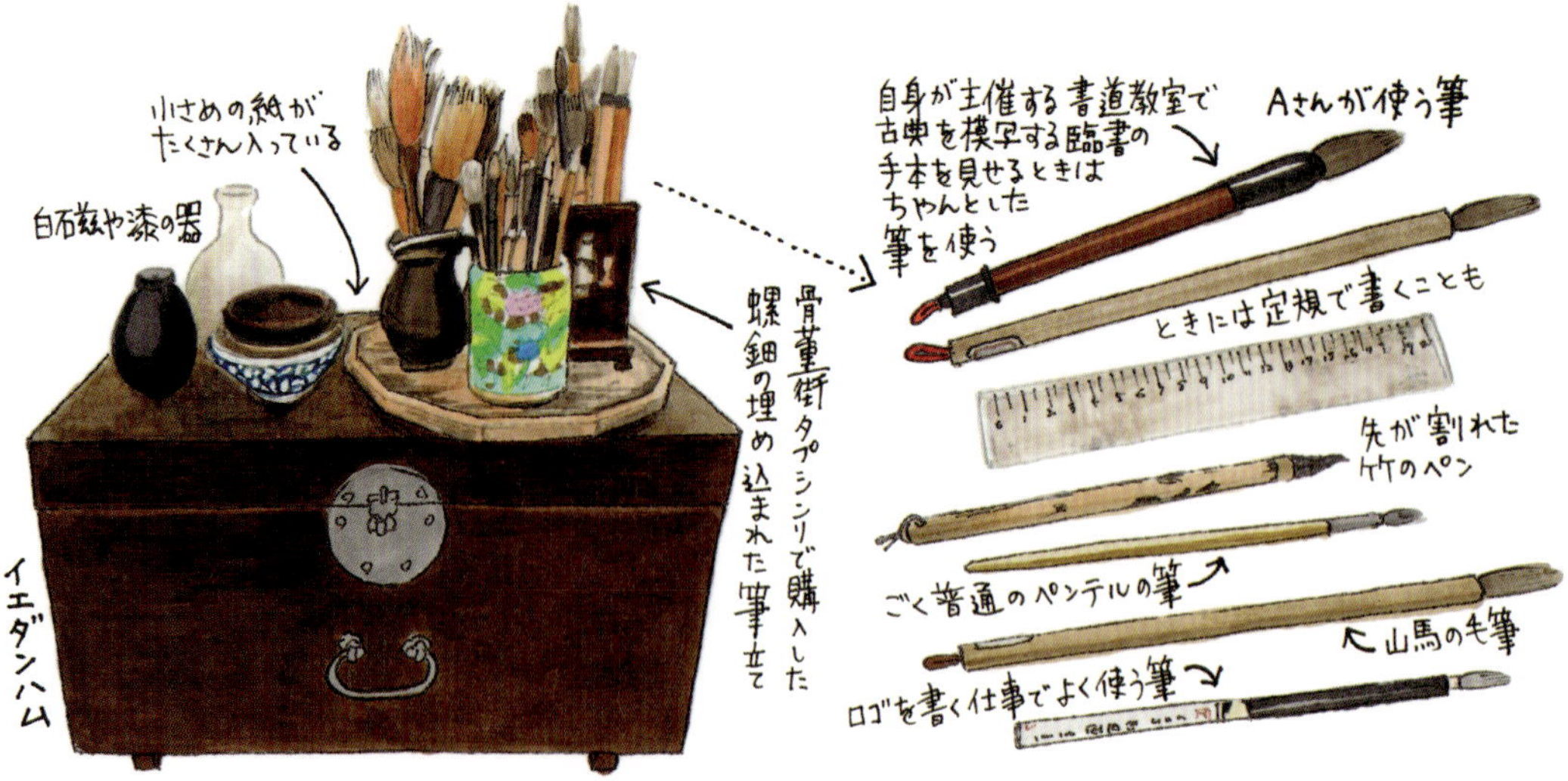
小さめの紙がたくさん入っている
白磁や漆の器
骨董街タプシンリで購入した螺鈿の埋め込まれた筆立て
イエダンハム
自身が主催する書道教室で古典を模写する臨書の手本を見せるときはちゃんとした筆を使う
Aさんが使う筆
ときには定規で書くことも
先が割れた竹のペン
ごく普通のペンテルの筆
山馬の毛筆
ロゴを書く仕事でよく使う筆

にしています」

窓辺には陶器や、李朝家具の棚、ソバン（李朝膳）が整然と並んでいた。

「これはイェダンハムといって婚礼の際に用いられた箱です。骨董品屋さんが紙をいっぱいいくれるんで、この中に収納しています。箱の表面も韓紙で仕上げられているんですよ」

本体は木製だが、表面は張り子のような質感だ。韓紙を貼って漆を塗ってと繰り返し、丁寧に仕上げられている。上に置かれた白磁器なども気になるが、骨董好きは昔からなのだろうか。

「そうですね。学生時代に工芸を専攻していたのですが、その頃から古いものに興味がありました。李朝家具は直線的で、華美じゃないところもすごく好きです」

知識階級の両班《ヤンバン》のためにつくられた李朝家具は、華美を諌めた儒教思想の影響で装飾を抑えた簡素なデザインが多いという。余計なものが削ぎ落とされ、洗練されたたたずまいはAさんの作品に通じるところもあるが、彼女の書にはもっと大胆でユーモラスな雰囲気も漂っている。

詩人の茨木のり子が著した『ハングルへの旅』（朝日文庫）という本の中で、韓国語の「멋《モッ》」という言葉への言及があった。翻訳が難しく、辞書を引いてもしっくりこない著者は独自に「飄逸味《ひょういつみ》」と訳し、下記の言葉で補足していた。

荒けずりで、勢いがあって、生まれるべくして生まれた。
無作為。
どこかで突き抜けている。
いたずらっ気。おかしみ。
迫力と洗練の微妙なバランス。

この言葉並びを見て、Aさんの作品は「멋《モッ》」の感性に近いのかもしれないと思った。

特に思い入れがあったわけでもなく、たまたま縁があってここに住んでいるだけと彼女は言う。ハングルさえ使ってい

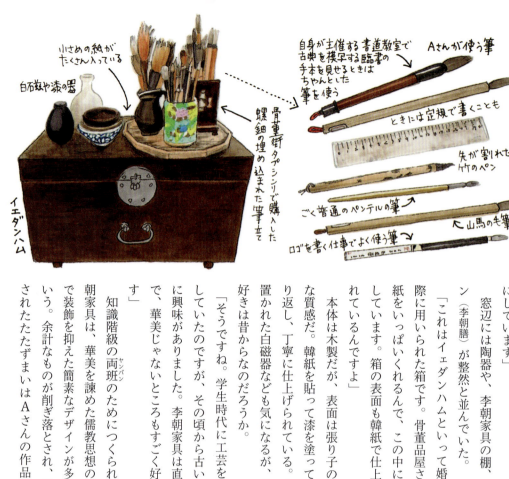

ないのだけれど、作品には韓国の精神性が溢れている気がしてならない。

イェダンハムの隣には、チェッバンダジがあり、その上に、「夜行」と書かれた書が飾られていた。

「この作品は気に入っていて、展覧会に出しても手放せなくて、非売にしてずっと手元に置いてます。Hさんと行った夜行列車の旅がずっと印象に残っていて、〝夜〟という文字の形も成り立ちも好きだったから、そのときの思い出と、書きたい文字が合致して書いたんです。何百枚と書いてやっと出てくるものもあるけど、これは一発でうまくいった」

夜行
大の字の人の傍らに夕(月)があるかたちの「夜」の漢字は「ひる」の傍らに広がる夜の時間を示している
チェッバンダジ

たった二文字で、漆黒の大地を駆ける列車のきしみ、車窓に流れる街の灯り、同乗者たちの密やかな息づかい、白々と明けていく暁の空まで、夜行列車の旅の距離や時間、すべての工程が眼前に立ち現れるような作品だ。

それにしても家に居ながらにして、熱海に遊び、霊光でクルビを食べ、夜行列車に乗り込むなど、なんとも忙しい。まるでこの二人の心はずっと旅の途上にあるようだ。それはあながち間違いでもなく、Hさんが最初にこの地を訪れたのは、まぎれもなく旅の途中だったのだ。

あらゆる物件を住みこなした韓国賃貸物件マスター

二〇〇六年、バックパッカーだったHさんは旅先で知り合った韓国人と交流するうちに興味を抱き、日本語と似て非なる言語の面白さに惹かれ、語学を習うことにした。当初は三ヵ月ほど滞在する予定でソウルを訪れた。

「その頃は、ハスク（下宿・하숙）に居ました。LDKを中心に周囲にいくつか個室があって、バスルームも共同。大家さんが決まった時間に出してくれる食事を自由に食べて良いんだけど、その時間じゃないと食べられないし、だんだん飽きてくるから、結局食べなくなりました。本当は語学研修が終わったら帰るか、ぐらいな感じだったんですけど」

その後、韓国情報を伝える日本の情報誌編集部に、たまたま入ることができたという。

小さい冷蔵庫
Hさんが下宿していたハスクの共用ダイニングキッチン。提供される食事の他、冷蔵庫のおかずも勝手に食べて良い

「その頃はコシウォン（考試院・고시원）に居ましたね。もっと狭くて安い、ゲストハウスのシングルルームみたいな感じです。本当に狭いですよ。三畳にベッドと机があるぐらい。ここも共用キッチンに卵とご飯とラーメンが置いてあって、勝手に食べて良い。でもご飯、乾いてカピカピになってるんで全然食べる気しないです」

『他人は地獄だ』という韓国ドラマでは、大家が人肉でつくったことを匂わすユッケを出すコシウォンが登場する。それを観たため恐ろしいイメージが刷り込まれてしまったのだが、本来はその漢字表記が示すように、司法考試（韓国の国家試験）の受験生が勉強目的で滞在するために重宝されてきた施設だ。試験廃止にともない、旅行者や低所得者の住処へと変化しつつあり、長期滞在する友人にも、ときどき利用している人がいる。

「コシウォンを何軒か転々として、その後、会社があてがってくれた部屋に入ったこともあったし。店開く前は、オクタッパン（屋塔房・옥탑빵）ですね」

これは屋上にある小屋のことで、そのほとんどが違法建築だというが、やはり韓流ファンにはたまらない響きなのだ。サスペンスドラマ『秘密の森』では、ペ・ドゥナ演じる捜査官がオクタッパンに住んでいて、捜査仲間を招いて焼肉パーティーを催した際に、事件解決のヒントを得る印象的なシーンがあった。他にも数々の映画やドラマで、見晴らしの良い景色をバックに宴会を催すシーンが頻出する。やはり毎晩、友人を招いてパーティーを繰り広げるものなのだろうか。

「いやいや。屋上は基本的に大家さんも使ってるわけですよ。野菜を育ててたりとか、ちょこちょこ上がってくるから、外でパーティーとかしたことないです」

……やはりドラマは、あくまでもフィクションだった。

「冬は水道が必ず凍るぐらい寒かった

けど、オンドルがあったから大丈夫」

「夏の方がきついよね」

当時遊びに行ったAさんも、思い出しながら楽しそうに語っている。

「夏は扇風機だけ。でも今の韓国と比べたら当時は全然涼しかった。一部屋と、キッチンやシャワー室みたいなのがあって。まるで屋外みたいな部屋でした

Hさんが住んでいたオクタッパン。期待を裏切らないたたずまい

けど」

「六畳もなかったよね。でも一人で住むには楽しいと思いますよ」とAさん。

こうした韓国ならではの住環境を転々とする暮らしの中で、二〇一〇年、彼はソウルに飲食店をオープンした。

変化の激しい異国の街で

お店は当初、一人できりもりしていたというが、大変ではなかったのか。

「いや、今と違って全然お客さんいなかったんですよ。ライターの仕事もしてるから、ガイドブックをつくるって一週間取材に行ったり、結構休んでましたね。事務所みたいな感じで」

結婚を機に渡韓したAさんが本腰を入れて携わるようになったのは二年後のことだ。商品や店舗のロゴなどの題字制作を請け負い、石川県を拠点に書の仕事で活躍していたAさんだが、データ納品ならどこにいても仕事はできると割り切った。それ以降、比較的広くて二人で過ごせるヴィラ住まいが始まった。

「私が来る一月前ぐらいから一人で探してくれたんだよね。skypeでやり取りしながら見せてもらって〝ここにしようか〟とか話しながら」

最初のヴィラは一階の2DK。手狭で不便さも感じていたが、お店に近いこともあり六年間住んだ。しかし、三回目の契約更新をしようと思っていたところ、大家から電話がかかってきた。

「〝そろそろ出てくれないか？〟って。家賃を上げたかったんでしょ」

しれっと語るHさんだが、日本ではなかなかありえない展開だ。

「その頃からゲストハウスをやりたいっていう大家が増えたんです。賃貸するより儲かるって、業者にそそのかされて。実際、今そこ、ゲストハウスです」

今住んでいるこのヴィラも、低層階はゲストハウスになっている。西洋人や中国人の団体が、いつも賑やかに出入りしているそうだ。

「韓国は大家さんが強いから。こういうヴィラって、そんなに長くいる人いな

いんでしょうね。韓国人の友人たちも、更新で条件が変われば軽やかに引っ越ししてますよ」とAさん。

私は二〇一二年から数年おきに四度、韓国を訪れている。物価上昇の勢いは渡韓するたびに感じていたし、不動産価格高騰のニュースも耳にしていたが、その影響はやはり賃貸物件の家賃にも及んでいたようだ。

だが、同時に消費者側も軽やかに動く。転職や独立、開業や廃業も多く、店舗の変化も目まぐるしい。変化をものともしない国民性の中でとまどいながらも、夫妻は新しい住居を見つけ出した。

「その家は良かった。庭があったんです。家賃も破格だった」

最初のヴィラより広いが、現在のこの家よりは狭い2DK。扉を開けると庭が広がっていた。不便なところもあったが、それを上回るくらい雰囲気が良くて、とても気に入っていたそうだ。

「すごく気持ちの良い場所だったんです。庭も好きに使えたから、草むしりもストレス解消になっていたし、都会にいながら窓を開けると緑が見えるのがとても気に入っていたのだけど……」

その物件もまた、大家からの突然の電話により、二回目の更新を前にして立ち退かなければならなくなった。家の所有者が変わったのだ。賃貸暮らしにはなかなか厳しいお国柄だ。

前住居の庭。アーチ型の大門に趣がある

伺ってみたところ、賃料が上がってきたと言っても、家賃自体は日本の同じ規模の街の価格に比べればそれほど高くは感じなかった。けれど驚いたのは保証金の高さだ。退去時に返却されるとはいえ、最低でも百万円。夫妻の場合、引っ越すごとに百万円ずつ値上がっている。

取材後に、韓国のジャーナリスト、イ・ヘミが著した『搾取都市ソウル』（伊東順子訳／筑摩書房）を読んでみたが、持たざる者は保証金のかからない、狭くて窓もないコシウォンや、より劣悪な環境のチョッパン（直訳すると「割られた部屋」）に流れるしかないとのことで、心まで塞がれるような気持ちになった。都市への一極集中も、住居が格差を決定づけることも、はびこる自己責任論も、程度の差こそあれ、同じ病巣に巣くわれている日韓両国の社会構造が眼に浮かんでくる。韓国の姿を眺めていると、そこにはいつも日本の姿が二重写しで立ち現れる。

「でもその大家さん、わりと良い人で、契約期間内なら好きなときに引っ越してもいいよって」

「だから、ゆっくり探せたんだよね。何軒も何軒も見てここに決めた」

そんな苦労の末にたどり着いたのがこの家だったのだ。Aさんははじめて、専用のアトリエを持つことができた。

彷徨いながらも旅は続く

二〇〇六年、韓国に降り立ったHさんが一人で乗り込んだのは、同乗者のいる小さな乗合いバス（ハスク）だった。それからリクシャー（コシウォン）を転々と乗り継いで、ときにはポンコツトラックの荷台（オクタッパン）で空を眺め、揺られながら、旅は道連れ二人旅に。大型バス（ヴィラ）をつど乗り換えて、たどり着いた今のこの場所も、決して目的地ではない。旅はずっと続いていたのだ。

旅人にとって家とはなにか、Hさんに尋ねてみると、「荷物置き場です」と、一言。痛快なくらいドライな回答に思わず笑ってしまった。

「つい、一泊いくらかと考えちゃいますね。僕はあんまり家にこだわりないです。Aさんが気持ちよく住めれば良い」

おお、と少し嬉しそうなAさんだが、神妙な面持ちでこう続けた。

「でも正直、いつまで居られるかわからないですよね。また不動産問題で出なきゃいけなくなるかもしれないし、そういう危機感はずっと持っています。だからなんとなく、二人ともいつも緊張している。家といってもどこか仮住まいで。ずっとドキドキしています」

ふと自分を振り返る。序章で触れた通り、東京暮らしとはいえ、私も結婚してから住んだ家を二回、意に反して退去させられた経験がある。本書を描こうと思ったきっかけも遡ればそこにたどり着く。だから、とても共感できる。私もいつもドキドキしている。けれどそれも〝旅〟の醍醐味かもしれない。〝旅行〟には計画があるが、〝旅〟には計画がない。人生は、どちらかと言うと旅に近い。

『パラサイト 半地下の家族』で、ソン・ガンホが言った言葉を思い出す。

「絶対失敗しない計画は何だと思う？ 無計画《ムケフェク》だ。無計画。ノープラン。なぜか？ 計画を立てると必ず、人生その通りにいかない」

老後の計画もないなんてと呆れられるけれど、明日の風がどこに吹くかなんて本当は誰にもわからない。だからせめて精一杯、今を生きていたい。家という堅牢なものに安寧を求めながら、裏切られてきた人たちの暮らしを祝福したい。

「いつかは日本に帰るであろう長期旅行者の、仮住まいみたいな家だけど、それでも、今の私たちが生きているこの空間に、愛情を持っています」

Aさんの言葉に頷きながら外に出れば、階下のゲストハウスからも旅行者たちが街へ流れだす。近所付き合いもなく、さまざまな国籍の人が行き交う異国の街角で、今日も〝旅〟を楽しむ夫妻の姿がそこにあった。この絵と文は、そんな旅の途中の二人を写した、ささやかなスナップショットであれば良い。

花から花へと舞い飛ぶ蝶の生き抜く糧が詰まった小さな部屋で

MUさん［ミュージシャン・タイ料理研究家］

賃貸｜1K
建物面積約20㎡｜東京都

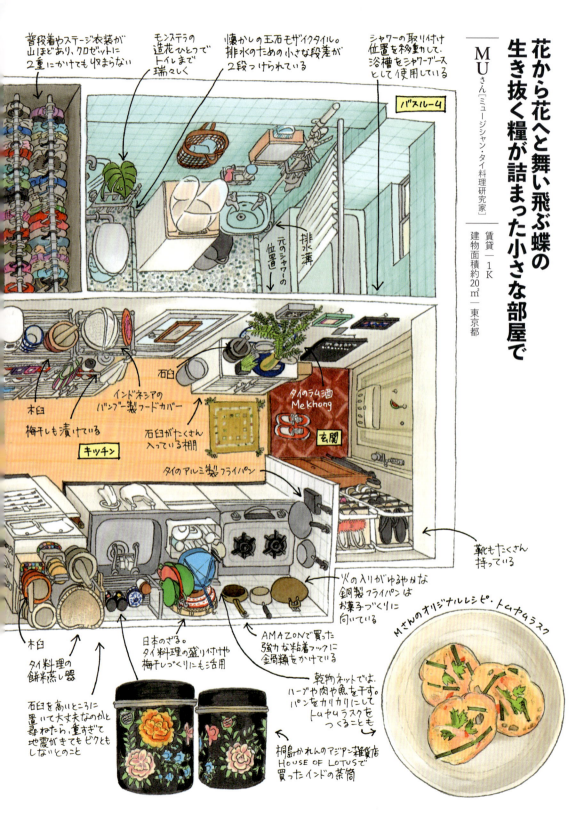

断捨離した物は、とりあえずベランダに出してまとめるか、メルカリで売る。本は読んですぐ手放すことも
配信の背景になる壁は見栄え良く。絵画やウォールデコが飾られている
画家が描いたMさんの絵
ライトアップメッセージボードには配信のタイトルや日付が書けて便利
コスメとアクセサリー
帽子とタンバリン
鳥のクロスステッチ
バービーカラーのトランク。好きな色はピンクと赤と水色
ギターは弾けるが手が痛いから苦手
Mさんの部屋
コンデンサーマイク
リングライト付きスマホスタンド
画家が描いたMさんの絵。本の装丁に使用
ミュージックビデオで衣装として使ったパンダの被り物。下のバスケットも何気にかわいい
Mさんがタイのバンド在籍時代にリリースしたアルバム(2003)のカセット再発版(2019)
タイのうちわ。タイ料理撮影時の小道具として南国ムードを演出したり

祭りのあとの東京で

彼女の家に向かう商店街には輸入食品店から中古レコード屋まで新旧の店が連なり、どこか昭和の面影が残っていた。

「都心の方がいろんな店が残ってるんだよね。意外に郊外の方が全部綺麗になっちゃう」

ミュージシャンでタイ料理研究家のMUさんが住むマンションもレトロな外観だが、竣工年は一九八〇年とそこまで古くない。ジュリーの「TOKIO」が流行ったあの頃、子ども心に世の中が一気に都会化された気がしていたが、実際の東京はまだまだ垢抜けていなかった。

このマンションにもそんな野暮ったい東京がオシャレをおぼえて背伸びしていた時代の残り香が漂っていた。とはいえ彼女が移り住んだのはずっと後年で、東京はすでに祭りのあとだった。

「二〇〇九年、リーマンショックの頃です。あまり良くないときに来ましたね。日本に帰ってきた日に最初に見たニュースが秋葉原事件で、これから東京に住もうと思ってたのに、こんなとこなの!? って不安になりましたよ」

彼女はそれまで、サンフランシスコやバンコクなど、海外で一二年も暮らしていた。バンコクでは、イギリス人やタイ人と無国籍のロックバンドを結成し、日本盤CDも発売され、世界中をツアーをするなど活躍していたが、二〇〇九年に解散し帰国したのだ。

「日本で社会人をやったことがなかったので、体験してみたいと思って」

東京に来てからもソロ名義で音楽活動を継続し、大物シンガーの楽曲制作にも携わった。内田裕也主催のニューイヤーロックフェスやFuji Rock Festivalに出演するなど活躍していたが、

「でもその頃、東日本大震災があって、東京にいるのが辛くなっちゃった。音楽活動もいったんやめて、どう生きていけばいいか路頭に迷っていました。だから一年ぐらい故郷に帰ったんです」

地元では大手メーカーの工場で、翻訳業務を手がけていたという。

「企業カラーの青色の制服を着て、胸のリボンに名前をつけて作業服のおじさんたちに混じって仕事してました(笑)」

フェスで歌うロックミュージシャンから、メーカーの出向社員までの距離は遠い。どんな場所でも適応できてしまう身軽さには脱帽する。

「でもまた頑張ろうと思って東京に戻ってきたんです」

原点は家での一人遊び

直近では、シェアハウスとマンションを経て、この家には四年間住んでいる。

「前の二軒はどちらも取り壊しで追い出されました。本当に流浪の民ですね。家の決め手は、とにかく家賃が安いこと。あとやっぱり音が心配だから鉄筋コンクリートは必須です。そうなるともう地域の中で、一、二軒しか物件がない」

聞けば確かに賃料はこの地域にしては驚くほど安価だが、住み心地は良さそうだ。狭めだけれど窮屈には感じないし、

カーテンもほとんど開けないほどのインドアライフなので陽当たりも気にしない。むしろコンパクトな分だけ無駄がなく、広めの家より住民の個性が色濃く反映されている感じがした。

まず目に飛び込んできたのは、ベランダの窓を塞ぐように置かれたKORGの白い電子ピアノだ。エレガントな佇まいはMさんの分身のよう。パンキッシュな曲とファッションで観客を魅了してきた彼女だが、不思議と何をやっても品がある。最近は日常の切り取り方が機知に富んだ、落ち着いた雰囲気の曲も多くつくっている。

「でも電子ピアノは音を録るときだけ。作曲には、パソコンに信号を送って音が出せるMIDIキーボードを使っています。省スペースでもいろいろできるようになってきたから、最近は電子ピアノを弾くことはほとんどないですね」

棚には変わった形のマイクがあった。

「それはコンデンサーマイク。ステージで使うダイナミックマイクは声しか入らないけど、これは歌ってるときの息づかいとか、キメ細かい音も録れる。家で録音するときに使ってます」

こんな小さな部屋でもアルバム制作ができるのかと驚いた。宅録はタイでバンドを結成する以前、サンフランシスコで美大に通っていた頃からハマっていたそうだ。

「最初はテープ。次はZipディスクで録音してました。こんなことやってて何になるのかな？　って思ってたけど、友だちにデモテープを聞いてもらったら、〝一緒にやろう〟って誘ってくれて、バンドを結成したんです。バンマスがパソコンでトラッキングするソフトの使い方を教えてくれて〝あ、早い！〟って（笑）」

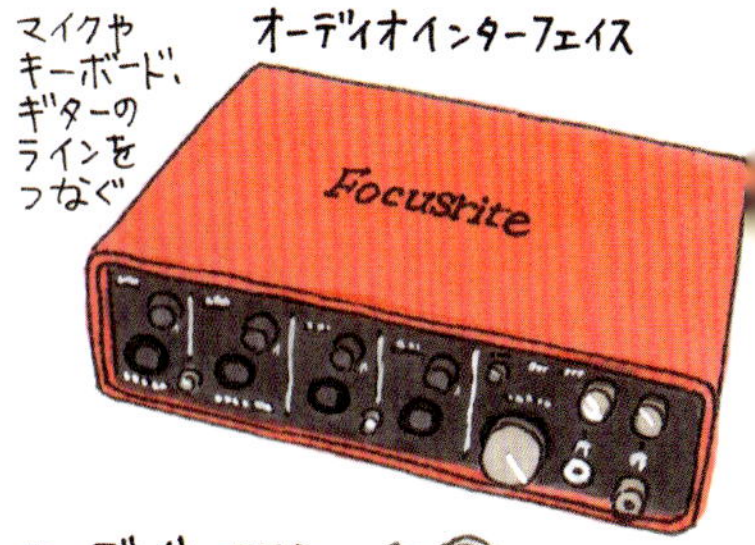
オーディオインターフェイス
マイクやキーボード、ギターのラインをつなぐ
Focusrite

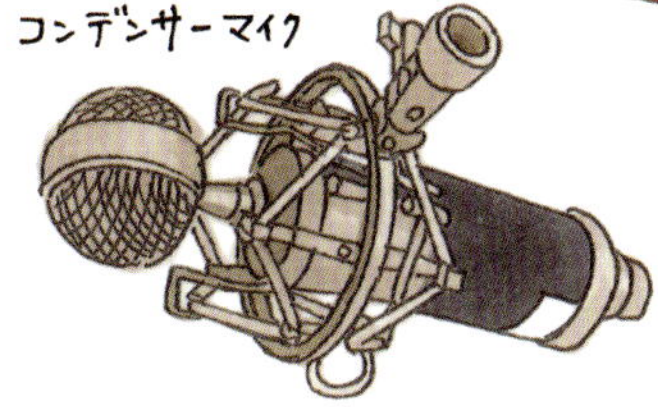
コンデンサーマイク

鍵盤は、子どもの頃に通っていた
ヤマハ音楽教室のエレクトーンで習得。
クラシックピアノも習ったが、続かなかった。
吹奏楽部ではクラリネットとソプラノサックスを演奏。
合唱団にも参加していた根っからの音楽好き

彼女の創作の原点はすべて、家での一人遊びから始まっていた。

誰かの憧れの残り香

音楽活動に関わるグッズでは、ステージ衣装も幅をきかせている。中には交流の深い大物シンガーからいただいた貴重なドレスもある。

「最近はライヴもそれほどやっていないから頻繁には着ないんだけど、いざやるとなると必要なんですよね〜」

けれどそれ以前に、普段着からして数が半端ない。クロゼットを覗かせてもらうと、シャツやニットのトップスの向こうにワンピースなど丈の長い服の裾が見えた。どうやら二重にかけているらしい。それでも収まりきらない服がはみ出して、部屋のラックにかかっていた。

「古着が大好きでいっぱい買っちゃうんです。最初はギュッとクロゼットに収めていたけど、はみ出してきました」

Mさんはコロナ禍以降、週に一日、都心のバーで店番をしている。当初、店

昭和30年代OL風
ラッタッタに乗っていそうな
中森明菜に憧れる
ヤンキー
楳図かずおさんの
恐怖マンガ風
※着せ替えたいときは
カラーコピーしてから
遊んでください
通勤用にスニーカーに
履き替えたOL風

の宣伝も兼ねてＳＮＳで出勤ファッションを披露していて、そのキャッチフレーズが絶妙で私は楽しみにしていたのだ。「昭和三〇年代のＯＬ風コーディネート」とストレートなものもあれば、「ラッタッタに乗っていそうな中森明菜に憧れるヤンキー」「通勤用にスニーカーに履き替えたＯＬ風」（ＯＬが好きらしい）と細やかな設定が面白い。ときには「楳図かずおさんの恐怖マンガ風」と、もはやファッションショーなのかギャグなのかわからないものもあった。

こうした世界観はファッションに留まらず、彼女の曲にも感じられた。歌詞の細やかな情景描写は、昔どこかで見たような風景を泡沫《うたかた》のように現出させる。自分が体験してこなかったバブルっぽい恋愛でさえも、なぜか懐かしく感じてしまう。いきいきとしたディテールは実体験によるものなのか。

「違うの。そこに自分はいない。誰かの憧れの残り香を感じるのが好きなのかな。古い建物とか見ると、ここで昔、め

くるめく青春が繰り広げられたのかな～とか思ってジーッと見ちゃう。今まで住んできた街でもそう。サンフランシスコではヒッピーがいた時代を想像して胸が高鳴ったし、バンコクで住んでいたアーリーってとこも、日本の昭和三〇年代みたいな街並みが残っていたから心躍りました。なくなってしまったものに思いを寄せるのって、めっちゃキュンキュンしません？」

私も街を歩いたり、建物を見ながら、そこで生きた人々の抱いていた希望や悩みを夢想するのが好きだ。建物の年代を推測したり、古い映画の風景に照らしあわせて考察するのも、当時の人の思いをより鮮やかに再生したいからだ。Ｍさんのこの家でも、時代の記憶の手がかりを探していた。

例えばバスルーム。外観以外で家の築年数が如実に現れる場所だ。床は玉石モザイクタイルと呼ばれる丸石が敷き詰められたタイプのもので、これぞ昭和という感じ。バストイレ一体型の物件だから少し家賃が安いのだろう。

トイレ、洗面台、浴槽の三点ユニットタイプのバスルームが日本で初めて登場したのは一九六四年、東京オリンピックのためにホテル用に開発されたものだ。一般家庭で使われ始めたのは一九六六年で、東洋陶器（現ＴＯＴＯ）が共同住宅用に開発したユニットバスの写真を見ると、細長い空間にトイレ、洗面台、浴槽が並び、浴槽の外に洗い場が設けられている様子も、Ｍさんの家のバスルームに似ている。

「私はシャワーの位置を付け替えて、浴槽で使っているけど、以前はここが洗い場だったから、水が捌けるように段差をつけているのでしょうね」

空いた洗い場には洗濯機を置いて効率よく使っていた。海外暮らしの長いＭさんは浴槽でのシャワーに慣れているのだろう。けれど多くの日本人は未だ洗い場が好きだ。昭和の頃ならなおさらで、まだ意識の変革期だった一九八〇年代初頭くらいまでは、こうしたどっちつかずの浴室がけっこうあったように思う。

外来文化との間《はざま》で迷走し、多少無理のある和洋折衷案を捻り出していた昭和の文化遺産を見るのが好きだ。そこには憧れだけではなく、当時の人が捨て惜しんだ思いや、大事にしたかった何かが垣間見えるからかもしれない。

ラメ色怪獣のウオールデコ。
ほっこり昭和空間を
ちょっとシャープに
アップデート
させている

シャワーホルダーの
位置は吸盤タイプの
ホルダーを使って
付け替えた

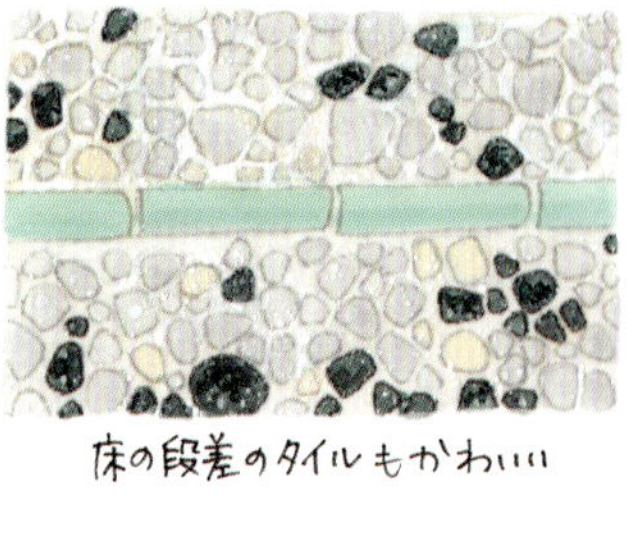
床の段差のタイルもかわいい

ベランダまでフル活用

タイ料理に関する主な活動は、東京や大阪で開催している料理教室だ。他にもイベントでの出店やケータリング、つくった料理を盛り付けて撮影し、記事を書くなど執筆活動もしている。記事に掲載した料理写真は、南国情緒たっぷりの良い雰囲気に撮れていた。

「南国みたいでしょ。でもこれ、この家のベランダで撮影したんです」

もっぱら断捨離後の物置き場になっているありふれたベランダなので驚いていると、彼女はちょっと得意げに隠し球を披露してくれた。ヴィンテージ風の木目が印刷された壁紙だ。

「みんなどうやってるんだろうと思って他の人のインスタを見てたら、これがあれば良いってわかったんです。撮影用の照明器具なんかも買って、いろいろ実験してみたんだけど、やっぱり太陽光が一番綺麗に撮れる。コロナのときはひたすらそんなことをやってました」

Mさんが某サイトの記事でつくった
ナムプリック・かピ定食。
野菜の塩茹でや、アカシアの葉入り
卵焼きに、3種のナムプリックと
塩漬け焼きサバ。中央のココナッツ
ポットに入っているのは日本米。
定食の概念を「"ごはんとおかず"の
皿を組み合わせた一体感のある宇宙」、
「"野菜や発酵食品"を加えた
"健康増進マシーン"」と分析する
記事内容も面白い

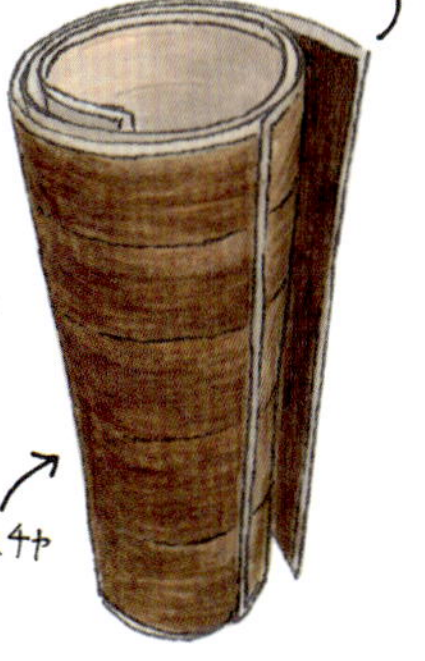
壁紙はいろんなテクスチャ
のものを揃えている

ベランダは他にも、芋を干すのに使ったり、パクチーの苗から何回収穫できるかを実験したり、タイ気分を盛り上げるために屋外での調理シーンを動画に撮ったり、フル活用されていた。たいていは洗濯物干しぐらいにしか使われないマンションのベランダを、徹底的に有効利用しているのだ。

タイ料理はロック・バンド

キッチンにはタイ料理の調理器具の数々が、小さなスペースに見事に収められている。

「料理教室を主催してくれているアジアン雑貨店の店主は、タイ時代からの友人なんです。日本で入手しにくいフライパンも輸入してくれました」

調理器具を引っ張り出しては解説してくれる彼女の話を聞いていると、タイの豊かな台所事情や、市場でたたき包丁を振り下ろすおばちゃんの姿まで浮かんできて、料理下手な私でさえ無性に欲しく

なってくる。

　驚いたのは、一〇個もある石臼だ。収納しきれず冷蔵庫の上などあちこちに置かれていた。教室で生徒さんに使ってもらうために備えているそうだが、それぞれ用途も違うらしい。

「大きくて重たい石臼は固いスパイスをガシガシ潰してペーストをつくるときに便利。小さい臼はちょっとだけ潰したいときに小回りが利いて良いですね」

　石臼にこだわる理由は、これさえあれば日本の家庭にある調味料や、近所で入手可能な食材だけでも、タイ料理らしく仕上げることができるからなのだそう。その素晴らしさを普及すべく、日本や世界の料理を石臼でつくる「石臼料理研究会」なる教室も始めたらしく、ハマるととことん突き詰める性格が窺える。

「道具は使い始めると面白いし、友だちに教えてほしいとか言われると、この性格だからハマってしまうんですよ」

　Mさんが発行するタイ料理に関するZineでは、雑貨店店主と花崗岩（みかげ

石）の産地アンシラー（タイ語で「石の池」の意味）への石臼買い付けの旅のルポも記されていた。その道中、現地の石臼工場でオリジナルの石臼も発注している。デザインはMさんが手がけたという。

「日本語の〝うす〟とタイ語で〝つくる〟の意味の〝ตำ（タム）〟で造語して、〝うすたむ〟と名付けました」

きめ細かい花崗岩でつくられた白いエレガントな石臼は、入門者でも使いやすい小ぶりなサイズだ。収納しやすいスクエア型のデザインには、小さな部屋でやりくりする彼女ならではの工夫が感じられる。

タイ料理の魅力を尋ねてみると、

「〝まとめない〟ことで〝まとまる〟ことかな。日本料理は引き算の美学だから、こっちを減らしてあっちを際立たせたりするけれど、タイ料理は強いもの同志をボンボンボンッ！　てぶつけあう。甘みも、酸味も、辛みも、しょっぱみも、苦みも、雑味も、全部ぶつけた中から、まろやかさが生まれてくる」

Mさんがデザインした石臼「うすたむ」は収納しやすいスクエア型。重たさを活かし、ブックエンドにもできるというコンセプトが面白い

Zineの中ではそれを「ロック・バンド」に例えていた。

「ボーカル、ギター、キーボード、そしてドラムのメンバー全員が、大きくうるさい音をたてている。どれかがひっこんでいてはだめ。大きな音同士が一体となったときに、心地よく感じる」

バンド活動を経験してきた彼女ならではの表現に、とても納得してしまった。

言葉と、人と関わること

「最近は本やZineもつくるのでどんどん物が増えてしまって。もう在庫の置き場がないから先日つくった本はオンデマンドで二〇冊のみ印刷して、注文がきたらその都度増刷することにしました」

この年の文学フリマでMさんが売った本は、彼女が勤めるバーでの観察日誌だ。コロナ禍の二〇二二年から、インバウンド花盛りの二〇二四年まで、バーに訪れる外国人たちの人間模様が細やかな観察力で綴られている。画家のEKさんが描いた表紙も素晴らしく、自費出版とは思えない出来栄えだ。部屋のターンテーブル上部の壁には、その原画が飾られていた。

「以前、私の写真を元に描いてくれたんです。表紙をどうしようかなって考えてたら、〝これがあるじゃん！〟って。それでご本人に、〝イラストの地は何色が良いですか？〟って聞いたら、赤だって。最初は〝赤に赤!?〟って思ったけど大正解でした。さすが画家さんですね。自分だったら思いつかない」

赤いトップスにバルーンパンツ姿のMさんがかわいらしい。水彩の滲みを活かした筆使いで、コケティッシュな彼女の魅力を存分に表現していた。

Mさんが自費出版したエッセイやZine

赤地の上に、赤い服のMさん。画家のEKさんが描いた表紙絵

タイ料理に関するZineは3冊発行している

この本の舞台、彼女が勤めるバーには私も伺ったことがある。戦後の闇市から始まってその名を馳せた飲み屋街も、今や様相を異にしていて、外国人観光客向けのアミューズメントパークと化していた。狭い路地裏に小さなバーがひしめき合い、海外の人の目にも魅力的に映るの

だろう。

英語が堪能なMさんが店番をする日は特に人気なようで、ひっきりなしに外国人観光客が入ってきた。ちょうどこの家くらいの小さなバーのカウンターから見守る彼女が、入店する客に必ず、「Where are you from?」と尋ねていたのが印象的だった。

「その一言を投げかけるだけで、お客さん同志で勝手に話が弾むんですよ」

確かに私も、「Finland」と答えた客に、条件反射で「ムーミン！」と叫び、彼らは頷いたあとに、「マリメッコ！」と返してきた。英語の苦手な私は、その二言で終わってしまったが……。

Mさんはさりげなく、客同士の和をつなげている。観察日誌には客たちがおよそ通りすがりの人に話すとは思えない踏み込んだ悩みまで打ち明ける様子が綴られているが、それもこうした小さな気遣いの上に成り立っていたのだろう。

彼女はその店でタロット占いもやっている。私も連れ立った友人とともに占ってもらったが、私たちのことをよく知るわけでもないのにそれぞれに的を射た応えを返してくれて、とても満足したのだった。並外れた観察眼で、会話の端々から私たちの本質を捉えていたのかもしれない。

「最近は電話占いも始めたんです。それならこの部屋でもできる。この机に電話を置いて、iPadで占っています」

電話占いサイトというものがあるらしく、オーディションに合格した大手のサイトから請け負っているという。

「本気で人生に迷っている人もいれば、ビジネスライクな人や、ただ話を聞いて欲しいだけの人もいて、いろいろですね」

常連を確保すべくカルテもつくるなど、プロフェッショナルに徹している。占い師の仕事はとても楽しいらしい。

「人は好きですね。あと占いは言葉を使う職業だから通訳に似てるところもある。その人の悩みを想像力で補って言葉にしていく部分もあって、わりとクリエイティブなんですよ」

彼女の仕事に通底するのは〝言葉〟と〝関わり〟だ。料理に言葉はいらないが、人に振る舞うという意味では〝関わり〟の最たるものかもしれない。

「でも料理教室って、あれは司会者をやってるんですよ。私が歌って踊るエンターテイナーではなくて、聞き役なんだと途中で気がつきました。教室に来る人は自分の話がしたいんだよね。私はタイのこういうものを食べてきて、こういう体験をして、こんなことを知っている。そういうことを話したい。それを受け止めてくれる人が私なんです。そう思ってテレビを見たら、〝あ、さんまちゃんのやってることも同じなんだ！〟って気

ユーチューバーの必須アイテム
配信用リングライト付きスマホスタンド
スマホホルダー
鏡
リングライト
配信のときは、顔に光を当てると、
ファンデーションを塗ったように白肌に映る

ライトアップメッセージボードには配信タイトルや日付けが記入できる
2024 5月21日
配信の背景になる壁には、絵画やクロスステッチ、ウォールデコが飾られている

がついた」

バーの客にも、占いの相談者にも、じっくり耳を傾けて的確な応えを返すその才能は、料理教室で磨いてきたものだった。

虫みたいに生きようぜ

家での活動は他にもたくさんある。音楽活動の宣伝ではYouTubeも利用するし、配信アプリにもハマっているため、リングライト付きのスマホスタンドが常備されていた。ベッド脇の壁は配信の背景仕様にセッティングされ、見映えの良い絵画やオブジェが飾られている。

執筆や翻訳はともかく、作曲、レコーディング、配信、調理、撮影と、広いスタジオがなければ不可能と思われることの数々が、この小さな家で繰り広げられていた。キッチンもベランダも余すところなく使いきり、彼女の遊びと生き抜く糧のすべてがギュッと凝縮されている。

この数年は俳句にも熱中しているそうで、どんどん場所を取らない趣味に移行しているようにも見える。

「そうかも！ 意識はしてなかったけど、占いも俳句も、持ち運びも楽だし、在庫もないし、データも軽い（笑）」

〝言葉〟に関しては、海外に長くいたため、日本語での創作に飢えていた部分もあるという。

「今までは外国カルチャーの中にどっぷりいて、国際的になることばかり考えてきたけど今は逆です。東京は外国人目線で見ると面白い。日本の文化って細やかさや真面目さが際立っていて、人が一人でつくりあげる密度が半端ない」

良きにつけ悪しきにつけ、とことん真剣に取り組んでしまう国民性は、長く海外にいたMさんの目に新鮮に映るようだ。

Mさんが勤めるバーに来ている外国人観光客も、今はまだアニメや寿司に夢中だけれど、円安が進むにつれ、さまざまな国や階層の人たちが訪れるようになり、これまで世界に知られてこなかった日本文化が、今まさに発掘されている最中なのだと彼女は言う。

「だってあんなに狭いバーに喜んで来

てること自体、特殊な事態じゃないですか。非効率的な空間に押し込められてるのに、あれ？ 意外と楽しい？ って気づき始めてる。だからこれ、逆の意味で発展しないかな。発展って広げていくものだけど、内に籠ることでの発展もあるんじゃない？」

まるで一九八二年に韓国人学者の李御《イオ》寧《リョン》が『「縮み」志向の日本人』で著した日本人論をそのまま解説しているかのようだ。でもこれは、日々外国人観光客が殺到する最前線に身を置き、肌身で感じながら、彼女が出した見通しなのだ。

「だから今はみんな、日本がいろんな意味で衰退してるって自信なくしてるけど、とことん衰退すればいいんじゃねって思います。そんなディストピアの中からすごいものが生まれてきて、ひっくり返るときが来るんじゃないかな。自信持って良いですよ。虫みたいに生きようぜ、と」

この小さな空間で常に一人遊びをしている彼女自身、そっちの道に全力で邁進している。

前述の本に書かれているのは、ちょうどこのマンションが竣工された時代の日本のことだ。著者は、俳句、扇、庭、盆栽などを例にとり、あらゆるものを縮めて凝縮することで強度を増す日本文化の特色を分析している。現代的な物ではトランジスタ・ラジオや小型車を例にあげ、企業の少数・小規模主義のマネジメントも評価していた。今となっては、遠い目にならざるを得ないが……。

けれど当時、世界市場を席捲し始めた日本企業への忠告とともにまとめているのは、無理して苦手な拡張に目を向けるよりも、凝縮することで広がるその特質を活かした方が良いとのことだった。

あらゆるものを凝縮し、握りしめているようなこの家での活動も、パッと手を開いたときに解き放たれ、圧縮していた力の分だけどこまでも、世界に広がっていくような気がしてくる。Mさんの言うように、八方塞がりの今だからこそ、いっそ狭い部屋に閉じこもり、創作に埋没してしまえば良いと、私もどこかで思っている。

流浪の民か、舞い飛ぶ蝶か

「でも昨日も友だちに怒られたんです。いったい何がしたいんだ、と。軸を決めて、大事なことだけやらなきゃダメだって。でも軸って言われても、ないんですよ。本当にないんスよ」

彼女のつくってきた楽曲を知っていれば、誰もがまずは、音楽が軸と思うだろう。そしてタイ料理。けれど本人に、そうした自覚はないらしい。

「音楽も信念はなくて、孤高の芸術家には向いてないんです。流浪の民のようにしか生きられない」

「流浪の民」という言葉が頻出するので気になって、今までの居住歴を伺ってみると、Mさんは指折り数え始めた。

「サンフランシスコで……五軒。バンコクで……四軒。東京で……五軒。お勤めしていた故郷の街でも一軒」

合計一五軒!? 引っ越しが好きなの

だろうか。

「え〜、嫌いですよ〜。自分で移りたかったことは一度もなくて、いつもなんらかの事情で追い出されてる。自分の意思と関係なく流浪しています」

「そんな苦労をしてきたわりには、いじけたところが微塵もないですね」と言うと、「まあ、その状況も楽しんでるのかもしれない」と、余裕を見せる。

「節操がないんです。音楽も、一つの業界でがっつり生きていくのが怖かったのかもしれない。海外でバンドなんかやってたら、派閥も何もないじゃないですか。そういう居場所を嗅ぎつけて、逃げまくってる人生です。だから怒られる。有名になる人ってみんな、一つの業界の中で積み上げていく人だから」

けれどそんな成長神話は、現在も存在するのだろうか。専門職でも食べていくのが難しいこの時代、一つの仕事にこだわると食いっぱぐれるリスクも高い。マルチにこなせる才能は貴重で、すべて自宅でできる上に、軒並みクオリティも高い。Mさんの暮らしぶりは、今一番求められているかたちなのでは？

「そうですね。成功はしないけど、〝死なない〟生き方はしてる。その時々で変化して、食いっぱぐれもするけれど」

タイのバンド時代のアルバムには、Mさんが日本語でつくった曲がある。その中に「楽じゃないのよ。彼女の暮らしはバタフライ」という一節があるが、まるで地でそれを行っているようだ。「花から花へととまって」と続く歌詞については、「自分にはそんな華麗さはないですね」と、Mさんは笑う。

確かに現実は、「花から花」ではなく「賃貸から賃貸」だ。でもそれとは別の次元の話。成長神話を信奉する多くの人は、「こうあらねばならぬ」と規範を設け、それが敵わぬと人を妬んだり、自ら沈没してしまう。そんな神話にハナから懐疑的なMさんだから、落ちもせず舞い続けられるのだ。その姿は私にとって、やはり華やかで麗しい。

「みんな真面目すぎるのかもしれないですね。例えば私、故郷からも全力で逃げた感がある。あそこにいたら潰されるって思ったんです。精神的に」

彼女の故郷には、私も何度も訪れている。風光明媚で素敵なところだけど、保守的な土地柄ゆえ、ある種の女性にとっては生き辛いことも、他の人よりは理解できる。

「今、電話占いが盛り上がってるのは、地方からでもかけられるからだと思う。家庭や職場で閉塞感を感じていても、気軽に行けるカウンセリングは都会より少ないし。私のうちもあまり楽しい家ではなかったんです。両親が商売してたからいつも喧嘩ばかりで殺伐としてました。でも料理だけは丁寧につくってくれたから、食事のときだけホッとできたんです」

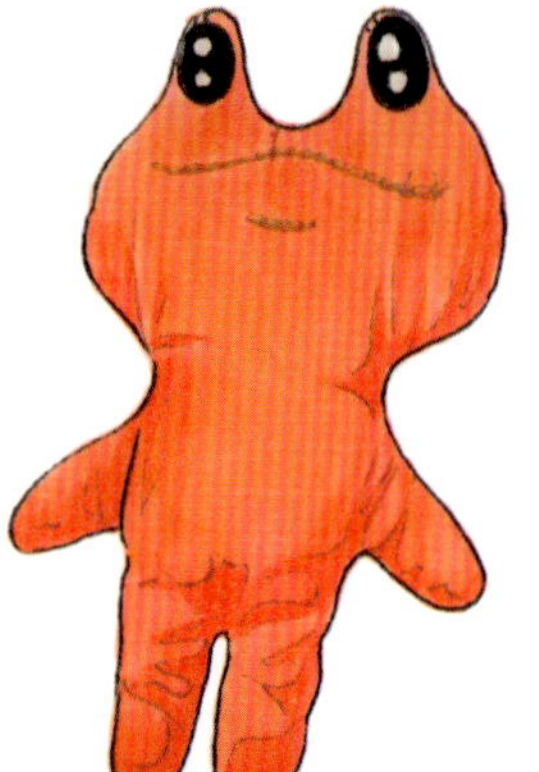
ベッドにあったぬいぐるみ。どこかMさんに似ている

料理が好きなのには、そういう理由もあったのだそうだ。

将来の展望、大輪の花が咲く日

「まだぼんやりした感覚でしかないいんだけど、宿泊できて朝ごはんだけついてる民泊みたいなのをやってみたい。今、その勉強も兼ねて、ベトナム料理屋でもバイトしてます」

Mさんほどの腕前があればいつでも飲食店を開けそうだが、それもちょっと違うらしい。そういう業態にしてしまうと効率よく儲けを出すために、つくり置きメニューを用意したり、保存も一部冷凍するなどシステム化せざるを得ず、家庭料理から離れていってしまうのだそうだ。

「タイ料理の屋台が美味しいのは、一人一メニューだからなんです。その日仕入れた食材で、その場でつくって、売ったら終わり。その方が料理も新鮮だし、生き方としても自由じゃないですか」

やはり成長神話や、システムに絡め取られることを慎重に避けている。彼女はきっと、自分に相応しい状況を嗅ぎ分けるのがうまいのだ。それも〝生き抜く〟ための本能かもしれない。

民泊をやり、Mさんもそこに住んで、朝食にタイ料理を出し、たまにはライヴも開催する。そんな場所ができたなら、ぜひとも訪れてみたい。占いをやっても流行りそうだ。

「それ、良いかも。今、コーチングが流行ってるんですけど、占いも半分はコーチングなんです。カウンセリングみたいなこともできるかもしれない。それで私も生きていけるし。うん！　やっていけそうだ。老後は」

また一つ、〝生き抜く〟アイデアを思いついたようだ。シンプルだけど、今の時代に一番大事なことのように思えた。

Mさんならきっと、手伝ってくれる友だちもたくさんいる。

「節操なくあちこち片足突っ込んできて、それで得られた財産はやっぱ友だちかな。そういうつながりがないと、生き延びていけないからね。それぞれ別のコミュニティで出会ってきた人たちだけど、長く生きてるとバラバラだったものもつながってくるんだなって思います」

バラバラだったコミュニティは、彼女が羽根を休めてきた、たくさんの花だ。その一つ一つが重なりあって大輪の花を咲かす日も、きっとそう遠くはない。

本書の指針となった書籍たち

『建築探偵の冒険』
藤森照信（ちくま文庫、一九八九）

建築家の藤森照信が仲間とともに各地の建築探偵に赴く珍道中が楽しい。中でも著者が夏の夕暮れどきの神保町で、ふと書店の二階の窓から室内を見てしまったときのエピソードが好きだ。ハダカ電球が灯る情緒的な雰囲気に不意打ちをくらい、「理性のボッチが間にあわなくて、とっさに涙腺がゆるみ、中身がこぼれてしまった」という。いろんなお宅の中身を拝見したいと思ったきっかけは、この独白を読んだからかもしれない。

『住まいと家族をめぐる物語——男の家、女の家、性別のない部屋』
西川裕子（集英社新書、二〇〇四）

大学教授である著者がジェンダー論の授業の中で、それぞれの時代の住まいのかたちと家族規範のあり方を分析する。"いろり端のある家"から"茶の間のある家"への変化は、「家」志向から「家庭」志向への変貌であったこと。占領期以降はアメリカ式の女性主体の家庭モデルが規範とされ、団地の2DKからニュータウンの3LDKへと変化していった様子が綴られる。戦後の住宅難が解消された一九七五年頃には住宅の価値が使用価値から交換価値、つまりは財産形成の手段に変化したという指摘には瞠目した。

『男と女の家』
宮脇檀（新潮選書、一九九八）

当初、私は本書を「ふたりの家」というテーマで考えていた。家で築くものは必ずしも家族だけではなく、趣味や生きがいを共有するパートナーシップについても考えてみたかった。多様性に欠けるのでやめたのだが、結果的に拙宅を含む一五軒中七軒が子どものいない夫婦の家となったのは時代の必然だろう。建築家の宮脇檀が著したこの本は、戦後住宅史をたどりながら、家の主体が女性化してきた経緯を語る。一九九八年の著作なので、ジェンダーの有り様は現在と異なるが、「男よ、家へ帰れ」と呼びかけ、若かりし頃に目指して挫折した私情も交えながら、「男と女が平等に存在し合っているところが家ではないでしょうか」と締めくくる。多くの住宅を設計した建築家が、癌の闘病で死に際し、最後に伝えたかった言葉だと思うと胸が熱くなる。

『日本の民家』
今和次郎（岩波文庫、一九八九）

一〇〇年前の大先輩。街で見かけた犬の種類まで執拗に描く『考現学』を知ったときには感激して神保町で古書を買い漁った。『日本の民家』は『考現学』のはち切れんばかりの好奇心とは違い、ともに旅して日本を歩くようなしっとりとした読後感がある。当時のノスタルジーを今、味わう不思議な気分だ。人の生活を「採集」することには常に無礼さがつきまとうが、絵を描くことが見る者と見られる者の溝を埋めてはくれないかと、先輩の偉業に接し一縷の望みを胸に抱く。

第五章 ともに生きる

Home Sweet Home

あざやかに織りなす糸のように人と自然が交差する空中農園

AIさん［テキスタイル作家（妻）］／TWさん［会社員（夫）］

持ち家―4SLDK／建物面積約120㎡―東京都

米軍ハウスのバナナの葉蔭 文化の渦から生まれるグルーヴ

KTさん［ミュージシャン・デザイナー］／NOさん［写真家］

賃貸―3LDKS／建物面積79・33㎡―東京都

小川のほとりの小さな納屋で山と谷を蘇らせる守人の叙事詩

TYさん［文筆家、写真家、絵本作家（夫）］／KYさん［パート職員、翻訳家（妻）］

持ち家―1LDK／建物面積約45㎡―福井県

あざやかに織りなす糸のように
人と自然が交差する空中農園

A I さん［テキスタイル作家（妻）］
T W さん［会社員（夫）］
持ち家―4SLDK
建物面積約120㎡―東京都

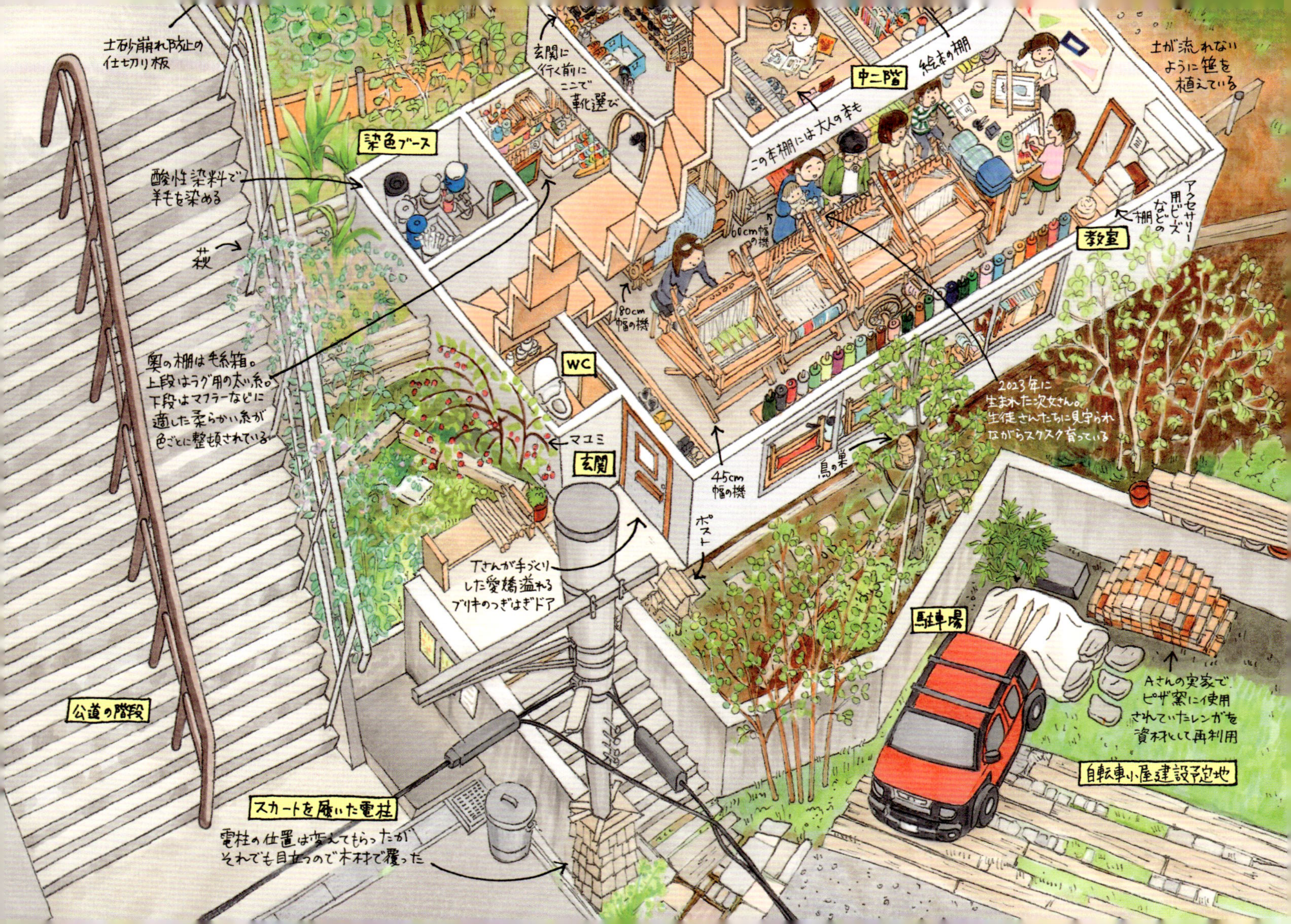

土砂崩れ防止の仕切り板
玄関に行く前にここで靴選び
絵本の棚
中二階
土が流れないように笹を植えている
この本棚には大人の本も
染色ブース
酸性染料で羊毛を染める
萩
60cm幅の機
アクセサリー用ビーズなどの棚
教室
80cm幅の機
奥の棚は毛糸箱。上段はラグ用の太い糸。下段はマフラーなどに適した柔らかい糸が色ごとに整頓されている
WC
2023年に生まれた次女さん。生徒さんたちに見守られながらスクスク育っている
マユミ
玄関
45cm幅の機
鳥の巣
ポスト
Tさんが手づくりした愛嬌溢れるブリキのつぎはぎドア
駐車場
Aさんの実家でピザ窯に使用されていたレンガを資材として再利用
公道の階段
自転車小屋建設予定地
スカートを履いた電柱
電柱の位置は変えてもらったがそれでも目立つので木材で覆った

カラフルな糸が紡がれる工房

都心から電車を乗り継いで小一時間。小さな里山のふもとに、ツートーンカラーの一軒家がある。植物に囲まれた玄関のブリキのつぎはぎドアを開けると、不意に真っ黒で毛むくじゃらな生き物が飛び出してきた。

「アメリカン・コッカー・スパニエルとプードルのミックスなの！」

教えてくれたのは、犬のドードーに負けずに元気いっぱいの女の子、Mちゃんだ。

かわいいポストがお出迎え
ラフなつくりが絶妙

おとぎ話に出てくるようなこの家は、テキスタイル作家、Aさんの工房兼住居。カラフルな糸が張られた織り機がずらりと並ぶ一階では、北欧テキスタイル教室を営んでいる。四クラスあるコースには、関西など遠方から通ってくる生徒さんもいるという。

「日本の反物などを手がける教室はあるんですけど、うちみたいに柄ものを織る教室はあんまりないので……」

Aさんが専門とするスウェーデン織りには、自分で描いた絵を布に起こすフレミッシュ織りという技法がある。子どもがクレヨンで自由に描いたような絵柄のラグやスツールマットを見ると、通ってみたくなるのもうなずける。

「こういうのをつくりたい！ って理想を持っていらした方には、それに近づけるように教えて、難しかったら次回は基本に戻る。そういう指導をしています」

デザイン画も自ら描き、糸も自分で染色していく。一本ずつ結んで織るノッティングなど、織り物を中心にしてはいるが、ボンド加工を施し糸を刺していく

スツールマットもノッティングでつくった作品
9台の織り機の内5台はイギリスのアッシュフォード製

タフティングや、ニードルで繊維を絡め固形化していくフェルティングなど、テキスタイル全般を学ぶことが出来る。

しかしその本格的な内容とは裏腹に、受講風景は至って砕けたものらしい。

「すごく面白いですよ。こっちでお菓子食べながらガーッて話してる人がいれば、こっちでは集中してやってる人もいたり。みんな各々で」とAさん。

「いつも笑い声しか聞こえない。何やってんだろう？　みたいな」

そう言って笑うのは夫のTさん。教育施設で企画、運営の仕事をしている。

「目上の方が更年期の話とかでめちゃくちゃわいていて（笑）。二〇代の方や男性もいるので、大丈夫？　押されてないかな？　って心配になるんですけど、ちゃんと入って楽しそうにしています」

老若男女が織り物をきっかけに交流できているこの空間を、Aさんはとても愛おしく感じている。

階段途中の異空間　中二階は子どもの秘密基地

そんな環境で育ったせいか、長女のMちゃんは、初対面の私にもまったく人見知りをしない。彼女が先頭を切って家の中を案内してくれた。

「おう〜！　中二階に行く！　ここね、大人が入りにくいかもしれない」

「中二階？」

階段の途中にある小さなアーチ状の門をくぐると、そこにはおもちゃと楽器と絵本に囲まれた子どもの王国があった。

「なにこれ、超楽しいね！　Mちゃんのお部屋？」

Mちゃんのお気に入りの本

「ううん。違う。友だちが来たりしたときにお布団ひいたり、漫画とか絵本とか読んだりする部屋。ここでグタグタするの好き！」

「一人になりたいときにもいいね」

「うん。ケンカしたときとか」

設計士がつくったこの家の模型を見せてもらうと、ここは独立した中二階というよりも、サンドウィッチのように一階と二階に挟まれた異空間になっている。まるでスパイク・ジョーンズ監督の不条理コメディ映画『マルコヴィッチの穴』に出てくる、天井が低く立てない7½階にあるレスター社のようだ。扉さえ隠してしまえば、部屋があることに誰も気

おもちゃのピアノ、ウクレレ、タンバリン、バンジョー、マンドリン、サンポーニャ、木琴、アコーディオン、バグパイプなどの楽器が並ぶ

づかない。まさに秘密基地。

　本棚には絵本や漫画だけでなく、ご夫妻の蔵書も並ぶ。楽器もおもちゃのピアノから、Ｔさんの本格的なバグパイプまで同一に並んでいる。子どもは、遊びの中で難しい楽器や本に自然に手を伸ばすだろう。大人と子どもの境界をつくらないことで、遊びの延長に学びがある理想的な空間になっている。

ＴさんのＤＩＹの日々

　階段を登りきると、大きな窓から緑豊かな景色が眺望できる見晴らしの良いリビングがあった。

「本当は平屋の家を望んでいたんです。ヨーロッパの農家みたいに中庭があって、外と中の境界が曖昧な有機的な感じにしたいと設計士さんに伝えました」

　斜面に立体的に建つこの家に平屋のイメージはない。けれど二階部分だけを切り出せば、平屋のようでもある。その上、本来の平屋では味わえない眺望までも楽しめる。

　この家を建てたのは二〇二〇年。街で教室を開いていたＡさんは住居と工房の一体化を望んでいた。ＤＩＹでリノベーションするつもりで二世帯住宅などの中古物件を探していたところに、この斜面の土地が安い値段で売りに出された。

「実はすごく好きな景色の場所があって、最初はその近くを探していたんです。でも緑化保全地域が多くてローンを組むのも大変そうで。だけど、この斜面の上からなら街並の向こうにその場所の緑の際が見えるから良いかなって。でも地盤改良にすごくお金がかかってしまった……」とＴさん。

　集中豪雨を考えれば手は抜けないが、その工事だけで土地の値段を軽く超え、トータルでは、「こんなはずじゃなかった……」と苦笑する。

　元々ＤＩＹを目指していたこともあって、予算削減のため、工務店には最低限の工事で済ませてもらい、内装は自ら手がけることにした。

「普通、設計事務所さんは完成写真を

撮ると思いますが、ほとんどできていないから撮らなかった。そのくらい未完成でした」とAさんは笑う。

家をつくるのが夢だったTさんは、仕事の合間を縫ってDIYに励んだ。家の完成前からブリキをつぎはぎして玄関ドアをつくり、壁を塗り、中二階の棚や机、キッチンカウンターに調理台、中庭のウッドデッキ、子ども部屋のベッド、ポスト、烏骨鶏《うこっけい》小屋、低木の植え付けまで、すべて自作している。たった一年半でこの勢いだ。

「一時期はもう疲れたーって（笑）。休日にあれこれやりだすと、休みがなくなっちゃうんですよ。趣味だったはずが、仕事みたいになってきて……」と、弱音もはく。

「お父さんね、学童の先生なんだけど、家ではこっそり大工やってる」とMちゃん。大工は裏家業だったのか（笑）。

中庭を挟んでコの字型の片方にはLDK、もう片方には子ども部屋のほか、個室が並ぶ。両サイドをつなぐ廊下にあるバスルームも、Mちゃんが案内してくれた。

Tさんがつくった Mちゃんのベッド
ベッドに上がる階段は棚になっていて
ランドセルや音楽バッグが
ピッタリ収まる
「自分が子どもの頃に憧れた部屋を具現化した」とTさん

「歌うときは窓を閉めるの。ここに座って、ババンバ、バンバンバンッ♪」

いきなりドリフが出てきたことに驚いていると、「私は古いのよ～」とおどけてみせる。

取材時には、夫妻の寝室も工具や木材置き場となり手付かずだった。子ども部屋もMちゃんのベッドだけ完成し、長男のUくんのベッドは未完だったので、Mちゃん以外の三人は、子ども部屋の床に川の字になって寝ている状態だった。

「寝室はいつ頃出来ますか？」と質問すると、Aさんは遠い目をして言った。

「いつですかね。もうサグラダファミリアです。三年後五年後じゃないかって噂がある……」

その後Tさんは頑張って、寝室やUくんのベッドは翌年に完成させた。けれどさらに、駐車場の自転車小屋や、裏庭のサンルーム、白樫の木が大きくなったらツリーハウスの建設まで企んでいる。彼のDIYの日々はまだまだ終わりそうにない。

自然に寄り添う食と暮らし

工務店に頼んで、ギリギリまで大きくしてもらったリビングの窓は、中庭からの心地よい風が吹き抜ける。

「夏はしょっちゅう、皆で外でご飯を食べています」

リビングより一段低くなっているキッ

チンもAさんのお気に入りだ。

「好きな飲み屋さんで、カウンターに座ると、お店の人と目線が同じになるのが良くって参考にしたんです」

確かにこれなら調理をしていても、食事をしている人との会話に仲間入りできて楽しそうだ。低くなっている部分は中二階と噛み合う設計で、工務店にはこの段差だけをお願いした。カウンターと調理台を自作することまで見込んで注文しているのだ。

朝食はそれぞれ時間が違うので、カウンターでパッと食べ、夕食は丸テーブルや中庭のウッドデッキで皆で楽しむ。

「やっぱり住んでいると、動線が決まってくる。風の通りも、暮らしてみないとわからない」

Tさんは環境や家族の暮らしを観察し、一つ一つ丁寧につくっている。

中庭で飼っている烏骨鶏は、三羽ともメスで卵を産む。Uくんは烏骨鶏が大好きで、毎朝、「かわいい〜」と抱きしめる。一方でMちゃんは、「卵おいしいよ！」と、リアリストぶりを発揮する。

烏骨鶏小屋は、屋根がハーブ畑になっていて、大きなユーカリの木の他、ミント、レモンバーム、バジル、シソ、三つ葉、イタリアンパセリも収穫できる。

中庭の畑では、ナス、カボチャ、ズッキーニ、夏にはトマトやきゅうりが豊作になることも。まだ実はなっていないがオリーブの木もある。傍らのコンポストでは肥料もつくっていて、小さいながらも自然が循環している。

柵の向こう、公道の階段との間の段々畑には、主に果樹を植えている。ブルーベリーやいちじくがよく育ち、マルベリーやカシスも採れる。

裏庭には養蜂小屋もあり、毎年蜂が来るのを待っている。これだけ自給自足で賄えるのは貴重だ。

「でも本当はポニーが飼えるような、

広くて安い土地を探していたんです。それはちょっと難しそうだから、織物教室を中心に考え直した経緯があって」とTさん。

二人が目指していたのは、実は牧場だったのだ。

「ここに居て良い」と思える居場所

Aさんは牧場で生まれ育った。彼女の父親が任された牧場には、Tさんも若い頃、よく手伝いに行っていたそうだ。

「私は牧場スタッフのお兄さんとかに、勉強や自転車の乗り方を教えてもらったり、一緒にご飯を食べてもらったりして育ちました。そんな風にいろんな大人たちの中で、子どもが育てられる環境が良いなって思っています」

Aさんの両親の牧場は、牧畜ではなく、青少年育成のための山村留学が主目的の牧場だった。あくまで人との関わり合いが主題になっていて、それはTさんの目指すことにも重なっていた。

「僕は仕事では子どもに関わっているけれど、基本的には全世代が集える居場所づくりを考えています。どういうところで生きて死ぬのか、そういうことに関心がある」

大学時代、文化人類学を専攻していたTさんは、フィールドワークで自分の祖父のルーツである奄美大島に赴いた。

「過疎高齢化の町で、本当は家で最後を迎えたいけど施設に送られてしまったり。そういう姿を見てきて、自分が望むように生きられる場所をつくるにはどうしたら良いのか。それをずっと考えています」

この問題意識は夫妻で共有しているようだ。

「ここは織り物で皆が集まっているけど、そこからさらに、皆に居心地が良いって感じてもらえるような空間になれたらと思っています」とAさん。

手を動かしながらのお喋りは盛り上がるだけでなく仲間意識を育む。そんな経験は私にもある。

「昔の家内制手工業の時代もそんな感じだったのでしょうね」

と言うと、Aさんは、

「そうなんです！ 憧れなんです！ いつも言ってるんですけど、宮崎駿監督の映画『紅の豚』の女の人たちのシーン、大好きなんです。手は動かして、ちゃん

この緑の向こうには、夫妻の大好きな風景がある

とやってるけど砕けた話もしている、みたいな」

ジブリの子どもたち 人と自然と、つくってつながる

『紅の豚』は未見だったので、取材後に初めてDVDを観てみた。彼女が言っていたシーンは、二〇世紀初頭のミラノの小さな家内制の飛行機工場で、戦争に駆り出された男たちの代わりに、おばあちゃんから少女までが皆で飛行機をつくるシーンだった。

それは、居場所の問題というよりも、女性の強さをよく表しているシーンで、確かに印象的だった。上映当時、私はすでに大学生だったけれど、今のMちゃんくらいの年齢だったAさんがこのシーンに憧れた気持ちがとてもよく理解できた。同時に、ジブリ作品が与えた影響の大きさをまざまざと感じ入った。

実は彼らが毎日窓から眺めている景色の向こうには、ジブリ作品に出てくる風景のモデルの一つとされる、緑豊かなスポットがある。Tさんがこの斜面の土地を決めたのは、そうした背景があったのだ。実際には見えなくても、緑の向こうに好きな景色を想像して暮らすのは、とても豊かなことに思えた。

そしてこの家の裏にも里山がある。

「ピクニックをしている人もいれば、森を前にした住宅の二階のデッキで焼肉している人もいて」とTさん。

取材前に時間があったので、裏の森は私も散策した。どんぐりを拾ったり、蜘蛛の巣に引っかかったりしていると、ふと忘れていた子どもの頃を思い出して、心が満たされた。

織り物教室も、今は遠くから足を運んでくれている生徒さんばかりだが、将来的には夫妻揃って地域の交流スペースを築いていきたいと考えている。

「一階はわざとガランドウにつくっています。今は織り物を主体にしているけれど、将来は別の形になっても良い」とAさんは言う。

まずは近隣の住民の理解を得るために

縁日を開催してみたり、地域の盆踊りをつくったりしてみたい。などなど、二人の夢は広がる。

　ジブリ作品に影響を受けた人たちが、そこから得たものを目に見える形で確実に具現化している。半ばファンタジーとして観ていた私とは違い、自分たちなりの未来を見据えていて心強い。

　ところで、中二階の本棚に井上岳一の『日本列島回復論』（新潮選書）があった。今後の日本での暮らしや生き方について示唆的な論が展開される名著だが、その中に、「近年のＤＩＹブームは、消費社会の中でバラバラになってしまった個人が、つくることを通じて再びつながり直そうとしていることの現れに思えます」という一節がある。Ａさんにとっての織り物がまさにそれだ。

　同時に、「つくる」ことの意義は人によってさまざまだ。この家の中でも、Ｕくんは一人でつくることに熱中するタイプのようで、彼の机には、今夢中になっているＬＥＧＯブロックが並んでいた。そこには他の誰にも譲れない、彼の中にしかない風景が広がっていた。一人の世界を大切にし、それを具現化するためにコツコツと築き上げるタイプの人にも、私はとても共感する。

Uくんの机にあったLEGOブロック
湾岸の風景？

　いずれにしても、ここは子どもにとって楽園のような家であることには間違いない。二人とも、とても喜んでいるのではと、Ａさんに尋ねると、

「うん、すごく気に入ってるみたい。娘は遅刻するようになっちゃったけど……（汗）。息子も家に居たがって、私がちょっと疲れたときに外食にしちゃうと、家のご飯が良かったって怒って食べないんです」

　なるほど。居心地が良すぎるのも考えものなのだろうか……。

　ジブリで育った人たちが大人になり、ジブリの世界を具現化したような家で子どもを育てている。取材の翌年には新たな命も生まれ、五人家族になった。

　さらに賑やかになったこの一家が、今後この家を拠点にどんなかたちで地域に根ざしていくのか、子どもたちがどんな未来を紡いでいくのか、楽しみに見届けたいと思う。

米軍ハウスのバナナの葉蔭 文化の渦から生まれるグルーヴ

KTさん[ミュージシャン・デザイナー]
NOさん[写真家]

賃貸 ― 3LDKS
建物面積79・33㎡ ― 東京都

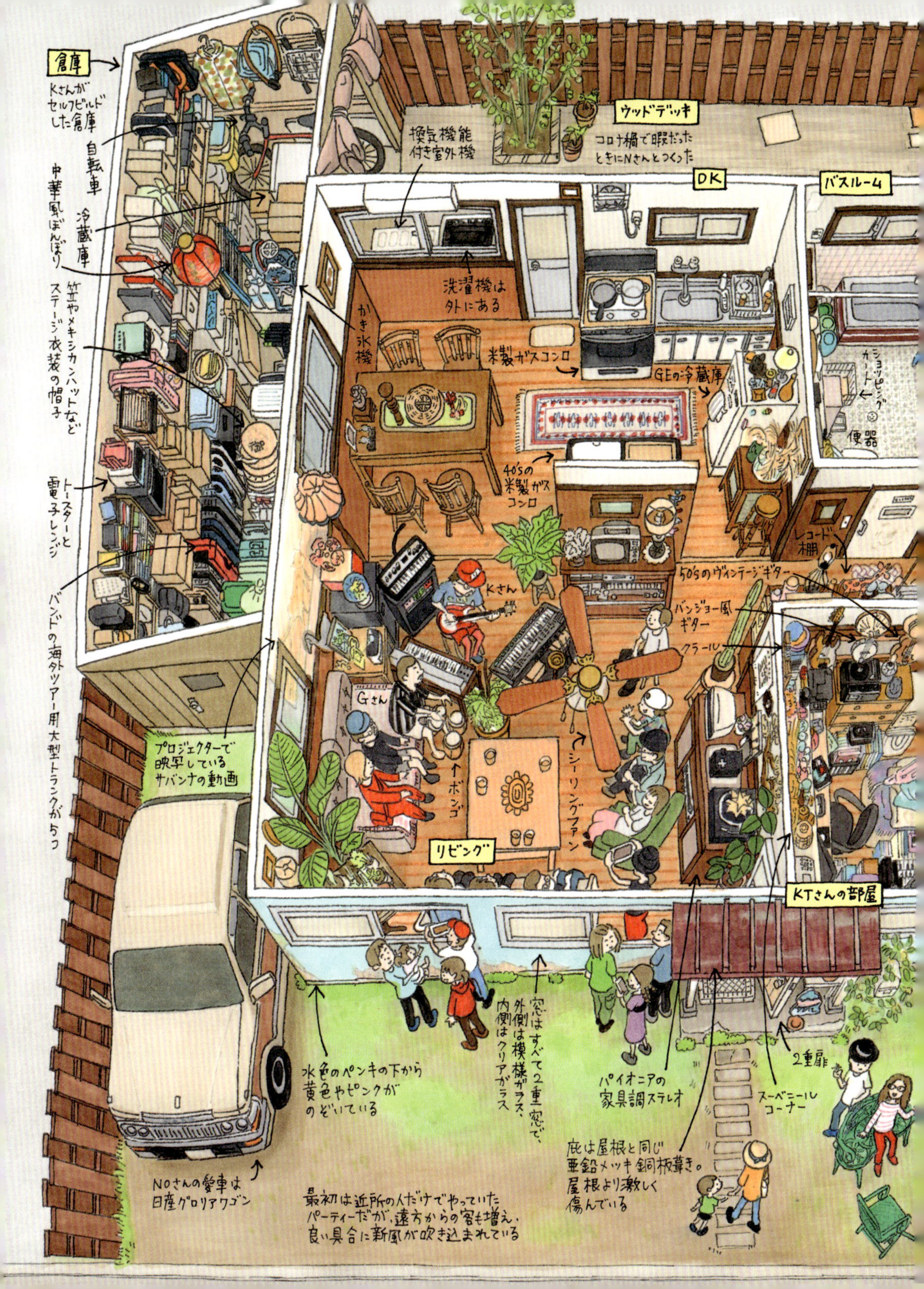
倉庫
Kさんがセルフビルドした倉庫
自転車
中華風ぼんぼり
冷蔵庫
笠やメキシカンハットなどステージ衣装の帽子
トースターと電子レンジ
バンドの海外ツアー用大型トランクが5つ
プロジェクターで映写しているサバンナの動画
NOさんの愛車は日産グロリアワゴン
ウッドデッキ
コロナ禍で暇だったときにNさんとつくった
換気機能付き室外機
DK
バスルーム
洗濯機は外にある
かき氷機
米製ガスコンロ
GEの冷蔵庫
ショッピングカート
便器
40'sの米製ガスコンロ
レコード棚
50'sのヴィンテージギター
バンジョー風ギター
クーラー
Kさん
Gさん
ボンゴ
シーリングファン
リビング
KTさんの部屋
水色のペンキの下から黄色やピンクがのぞいている
窓はすべて2重窓で、外側は模様ガラス、内側はクリアガラス
パイオニアの家具調ステレオ
スーベニールコーナー
2重扉
庇は屋根と同じ亜鉛メッキ銅板葺き。屋根より激しく傷んでいる
最初は近所の人だけでやっていたパーティーだが、遠方からの客も増え、良い具合に新風が吹き込まれている

夕暮れどき、窓から優しい灯りが滲む

踊ろう、バナナの葉の下で

どこにでもある郊外の一風景へと変化しつつあるこの街で、その一角だけはエアポケットのように何棟かの米軍ハウスが立ち並び、往事の面影を残していた。

バナナの葉っぱが生い茂り、ひときわ目立つ水色の米軍ハウスの庭には多くの人が集まり、ＤＪがかける音楽を楽しみながらビールを片手に談笑している。

この家の主、ＫＴさんはミュージシャンでデザイナーだ。ラテン音楽のリズムにのせて日本の民謡を歌うバンドを率いている。ハウスでの居住歴は二十数年に及び、一緒にシェアして住むＮＯさんや、近所のハウスに住むミュージシャンのＧＭさんとともに、ときどきこうしたパーティーを開催している。

リビングでミニライヴが始まると、入りきれない人が窓の外にもわらわらと集まった。Ｋさんが奏でるのは古い電子キーボードやバンジョー風ギター。パーカッショニストのＧさんが叩くボンゴのリズムにのせてエキゾチックにアレンジされた「黒田節」が奏でられると、客たちはみな温泉にでもつかったかのように表情を緩めて身を揺らめかせていた。

日が暮れると、窓から橙色の灯りが滲み、庭に渡された電飾に夜露がきらめいた。薄曇りの空に人々の歓談が吸い込まれていく。どこか行ったこともない東南アジアの村の夜祭りみたいな光景が胸にせまり、この小さな宴に終わりがこぬよう、ささやかに祈った。

ヒッピーから受け継いだＤＩＹスピリット

小春日和の日に再訪すると、パーティーのときには高く生い茂っていたバナナの木が、腰下くらいにこじんまりとカットされていた。

「最近、切ったばかりなんだけど、あっという間に大きくなりますよ。六月ぐらいに伸び始めて、八月にはもう屋根に届くまで高くなる」とＫさん。

このハウスのシンボルツリーとなって

いるバナナだが、引っ越してきた当初は庭の正面に五本、控えめに生えているだけだったそうだ。

「ちょこんちょこんと。かわいいねって言ってたら、雑草的に増えてきちゃった。地面の下で根っこを伸ばして、隙あればニョキニョキと。側庭にも一本あると良いなと思ってみんなで植えたんだけど、これもどんどん増殖しちゃって」

パワフルなヴィジュアルに相応しく、生命力のある植物だ。インターネットで検索すると、繁殖力が強いため、「庭に植えてはいけない木」の堂々ナンバーワンに選ばれていた。庭を共有している隣家はパーティーのときも開放されていたが、友だちが住んでいるのだろうか。

小さくカットされ、新芽を出していた バナナの木。
雨後のタケノコみたいに ニョキニョキ生える

「隣は僕も参加してるNPOの事務所なんです。以前は真ん中に柵があったんだけど取っ払いました」

パーティーではDJのテントに隠れて見えなかったが、裏側には紫陽花《あじさい》や、コロナ禍中に植樹した島南洋杉《しまなんようすぎ》も生えていた。その手前に敷かれた褐色のタイルやバックヤードのウッドデッキは、同居人のNさんと一緒につくったという。

「コロナのとき、やることなくてね」

ミュージシャンにとって、あらゆるライヴが中止になったコロナ禍の影響はやはり大きかったようで、時間があまってDIYばかりしていたそうだ。

ウッドデッキの先に見える大きな倉庫は、もっと以前にセルフビルドしたという。かなり器用になんでもつくれる腕前を持っている。

「こういうハウスって昔ながらのヒッピーの人たちが自分でDIYして修繕してきた伝統がある。給湯器が壊れたりしたら大家さん持ちだけど、雨漏りとか、柵が壊れたりとか、木工で直せる範囲ならだいたい自分で直しますね。あんまり大家に相談すると〝あんなボロい家にお金かけて意味あんのか？　だったら潰しちゃうか〟ってなりかねないから」

外壁は水色のペンキがところどころ剥げ、何層もの下地が現れ古代地図のようになっていた。黄色、ピンク、水色に変化してきた歴史が見てとれる。これも歴代の住民たちが塗ったのだろうか。

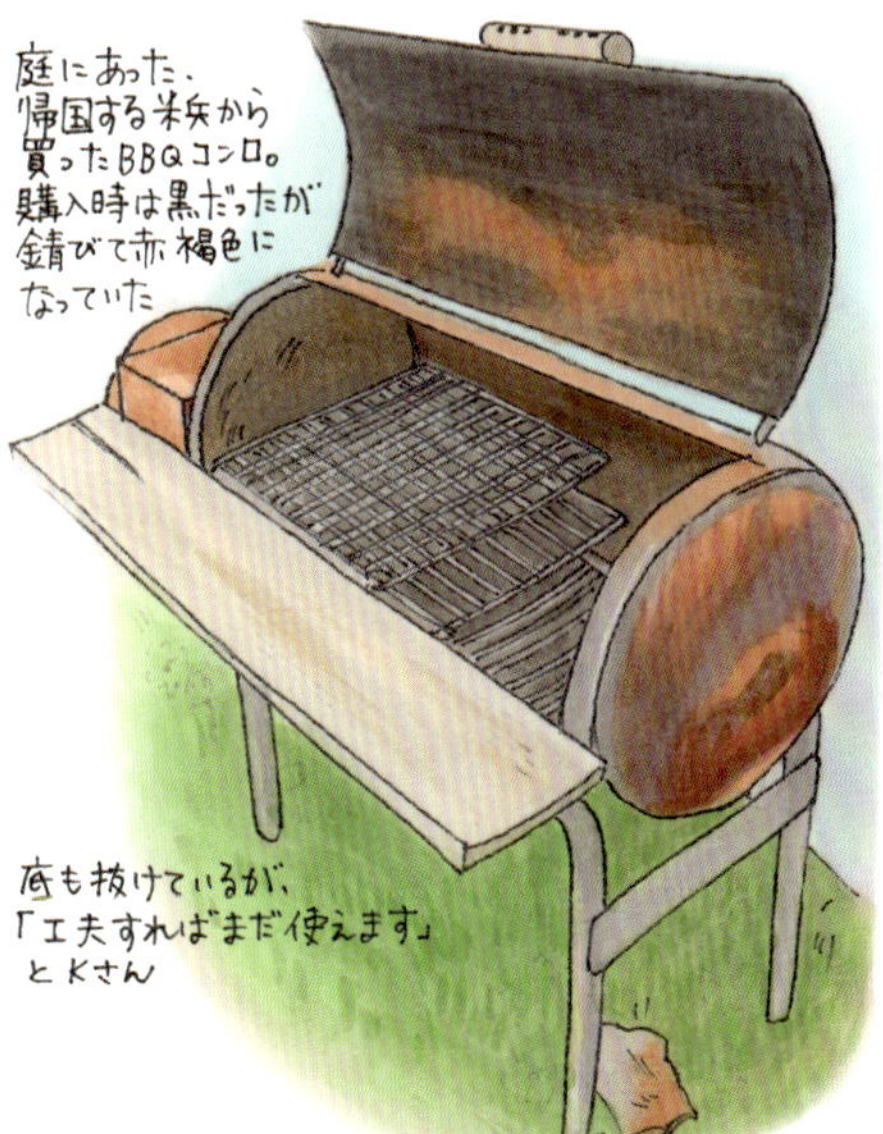
庭にあった、帰国する米兵から買ったBBQコンロ。購入時は黒だったが錆びて赤褐色になっていた
底も抜けているが、「工夫すればまだ使えます」とKさん

庭にあった
リリー・フランキー作の
壁画の瓦礫
近隣の元赤線街の建物
に描かれていた壁画。
道路の拡張によって
取り壊されたが、
同居人のNさんが
解体現場で拾ってきた。
パズルを組むと
絵のごく一部が
完成するという

ハウスの外壁。塗り直された歴史が見てとれる

「昔のヒッピーの人たちが、〝俺らんとこ青にしようぜ！〟とか言ってた可能性もありますよね。この辺のハウスは水色かピンクが多いです。塗り直しても良いんだけど、ツルッとしちゃうからな〜」

駅からの道すがら、少し遠回りして他のハウスも観察しながら歩いてきたが、私が見つけられたのは、白、水色、黄色のハウスだけだった。どこもカラフルで見ているだけで楽しくなるが、やはり歯抜け状態で、Kさん宅周辺ほどまとまって残っている場所は珍しい。

DEPENDENTS HOUSING

この一角には、隣家と斜向かいの二軒、合計四軒のハウスが建っている。それぞれ少しずつ仕様が違い、Kさんの家の屋根は亜鉛メッキ銅板葺きだが、隣家は竣工当初のセメント瓦だ。斜向かいの家の窓は木枠のままだった。

「斜向かいの屋根も以前はセメント瓦だったけど銅板に葺き替えられました。その隣は美大出身の三人組が住んでいたけど引っ越して、今はミュージシャンのGちゃん一家が住んでいます。入居者がこまめに変わると、都度大家さんが直すのでちょっとずつ変化してますね」

一緒にパーティーを開催しているGさんとは仲が良くて、他にも近隣のハウス愛好家たちと盛んに交流しているようだ。一棟だけだと難しいが何棟かあり、NPOには人の出入りもあるので、ちょっとしたコミュニティの場になっている。「いろんな人に出会えて楽しいですよ」とKさんは言う。それぞれ庭も広いので開放感があり、長閑な雰囲気が漂っている。

「GHQが日本や韓国に基地を建設する際、米軍住宅の設計から家具の仕様までを詳細にまとめた『DEPENDENTS HOUSING』っていう本がつくられたんです。全国の米軍ハウスってそれを元に建てられたらしいです」

取材後に国会図書館でその本を読んでみた。終戦直後の一九四五年一二月、日本政府はGHQの命を受け、GHQ技術部デザインブランチの責任者、ヒーレン・S・クルーゼ少佐の指導のもと、日本の建築技術者たちに、〝扶養家族用住宅（Dependent House）〟の設計を要請した。この本は、代々木の米軍住宅施設ワシントンハイツ関連の設計記録をまとめたもので、一九四八年に刊行され、日本語と英語の二ヵ国語で書かれている。

「クルーゼさんは、アメリカの有名な通販会社シアーズに勤めていた人だから、インテリアや設計にも詳しかったみたい。家と家の間は何メートル空けるとか、入口の向きも変えてプライバシーを守るとか、二棟ずつ建てて交流を育むとか、人が暮らしやすい知恵が活かされているんです。そういうことを後から知って、ここもざっくり建てられているようでいて、実はそういう配慮がされているから居心地良くって住みやすいのか〜って思ったら、もっと好きになりました」

Kさん宅以外のハウスは入口が側面にあり、切り妻屋根の向きもチグハグしている。確かにそれだけでも視覚的に楽しく、日本の住宅街にありがちな同じデザインの建売り住宅がズラッと並ぶ、あの息苦しさを感じさせない。

それにしてもこの本、つぶさに眺めていくととても面白い。エントランスポーチの庇にしても、「GABLE（切妻）」「HIP（寄棟）」「SHED（差し掛け）」と、異なるかたちがそれぞれ四種類ずつ考案されていたり、色彩計画も六〇色の色見本が前提とされていたり、至れり尽くせりだ。

建築のみならず、アイロン台やベビーサークル、ワッフル焼き器やチーズおろしなど、当時の日本人がほとんど見たことのないはずの家具や什器まで詳細な設計図面が掲載されている。まだ焼け野原の東京に、多くの人がバラックを建てて雨露を凌いでいた当時の状況を鑑みると、そのコントラストに泣けてもくる。

ただ、「平家正面と正面の間隔は四〇尺以上（約十二メートル）とする」とされているのに、Kさん宅の斜向かいの二棟の正面同士は見たところ三〜四メートルくらいしか空いていないなど、セオリー通りになってはいない部分も見受けられた。本に載っているのは、あくまでワシントンハイツを中心とした設計計画なので、朝鮮戦争終盤の増兵のため、急遽増築されたこの辺りのハウスで応用するには原則通りにいかなかった部分もあるのかもしれない。

「当時の大工さんも、あの本さえ持っていれば、ある程度食いっぱぐれなかったようで、お金をはたいてでも手に入れていたみたいです」とKさん。

米側の要望に応えつつ、日本でも建設

『DEPENDENTS HOUSING』
『デペンデントハウス：連合軍家族用住宅集区建築篇・家具篇・什器篇』（1948）米太平洋総司令部技術本部設計課設計 DESIGN BRANCH JAPANESE STAFF・商工省工芸指導所編 技術資料刊行会

可能な工法で短期間に建てなければならなかった日本の建設業者たちの労苦が偲ばれる。この本は、米軍ハウスのみならず、戦後の日本の住宅設計や生活様式にまで大きな影響を与えたという。

ディストピアのお土産

この日はシェアメイトのNさんも在宅しており、彼の部屋も含め、まずは個室から拝見させてもらうことにした。

手始めにリビングに一番近い小さな部屋のドアを押すと三〇センチくらいしか開かない。内部の衣類がドアの向こうに押し寄せていた。ここはKさんの部屋なのだが、四・八畳のその空間には、これでもかというほど物が詰まっていた。

個室の照明は
どの部屋も同じ
タイプのラウンジ感
あふれるゴージャスな
シーリングライトが
設置されていた

「レコードがね、あふれちゃって」

衣類の下に潜り込むように一人用の簡易ソファがあり、その周囲に収まりきらないレコードの箱が所狭しと並ぶ。床の隙間は大人一人で精一杯くらいだ。大きなデスクにはパソコン二台とA3複合機があり、他に小さな箪笥や棚、さまざまな種類の楽器やオーディオなどと、どう見ても部屋の収納量を超えている。

デスク上部の棚には『三重民謡の旅』など、全国の地名を銘打った民謡に関する大判の本が数冊並んでいた。

「その本、EPレコードが一〇枚くらいセットになって入ってるんです。今で言う〝デアゴスティーニ〟みたいな」

ジャパンアート社発行で、一九七〇年代前半にシリーズで刊行されていたようだ。大阪万博以降のディスカバー・ジャパン・ブームの一環だろうか。

「けっこう良い音源が入ってるんですよ。その土地の郷土文化の話とかも詳しく書かれていて」

その隣には、不思議なかたちの民族楽器があった。

「それはこの間、エチオピアで買ってきたクラールっていう楽器です。現地の民族音楽バンドと、うちのボーカルが率いる民謡ユニットがコラボするのでエチオピアに行ったんですけど、この楽器の音色があまりに綺麗だったから買ってきました。まだ全然弾きこなせていなくて、今んとこインテリアですね」

床のレコード。
民謡系のレコードは
もっぱら「ハードオフ」で
買っている

古着屋さんで見つけて、ステージ衣装用に購入。欧州ツアーに持参したが、被るとジャラジャラして重いのでメンバーには不評だった
エチオピアの民族楽器、クラール「琴やハープみたいに1曲ごとにコードのチューニングを変えて弾く、なかなか独特な楽器です」
民謡の旅シリーズが6冊

ディストピアのお土産シリーズ
水が抜けてエンパイアステイトビルも傾いているディストピア・スノードーム。『猿の惑星』を思い出した
EMPIRE STATE
海岸沿い避暑地のお土産シリーズ
ヨーロッパなのに昭和感満載のビキニのお姉さん
ホタテ貝とイルカのスノードーム。オランダの骨董屋で購入
月面着陸やホタテマリアもそこはかとない常世感
中国の開運グッズ。「宝石盆栽」というらしい
よそのハウスでもらってきたたぶん何かの酒瓶だったライオン型のボトル

その傍らにずらっとディスプレイされた世界各国のスーベニールも気になる。

「好きなんですよ。こういうの。ヨーロッパツアーのときとか、ちょっと時間があれば蚤の市や古道具屋に寄って買っています。〝海岸沿い避暑地のお土産シリーズ〟とか、スノードームもちょっとヨレて壊れちゃってるやつを探して、〝ディストピアのお土産〟っていうコンセプトで集めています」

その土地の一番大事なものを恒久的に閉じ込めてしまうスノードームというもの自体、その大事なものが〝いつかは失われてしまう〟儚さを暗示しているわけで、それが壊れているとさらに、涅槃の彼方に吸い込まれてしまいそうになる。

　窓際の電子キーボードコレクションは、どれも一九八〇年前後の機種で、これにもまた興味をそそられた。

「リズムやドラムパターンにワールド系の音も入っていて、年代を追うごとにバリエーションが増えたり、ドラムパターンにフィルが入ったり、キーボードの音色も違ったりして、なかなかイナたいんです。機能もちょっとずつ違うから全部欲しくなっちゃうんですよね」

　パーティーのミニライヴで「黒田節」を演奏していたのもこのキーボードだ。あの音色もどこか彼岸を感じさせるメロディだったなと思いながら部屋を見回し、ふと根本的なことに気がついた。

　……どこで寝てるの？

　他の部屋はすべて使われている。まさかと思って足元の簡易ソファを見た。

「これ、ベッドですか？」

「ベッドです。ここで寝ています」

　もしこれがソファベッドだとしても、椅子が邪魔で広げるスペースもない。

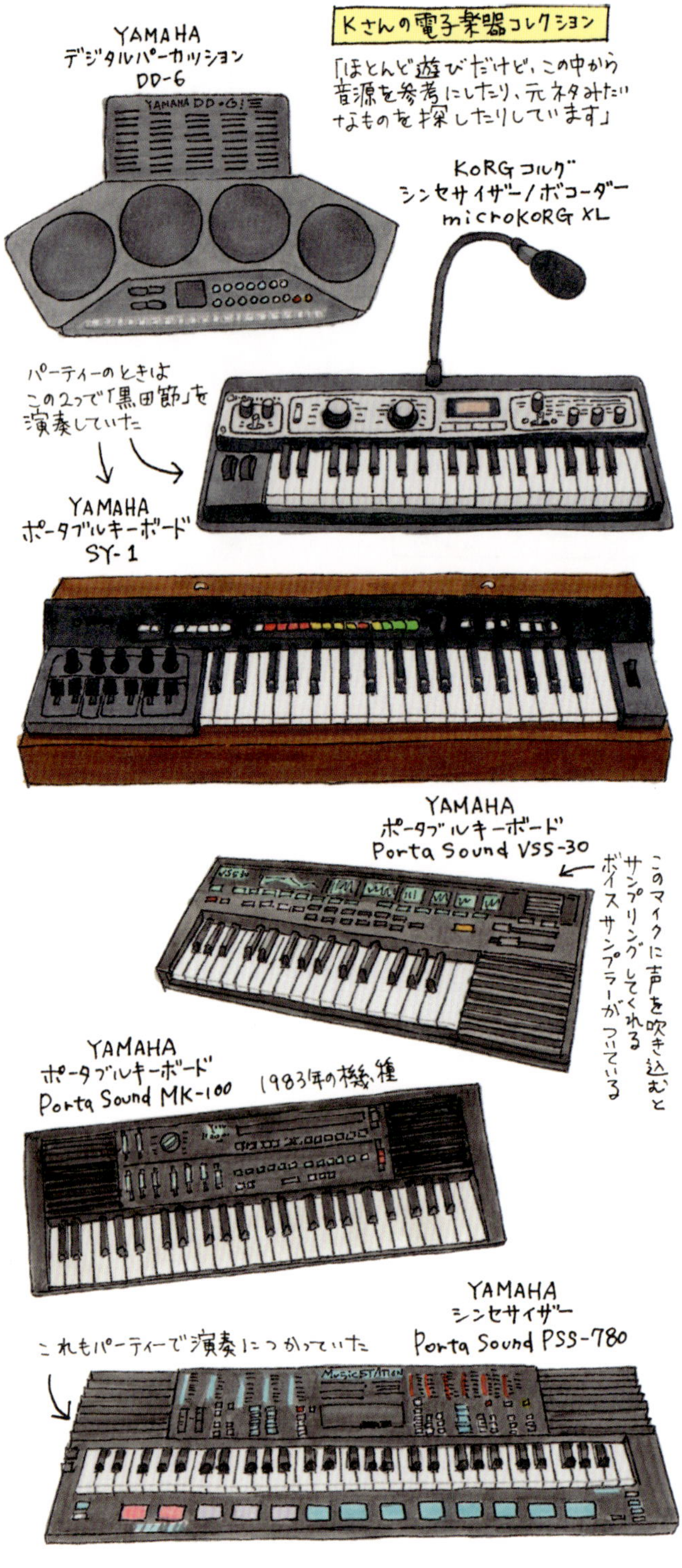
Kさんの電子楽器コレクション
「ほとんど遊びだけど、この中から音源を参考にしたり、元ネタみたいなものを探したりしています」
YAMAHA
デジタルパーカッション
DD-6
KORG コルグ
シンセサイザー／ボコーダー
microKORG XL
パーティーのときはこの2つで「黒田節」を演奏していた
YAMAHA
ポータブルキーボード
SY-1
YAMAHA
ポータブルキーボード
Porta Sound VSS-30
このマイクに声を吹き込むとサンプリングしてくれるボイスサンプラーがついている
YAMAHA
ポータブルキーボード
Porta Sound MK-100
1983年の機種
YAMAHA
シンセサイザー
Porta Sound PSS-780
これもパーティーで演奏につかっていた

「この椅子はどこへ？」

「椅子はこっちに向けて、足を椅子にのっけて伸ばす」

ソファには腰までしか乗らず、腿は宙に浮いた状態だ。ボックス席の列車で向かいの椅子に足をかけて寝るような感じかなと思い、自宅で似た姿勢を試してみたら、腰が沈む分もっと辛かった。ちなみにこの家はアメリカ式に土足なので、列車感はさらに増す。とてもじゃないけど安眠出来なそうだが、Kさんが気に留めている様子はまったくなかった。

家に選ばれた住民

細かいことを気にしないそのスタンスは一貫していて、この家に入居したエピソードも度肝を抜かれるものだった。

「音楽はずっと好きで、〝はっぴいえんど〟も聴いていたけど、土地勘がないから大瀧詠一がハウスに住んでたとか、それがどこだったとか、あまりわかっていなかったんです」

ハウスに住むミュージシャンなら、てっきりレジェンドたちが若かりし頃に拠点としていたこの街への憧れからかと思いきや、そんな事情でもないらしい。

「二〇〇〇年前後、ミッドセンチュリーの家具とか流行ってたじゃないですか。その頃、国分寺のヴィンテージ家具のお店に入り浸っていて、そこのオーナーが米軍ハウスに住んでいたんです」

ある日、お店に立ち寄ると、「今日、自宅で餃子パーティーやるから来る？」と招かれ、閉店後にその足で連れて行ってもらったという。

「そのとき、車で基地前の国道を通ったんです。いきなり視界がバーンと開けて、夜の雰囲気にも異国情緒が感じられて。昔、通った記憶もあったから、ここだったのか〜！　良いな〜！　って」

確かに広い国道だが、他の道との違いを明言するのは難しい。しいて言えば、片側に広大な基地が広がっているため、大型チェーン店の看板が建ち並ぶこともなく、暗がりが深い感じだ。

橙色の灯火が流れる車窓からの風景は開放的で、どことは言えないが確かに、海外の空港から街へと運んでくれるシャトルバスから眺める風景に近い感じ。これから未知の街へと繰り出すんだ！　というあの高揚感を想起させる。

「オーナーのハウスはここととは別の場所でした。ドアを開けたら気持ち良い白い壁が広がっていて、アメリカンな雰囲気で、古いもん大好きだから、最高ですね！　なんて言ってたら、お客さんの一人が、〝あたしんちの斜向かい、明日の朝、大家さんに鍵を渡すみたいだよ〟って教えてくれたんです」

彼女が住んでいたのは現在Kさんが住むこの家の斜向かいのハウスだった。その三ヵ月前に国分寺に越してきたばかりのKさんに引っ越す予定はなかったものの、せっかくだから「見るだけ見てみよう」という展開になったという。

「それで一泊して朝一にここまで送ってもらったんですよ。そうしたらちょうど、この家を借りていたお兄さんが不動産屋さんに鍵を返すところが見えたもんだから、そのまま何も考えずにダッシュして〝僕、ここ借りたいんです！〟って、鍵を仮押さええました」

　なんという怒涛の展開。しかも家賃は当時のＫさんが支払える額を軽く超えていたという。

「後のことは後で考える。まずは仮押さえして、その日のうちに家具屋の友だちに電話しました。〝米軍ハウスって知ってる？　今、借りたんだけど一人じゃ家賃高いから一緒に住まない？〟って」

　ほどなくシェアしてくれる家具屋と古着好きの友人を確保。すべてが直感と成り行きまかせでしかないが、そんな調子で入居して四半世紀も住んでいるのだから敵わない。〝彼がこの家を見つけた〟というよりも、〝この家が彼を呼び寄せた〟という方が妥当な気がしてくる。

シェアハウスの住民たち

　その後、シェアハウスの住民は入れ替わり立ち替わりしてきたが、結婚して家族だけで住んでいた時期もあったという。家族は子どもの進学にあわせて学校近辺に引っ越したそうだが関係は良好で、パーティーにもライヴにも来てくれているそうだ。今はいろんな家族のかたちがある。

　再びシェアハウスに戻って以降、Ｋさんの隣の部屋は造形教室として使われている。クラスがある日は荷物をリビングに運び出し、個室を広く使えるようにして、子どもたちが自由にものをつくっている。

「平日は保育士さんをやっていて、隔週末にここで教室をしている、もう根っから子ども好きの人ですよ」

　その日は賑やかだそうだ。子どもたちが木工でトンカンしたり、サンダーをかけたりしている隣室で、Ｋさんも負けじとギターをジャンジャン掻き鳴らす。

「パーティーにも子連れの方がけっこういらしてましたね」

「同世代のミュージシャンには子連れも多くて、この辺にもいるから一緒に遊んだりはします。日中、仕事をしてると

生徒さんの作品
この造形教室はテーマを決めず、毎回、子どもたちにつくりたいものを尋ねるところから始めている

〝Ｔ（Ｋさんの苗字）～！〟って叫びながらローラースケートでゴロゴロ～ッて入ってきて。なんでもアリか～って（笑）」

　奥の裏側、一番広い部屋には、写真家のＮさんが住んでいる。彼はどんな経緯で入居したのだろうか。

「ベタなんですけど、『限りなく透明に近いブルー』（村上龍）という小説を読んでずっと憧れてはいたんです」

　この街の代名詞のように言われる小説だが、一九七八年刊行の本が未だに強い

影響力を及ぼしていることに驚いた。

「こんなところがあるんだ！って。僕は立川出身で近いのだけど、ここに来たことはなかったんです。写真の作品撮りをするにあたり、この街をテーマにしたいと思って、ふらっとこの子（リンホフテヒニカ）を担いで来たときに、当時この家でKさんと暮らしていた人にお声がけさせてもらいました」


その頃、この家にシェアして住んでいたのはシルクスクリーンを手がけるアーティストの男性だった。通って彼と交流しているうちにKさんとも仲良くなった。この街に住みたいと思い始めて相談してみたところ、ちょうどその男性が出ていくタイミングだったため、交代するかたちで入居したのだそうだ。

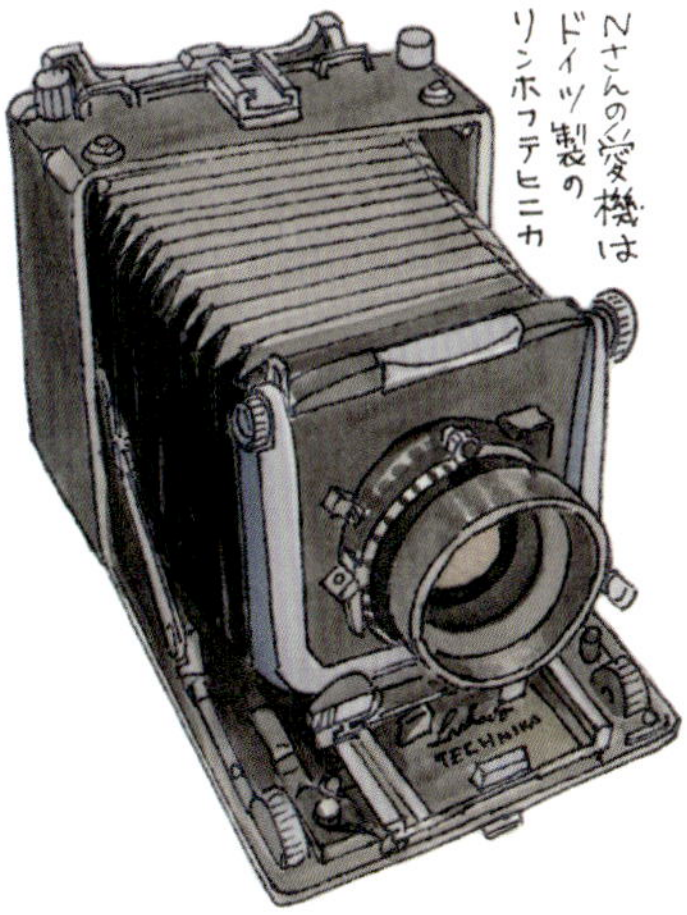

シェア生活について尋ねると、
「Kさんも僕も部屋に籠もるタイプだから、会ったら喋るくらいの感じがちょうどよくて、気を使わなくてとても楽です」と嬉しそうに語っていた。

アメリカへの憧憬

Nさんの部屋は整然としている。

「本当はKさんぐらい趣味部屋にしたいんですけど、あまり物を置くと埃が溜まって写真の作業によくないから、なるべく掃除しやすいようにしています」


日本ではあまり見かけない大型サイズの棚には、写真集や額縁、カメラバックやA3プリンターまでゆったり収まっていた。

「米軍の方が帰国するときに家具を引き払っていくので、この棚も無料で譲り受けたんです。手づくりらしいんですけど丁寧につくりこまれていますよね」


ウォールナットのデスクもかっこいいが、やはり外国製なのだろうか。

「これはDREXEL HERITAGEっていうアメリカの老舗家具メーカーのものです。米軍ハウスなので家具もアメリカのもので揃えようと思って、このメーカーの家具で揃えています」


仕事では広告やファッションなどを手がけているが、自分の作品はアメリカを題材にしているものが多いそうだ。

「やっぱアメリカが好きなんです。ただ米軍ハウスは、日本人が憧れたアメリ

Nさん自作の箱本写真集の1頁

ニルヴァーナのカート・コバーンの故郷、アメリカのワシントン州、アバディーンの河原で撮影した写真

カを再構築したものなので本物ではない。つくりも中途半端だし。でもそれが面白いなと思って。もしかしたらアメリカそのものよりも、〝憧れ〟っていうものが好きなのかもしれない」

米軍ハウスは、迅速な建設を進めるために、当時のアメリカですでに主流だったツーバイフォー工法ではなく、日本の従来の木造軸組工法が採用された。そういう意味でも〝本物のアメリカ〟ではなく日米融合住宅なのだ。戦後間もない日本では資材の調達も難しく安普請にならざるを得なかった事情もある。

出来上がったものはどっちつかずで、遠くから羨望の目で眺めていた一般人はさておき、建築に造詣の深い人の目には、日米どちらにおいても〝チープで中途半端な仮設住宅〟という印象を抱いた人も少なくなかったようだ。

特にKさん宅周辺は一般の兵隊用住宅だからか、よく見ると確かにつくりは簡素なものだ。土足仕様の低床は地面が近いので湿度も高い。隣がバスルームのNさんの部屋はさらに高湿度なので、カメラは防湿庫に入れ、防腐剤でレンズをカビから守っている。Kさん曰く、

「他のハウスを見ていると、やっぱりお風呂場回りから基礎が痛んでくるみたい。湿気の多いハウスはお風呂に向かって床が傾斜していってますね」

風通しが悪い箇所はオールシーズン湿気が籠もりがちなので、Nさんは冬場も寒さに耐えながら、なるべく窓を開けているという。デスクの足元には防寒対策用の毛布が仕込まれていた。

剥げたペンキが味わい深い羽目板仕上げのドア

憧れのジャングル風呂

スモーキーカラーでまとめられたバスルームもレトロで落ち着く雰囲気だ。浴室側のドアは羽目板仕上げ、塗り重ねられたペンキが剥げ、アイボリーの下からレンガ色がのぞいているのが味わい深い。シャワーブースになっている浴槽部分の壁はピンク色のタイルが高く張られ、床には幾何学模様のタイルが並ぶ。ステンレス製の浴槽も、洗面台や便座も竣工時のものではないが、ほどほどに古

いタイプで、特に白と水色のツートーンカラーの便座がかわいらしい。

着替え入れのショッピングカートも気が利いている。トイレットペーパーやタオルが収まる棚はレコード棚に脚を付けて使いまわしているそうで、随所にセンスの良さが光る。

窓に近い壁の上部にはトマソン（無用の長物）化した古い水道管があり、その下にガラス製の浮き玉みたいな大きな花瓶がいくつも置かれていた。そういえば、YouTubeでジャングル風呂状態になっているこの浴室でキーボードを演奏するKさんを見たことがある。

「そうそう。一時期ね、頑張ってジャングル化させたんですけど。このハウス、

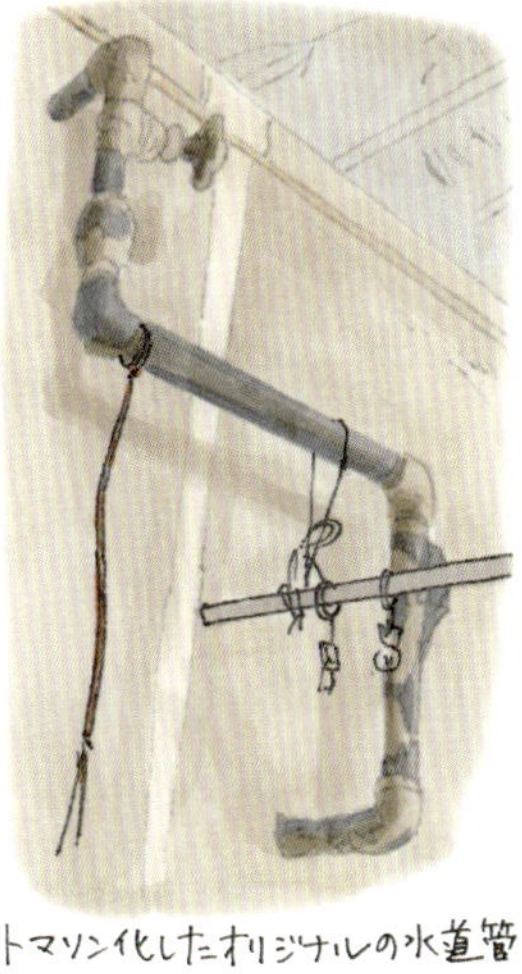

トマソン化したオリジナルの水道管

煙突っぽいものが
あったなごり？
YouTubeで演奏するKさん

意外と陽が入らないんで……。小まめな手入れとかも、しなかったりするんで、枯れました。はい」

観光ホテルのような大規模なジャングル風呂の維持は難しくとも、個人レベルならなんとかなるのでは？ という甘い期待はあえなくかき消されたのだった。

ハリボテのアメリカーナ

リビングとダイニングキッチンのインテリアは素晴らしく、どのアングルから撮っても絵になるほどの完成度だ。

前述の『DEPENDENTS HOUSING』によれば、Kさんのハウスはおそらく A-2タイプで、中尉以下用の小さめのハウスだが、日本の感覚だとじゅうぶん広い。窓は現在全部屋二重窓で、外側に模様ガラス、内側にクリアガラスが張られていて、気分によって変更できる。

「コロナ禍のとき、事務所の換気対策の補助金があって、うちも撮影やレコーディングのスタジオとして使っているから申請したんです。窓のたて付けが悪くて開閉が難しかったので、内側にもう一枚付けて換気をスムーズにできるようリフォームしました。防音にもなるしね」

その際、壁の方にも防音を兼ねた断熱材を入れる改築もした。塗装はNさんと二人で手がけ、扉の上の高さまであった茶色い腰壁を腰下まで下げるなど、デザインも少し変更したそうだ。もとの壁は廊下などに残っているが、全面これならかなり茶色っぽい印象の室内だったのだろう。

土足なので玄関がないのもハウスの特徴の一つだ。通常は〝ウェルカムドア〟と呼ばれる内開きのドアが付いているそうだが、ここも改築したのか、外開きと内開きの二枚のドアが付いていた。

ドアを開けるとすぐ目の前に、パイオニアの家具調ステレオが鎮座している。改築で新たに生まれた白い壁を活かしてディスプレイされたプラスチック製の松のウォールデコや時計、イーグルスの『ホテル・カリフォルニア』のジャケットという絶妙な組み合わせがオリエンタルな雰囲気を醸し出している。

「そのステレオはスピーカーだけイキてるんで使ってます。かけましょうか」

Kさんがスマホを操作すると、オービティング・ヒューマン・サーカスの「Maria」が流れた。重厚な音が部屋の雰囲気にしっとり溶け込み気分を盛り上げる。Bluetoothレシーバーは Nさんが仕込んでくれたそうで、こうしたデジタルとアナログの融合は嬉しいかぎりだ。

リビング、ダイニング間の小さな間仕切りも気が利いている。これ一枚あるだけでキッチンが程よく目隠しされるので、ゆったりくつろげそうだ。ブラウン管テレビがあるが、これはさすがに映らないですよね？

「映らないですね〜」

天井に取り付けられた木製のシーリングファンも照明と一体型タイプのコロニアル洋式風で、部屋の雰囲気に見事にハマっている。

パイオニアの家具調ステレオ。インテリアはオリエンタルな雰囲気

間仕切り壁のリビング側。ブラウン管テレビに取手が付いていたので、ポータブルかと思いきや。重くて持ち上げられない。下の段にはYAMAHAのキーボードも

照明一体型の木製シーリングファン。
ウォン・カーウァイの映画に出てきそう

板の下にコンロがある
燻製がつくれるひきだし
オーブン
50'sな雰囲気満載のガスコンロ！と思ったらもっと古くて40'sだった
オーブンの上は余熱で温めるスペース

「これも回らないんですよ。別のハウスから持ってきて付けたんだけど、配線が悪いのかな？　元のハウスでは回ってたはずなのに……。こんなのばっかりです。ろくに機能するものがないという」

　間仕切り壁の裏、キッチン側には、やたらとクラシカルなデザインのガスコンロが鎮座していた。

「これ、めっちゃかわいいですね！」

「これも貰いもので、一九四〇年代のものなんです」

　ハウス竣工時のちょっと前だ。当時もこんなコンロを使っていたのだろうか。

「つくった料理を右側のオーブンの上へ移動すると余熱で温まって料理が冷めないようになっていたり、なかなか良くできているんですよ」

　Kさんが説明すると、Nさんも、

「コンロの下の引き出しでは燻製もつくれるんですよ！」

　二人がかりで誇らしげに機能を披露してくれたあとに、Kさんが言った。

「ただ使えないだけで（笑）」

　引き出しを開けるとそこには燻製ならぬ、ドライバーが入っていた。オーブンの中には、食器が綺麗に並んでいる。

「棚なんですね……」

　では、シンクの横にある大きなオーブンレンジ。これも何やらアメリカンなデザインだが、さすがに稼働してるよね？

オーブンの中に
鍋類がきれいに
収まっていた

と思いつつ、上部のリンナイ・ガステーブルに不穏な気配を感じる。

「これも使えないですね〜。使えるって聞いてもらったんだけど、ガス屋がつけてくれなかった。なんか漏れてるんだって。前の家では問題なく稼働していたから使えないことはないんでしょうけど、今の基準だと危ないみたい」

では、この嵩張るオーブン部分は無用の長物なのか？　と思って開けてみるとこちらには鍋類がきちんと収まっており、やっぱり〝棚〟として機能していた。

「これも棚なんですね……」

でもまだ最後の砦がある。冷蔵庫だ。これもかなりヴィンテージな一品と見た。ワンドア式だしアメリカを代表する企業GENERAL ELECTRIC社のロゴが煌々と輝いている。期待を込めて、

「でもこの冷蔵庫は稼働してるんですよね。すごいですね！」と念を押すと、

「してないっす」

ドアを開くと製氷部分にはお皿、下には調味料やタッパーが綺麗に収まっているが、電気は通していないらしい。

「全部、棚なんですね……」

「棚ですね〜（笑）。確かこれ、製氷棚から氷がぎっしり霜になって落ちてきちゃうんで使うのやめたんだ」

でも……、ということは、冷蔵庫なしで暮らしているということ？

「冷蔵庫はね、倉庫にあるんです」

おもむろに勝手口を開けたKさんは、バックヤードのウッドデッキを経由し、倉庫に案内してくれた。するとその入口付近に、ごく普通の新しい冷蔵庫が置かれていた。

「いったん、外に出るの、めんどくないですか？」

「めんどいですけど、あんまりごちゃ

GE社の
冷蔵庫まで
正体はなんと
棚だった
GEのロゴ
マーク

ごちゃするのもアレかな〜って思って」

セルフビルドした大きな倉庫には、自転車や冷暖房器具、たくさんの段ボール箱など、物がぎっしり詰まっている。

「電子レンジはこっちです」

え!? と思ってついて行くと倉庫の中央付近、大量の荷物や書籍の隙間に、オーブントースターと電子レンジが鎮座していた。

「今ね、ここのを使ってます」

まさかの展開に絶句。冷飯を温めるのにも、食パンを焼くのにも、わざわざ倉庫の奥まで来なければならない。そこまでしてキッチンには置かない理由は？ やはり美意識のなせるわざなのか。

「いやいや、そんなんじゃないんです。ハウスを撮影スタジオにして使ってる人、多いんですよ。うちも生活感バリバリじゃないから、せっかくならスタジオにでも使ってもらって、家賃の足しにでもできたら良いかな〜って」

憧れは本物を追い越せない

ものすごくこだわってお金をかけたかに見えたインテリアの大半が無料で入手されていたことにも驚いた。ほとんどは

倉庫にあるオーブントースターと電子レンジ。
Kさんも、Nさんも、ここでご飯を温める

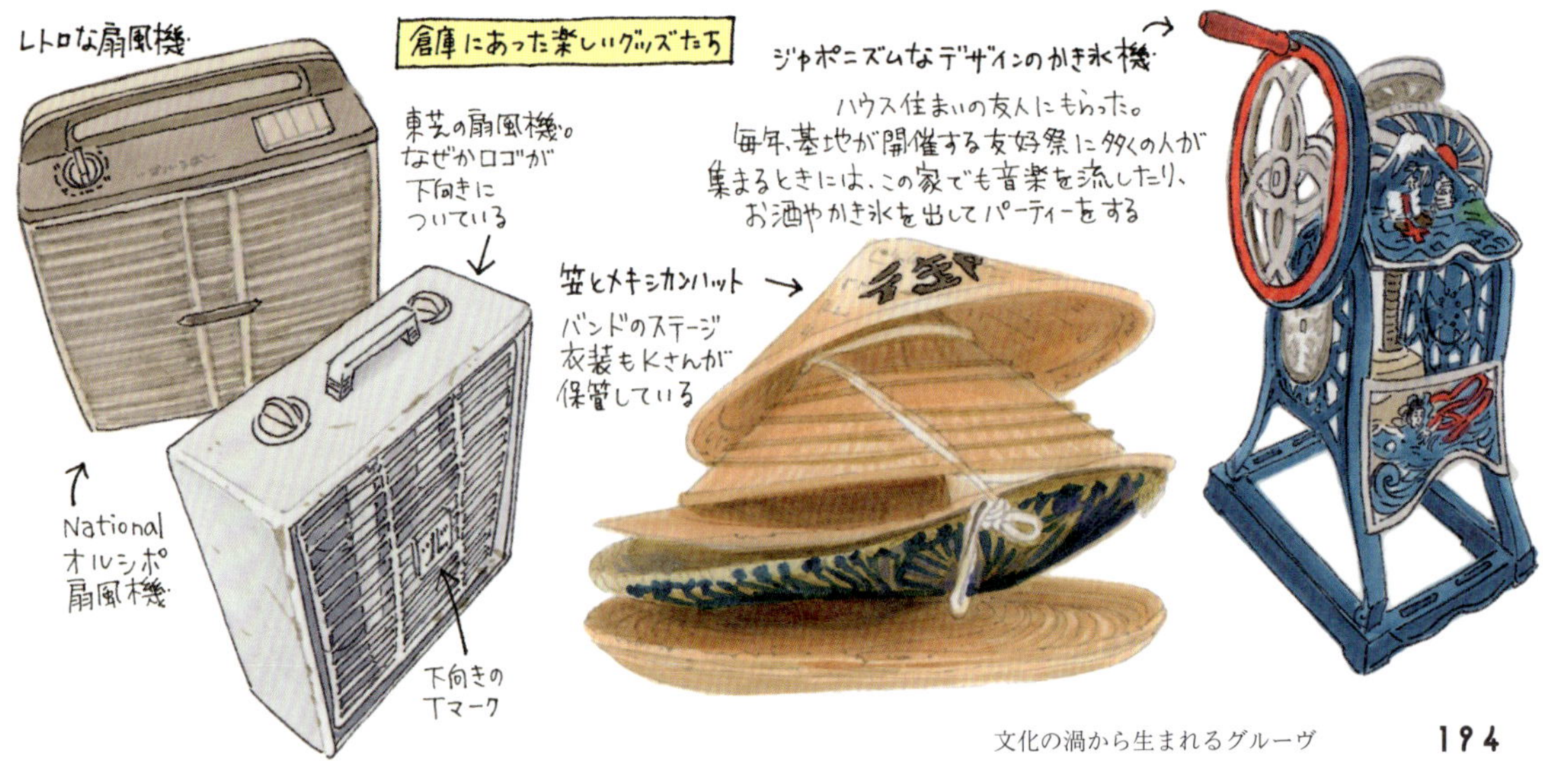
倉庫にあった楽しいグッズたち
レトロな扇風機
東芝の扇風機。
なぜかロゴが
下向きに
ついている
National
オルシポ
扇風機
下向きの
Tマーク
ジャポニズムなデザインのかき氷機
ハウス住まいの友人にもらった。
毎年、基地が開催する友好祭に多くの人が
集まるときには、この家でも音楽を流したり、
お酒やかき氷を出してパーティーをする
笠とメキシカンハット
バンドのステージ
衣装もKさんが
保管している

帰国する米兵や、近隣のハウスを去っていく人が残していったものだ。

「あのインテリアは、完璧につくりこもうとしていたわけではなくて？」

「もう全然中途半端です。それこそハウス愛好家界隈では、オリジナルに忠実であればあるほど良いと考える傾向もある。ヴィンテージな鋳物やランプとか、どれだけ昔のものが残っているかでハウスの価値が決まるって言う人もいて、そういうのも良いなとは思うけど。とはいえハウスって、結局日本人が解釈したアメリカなので、米兵が来たら〝日本の家だよね〟って言われちゃうし（笑）」

でもその中途半端なアメリカこそ、戦後の日本人が求めていたものかもしれない。本物なんていらなくて、たいていの人にとってはただ、ソフトで甘いメロディに身を委ねて架空のアメリカの夢に没入できればそれで良かったのだ。

けれどKさんは少し違っていた。

「憧れって、結局本物を追い越せない。音楽仲間と、ブルースやジャズ、ラテンやジャマイカのレコードを集めて〝かっこいいね〟〝こんなん見っけた〟とかやってるけど、ルーツミュージックって本当はローカルのコミュニティから派生していて、現地の文化や習慣、血や宗教までが密接にくっついている。そういうストーリーまで含めて惹かれるんだけど、それを切り離して再現してみても、どこか根っこが張っていないような寂しい感じがずっとしてたんです」

それはデザインの仕事においても常々感じていたことだったそうだ。

「〝あの雰囲気を目指してください〟って言われてつくっても、いまいちしっくりこない。それは、その案件が〝芯を食っていない〟から。デザインをやってるとそういうことが多くて、どうやったら強度のあるかっこよさが出せるのかずっと考えてきました」

Kさんは、〝かっこよくなれない自分〟を考えていく内に、この国の文化のあり方そのものに疑問を抱くようになっていった。例えば、ぽっと出のスターが現れたとしても、それが他の日本のカルチャーに紐づいているように思えない心許なさなど。

「日本人ってなんだろう。どうしたらオリジナリティを身につけられるんだろう。なんでブルースやジャズをかっこいいって思う感覚で、日本のルーツミュージックもそう思えないんだろうって」

戦後の日本を賑わしてきた娯楽そのものが、多くは米軍基地に端を発している。基地の慰問公演から生まれたミュージシャンをあげればきりがないし、ワシントンハイツに住み、少年野球団を世話

祇園祭模様のチープな金のプラスチックフレームになぜかマッチの写真
山口銀次とルアナ・ハワイアンズ『ハワイアン日本民謡集』
リビングの小机
喫煙者じゃないのに灰皿がある。屋内は現在禁煙

していた日系二世が、のちに大手芸能事務所を築いたことも。

日本のルーツミュージックに思いを巡らすＫさんが米軍ハウスに住むことになった巡り合わせには、やはりなにかの因縁を感じてしまう。

醤油の貸し借りと、シェアする音楽

そんな頃に東日本大震災があった。

Ｋさんは震災をきっかけに、地域で助け合うコミュニティの大切さについても考えるようになっていった。

「僕もここに来るまでは個人主義的で、人は一人で生きていくものだと暗黙のうちに思っていた。ここに来た当初も、横のつながりはあまりなかったんです」

けれど子どもが生まれたり、よその子が遊びに来るなどしているうちに、夕方になると一緒にご飯を食べるようなご近所づきあいが、ごく自然にできるようになったという。

「〝醤油がなくなったら借りにいく〟みたいなね。僕にとってはカルチャーショックだったけど、だいぶ考え方も変わったところはあるんです。肩寄せあって助けあっていけばいいじゃんって」

そんな暮らしを通じて、音楽においてもローカルから発する意義を問い直したいという気持ちが芽生えてきた。

「僕らの時代の音楽って、一つの成功パッケージがあったと思う。バンドでオリジナルの良い曲をつくって、ライヴハウスをブッキングして集客して、マーケットにのっかってお金を稼いで、勝ち上がっていく、みたいな。でもそんなの窮屈だし、そもそも自分が好きなルーツミュージックって、オリジナル曲でもなく、みんなで歌い継いでいくものだし」

旧態依然としたライヴハウスで交友関係も関連性もないバンドと組んでライヴイベントを企画しても、結局仲間うちしか集まらなかったり、知り合いのバンドの応援だけして帰る人も少なくない。そういう姿を見るにつけ、とても音楽を楽しんでいるようには感じられなかったという。

「カフェやクラブのＤＪイベントの方

庭のパラソルテーブルセットは、
ご近所さんやNPO関係者との
交流に重宝している

が開けていたし、友だちのパーティーに呼ばれて演奏する方が楽しかった。誰にでも楽しめる方が健全だよねって」

そんな中で、一つの答えとして見出したものが〝民謡〟だったのだ。

「民謡って、今は民謡教室で学んだりするのが主流だけど、本来は継承音楽のジャンルだと思う。その地域の誰もが歌えて受け継いでいくような。そういう音楽って世界中に存在している。同時にマーケットにのっているオリジナル曲もあるのだから、どっちも楽しめるようになったら良いじゃんって思ったんです」

以前、私が訪れた沖縄の民謡酒場では、客たちもステージに上がって演者と一緒に唄っていた。普段は地元で気軽に民謡などの音楽を楽しみ、たまには街へ繰り出して好きなミュージシャンの曲も堪能する。そんな楽しみ方が東京で実現できるなんて考えたこともなかったが、確かに音楽の裾野は広がりそうだ。

「もしかしたら民謡が、自分の課題を紐解くきっかけになるかもしれないと思って、なかば行《ぎょう》みたいな感じで聴き始めたんです」

嫌い、ダサい、かっこ悪い。

というより以前に、もはや過去のもので、どこか音楽とさえ思っていなかった民謡をちゃんと聴き始めたのにはそういう背景があったそうだ。

ヘンテコな国の不思議な私たち

そんなあるとき、EGO-WRAPPIN'の森雅樹が監修したコンピレーションCD『Rock A Shacka Vol.3』を聴いて衝撃を受けたという。

「ジャズやカリプソ、R&Bの流れの中に、江利チエミの〝奴さん〟が入っていたんです。こういう文脈の中で聞くと、〝かっこいい〟って思える。こんなアプローチで自分たちのルーツミュージックを再解釈することもできるんだって気づかされたのは大きかった」

文脈を熟知した上で換骨奪胎し、別文脈に配置することで蘇らせる技ならば、

Kさんが、なかば行のように
聴き始めた民謡のレコード
「民謡界って実は子どもからお年寄りまで、他の音楽ジャンルではありえないくらい参加者が分厚い。その分、すごく可能性が感じられる」とKさん
日本の民謡
馬子唄篇
Rock A Shacka
CD『Rock A Shacka Vol.3』
森雅樹監修
10inch『チエミの民謡集』
東京キューバン・ボーイズが演奏するラテンのリズムにのせて江利チエミが民謡を歌う

デザイナーの彼にとってはお手のものだ。以来、Kさんは民謡の新たなルーツの焦点をググッと近年に絞り込み、一九五〇年代後半から一九六〇年代初頭に定めた。この時代の日本は、ブギやマンボ、ブーガルー、カリプソなど、ラテンのリズムにのせて歌謡曲を歌う〝リズム歌謡〟の全盛期だ。東京キューバン・ボーイズの演奏で民謡を歌う江利チエミもその文脈の上にあった。異国のリズムを取り入れて「ニューリズム」と称して打ち出していたのだが、このブームは日本に限ったことでもなかったらしい。

「一九五〇年代って世界的にラテンブームだったから、R&Bのアルバムでも一曲ぐらいは箸休め的に、ラテン調のおちゃらけソングが入っている。ニューオリンズR&Bの父といわれるデイヴ・バーソロミューの〝ジュリンプ&ガンボ〟なんて、食べ物の曲なんだけど、すごく胡散臭くていいんですよ」

そもそもラテン好きになったのも、R&Bのレコードを漁っているうちにたどりついたということらしい。

「ニューオリンズって地理的にも歴史的にも人種が入り乱れていて、カリブのクレオールとか、テキサスやメキシコとか、いろんな文化や音楽が奇妙に入り混

リズム歌謡の系譜の民謡コレクション
1970年前後エチオピアのソウル、R&Bのオムニバス
バッキー白片とアロハハワイアンズ
日本民謡
アントニオ・コガ
アントニオ・コガ民謡集
ラテンにうたう
CHIEMI ERI & THE DELTA RHYTHM BOYS
THE DELTA RHYTHM BOYS来日時の江利チエミとの演奏が収録されている
ドラマーのジミー竹内。1970年代のファンキーな雰囲気がかっこいい
クラシックや洋楽を尺八で演奏するなど挑戦していて海外での評価が高い
ジャズの林伊佐緒が演奏する民謡
なまめかしいハーモニーが民謡のイメージをくつがえすスリー・キャッツ

リビングの端のいかがわしいインテリア

じっている。そういうごちゃ混ぜ感にすごく惹かれたんです」

　まるでこの家の話を聞いているかのようだ。この家も〝古き良き〟アメリカを基調にして、そこに「占領」という歴史の暗い影を秘めながらも、あらゆる国のいかがわしい土産物とハリボテの電化製品が混在し、それらすべてが合わさった結果、強烈な個性を放っている。

　憧れが本物を追い越せないにしても、ミイラ取りがミイラになるほどの勢いで憧れ続けた末に化けて〝如何《イカ》モノ〟となったとき、それはもしかしたら本物を追い越す強度とパワーを持ち得るのではないか。この家を見ていると、そんな気がしてくる。

「良かれと思ってここで生活しているけど、ただ〝かっこいい〟って無邪気に思えているわけじゃない。こんなアメリカのお膝元に住んでいるのは象徴的で、いろんなことが数珠つなぎになっている。僕らは洋服を着て、西洋音階を口ずさむ。それは確かに変だけど、その不思議さが自分たちだし、たぶん不思議なまま死んでいくじゃないですか。だったらいったんそれを受け入れて、そこからしか前向きな答えって見つからない気がし

ワールドミュージックコレクション
1980年代から国際的に活躍するナイジェリアのキング・サニー・アデ
SUNNY ADE
Toujours Le Même 4-3
ワルフレード・デ・ロス・レジェス。欧州ツアー中にレコ屋で購入。「キューバのバンドがツイストをやってる、いかがわしさが好き」とKさん
TWIST
マリの伝説のギタリスト、アリ・ファルカ・トゥーレの1970年代の再発アルバム。「民謡的な響きがある」とKさん
ALI TOURE "FARKA"
RÂ-RA Folklore d'Haiti
ハイチの民族音楽。なぜか1曲目に「MIN YO」という曲が入っている
ペルーのフレンチ・カリビアン
CUMBIAS Y PORROS
HAITI, MON PAYS
GROUPE LES CHLEU-CHLEU
HANS CHERUBIN
C.PIERRE-CHARLES
IBO
これもハイチ

ポルトガルの骨董屋で買った巨乳人魚のビルサーバー。おじさんバージョンと、巨大男根バージョンの3種類全部欲しかったが、トランクに入らないので諦めた

たんです」

Kさんはこの街で出会った民謡歌手のFTさんや音楽好きの仲間たちに声をかけ、一九五〇年代の歌謡曲のように大衆に開いたスタンスで誰もが楽しめる民謡バンドを結成した。新たな物語を紡ぎ始めたのだ。

「歌の中にメッセージは込めないけど、歌うことでその人だけの歌になる」

声に、歌い方に、その人にしか届けられないメッセージが内包されている。オリジナリティとは本来そういうものなのかもしれない。そして土地に根ざして生まれた民謡には、どんな人が歌おうとも、どんなアレンジを加えようとも、びくともしない強さと懐の深さがあった。

ファーストアルバムに収録された、クンビア、アフロ、レゲエ、ビギン、エキゾボレーロ、エチオピアファンク、ブーガルーといった、未知の異国のリズムにのせて歌われた民謡は、不思議な説得力を持ち、私たちを内側から揺さぶり、魅了した。

人が出会って生まれるグルーヴ

Kさんのバンドの活動を追ったドキュメンタリー映画には、コロンビアの民族音楽バンドとコラボシングルを制作するシーンが出てくる。お互いの文化を交感し合い、楽しそうにセッションするその様子を観ていて、とどのつまり文化に命を吹き込むのは、人との出会いで生まれるグルーヴだけではないかと感じた。

そういう真摯な現場にヒエラルキーはなく、文化の押し付けや剽窃もない。ただ互いの文化に敬意を抱く〝わたし〟と〝あなた〟の出会いがあるだけだ。もし戦後の日本が否が応にもアメリカという巨大なカルチャーに染められたのだとしても、そこにも出会いがあったはずだ。

そしてこの家でも、数多くの出会いがあった。入れ替わり立ち替わりしてきた同居人や近隣の人々との出会いがなければ、きっとKさんのバンドの音楽も生まれなかったのだろう。

しかし、家の取材で戦後の日本をまる

映画に登場したコロンビアでのセッションシーン。
"伝統"は交わりながらこそ、息を吹き返し
受け継がれていくのだと思う

ごと語らねばならないような大きなテーマに遭遇するとは思ってもみなかった。ミュージシャンの中には、Kさんのバンドが「〝オキュパイド・ジャパン〟以降の日本文化を更新させた」と評する人もいるほどで、そこまで考えるとやはり、彼はこの音楽をつくるために、この家に呼び寄せられた気がしてならない。

米軍の飛行機が飛び交う空の下、日米の落とし子であるこの家で多くのことを考え、たくさんの人と交わりながら、世界中の物も音も文化もチャンポンして、かき混ぜつくした渦の中から生まれてきた、生きた音楽だ。

「民謡のバンドをやろうって思ったときに、今までしてきた創作活動の核心に触れるアイデアだと思ったから、そこからずっとワクワクしてるんです。〝可能性の塊〟みたいだなって。どういう風に広がっていくのかな？ 自分の趣味嗜好を超えて、いろんな人がいろんな考えでアプローチする。そんな流れが起こってくれたら良いなって」

私は「串本節」を、Kさんのバンドがアレンジしたバージョンで覚えた。夫の実家の和歌山へ帰省したときに、義母と三人、車の中でこの民謡を歌いながら「向かいは大島」への橋を渡ったのは楽しい思い出だ。共通して楽しめる娯楽のなかった私と義母の「仲をとりもつ巡航船」となってくれたのはKさんだったのだ。

彼の蒔いた種は世代間で分断された私たちの下にも根を伸ばし、彼も知らぬところで密やかに確実に身を結んでいる。

あまりに面白い話に没頭し、気がつくと日が暮れ始めていた。窓の外に二人の男性が現れてKさんが軽く会釈すると、彼らは外のベンチに座ってタバコを吸って待っているようだった。

「誰かいらっしゃったのかな？ 長いことすみません」

「いやいや、大丈夫。前に近所に住んでいた人なんだけど、たまたまぷらっと寄ったみたい」

「そうなんですか。本当にこんな風にいろんな人がいらっしゃるのですね？」

「そうなんです。ぷらっとね」

〝ご近所づきあい〟の現場に遭遇し、確かに軽いカルチャーショックを受けながらも、約束したり、調整したり、お店を予約したり、そういうめんどくさいこと抜きでぷらっと会えるなんて楽しそうだなと、ちょっと羨ましくなった。

するとKさんが言った。

「ここに来た頃は、近所のヒッピーの人とかけっこうキッツイ人多かったんだよね。かっこいいんだけど、なかなかこの域にはたどりつけねえな〜。やっぱりキツイわ〜とか思ってたんだよね。でもどんどん人が入れ替わって、同居人のNちゃんとか、美大出身の三人とか、海外から語学留学で借り住まいしてた子とか、年下の人たちと交流するようになってくると、今度は自分がそういう人になりつつあるな〜。いろんなことを経て濃縮されて、そうなってんだろうな〜。たぶんキッツイだろうな〜（笑）」

小川のほとりの小さな納屋で山と谷を蘇らせる守人の叙事詩

TYさん［文筆家、写真家、絵本作家（夫）］
KYさん［パート職員、翻訳家（妻）］

持ち家｜1LDK
建物面積約45㎡｜福井県

二〇二〇年春、コロナ禍での決断

「俺はこれを機に動いちゃおうかなって考え始めてる。また地方へ。やるなら早い方が良いなと」

これは新型コロナウイルスが世界を襲った二〇二〇年の春、初の緊急事態宣言下の様子伺いで連絡したとき、Tさんからもらった返信だ。ノンフィクションライターである彼は、以前にも自主的に地方に住んだことがあった。新聞で熊野古道歩きの連載をしていたとき、実地に住むのが最適と考え、和歌山県の山奥に四年間移住していたのだ。今度はどこへ行くというのだろう。

「まだ決めてない。今までのことが通用しなくなって、新しいことをしなきゃならないのなら、それに乗じてやりたいと思っていたことをやっちゃった方が良いかなって」

未曾有の伝染病が世界を覆い、「これからどうなってしまうのだろう」「今までの仕事のやり方では立ち行かないかもしれない」と、誰もが不安に感じていたこの年の春、友人の中でいち早く生き方を変える決断をしたのが彼であった。

「昨日決めたんだけどね。まだ誰も知らないよ。今日、やっと地方の友人数人に良いところがないか相談したくらい」

コロナ禍だけではなく、Tさんには、この前年にレギュラーで執筆していた雑誌出版社が倒産し、収入減に追い込まれたという事情もあった。出版不況で仕事が少なくなる一方なのに打つ手もなく、ずるずると現状維持に甘んじていた私にとって、不利な状況を逆手にとってやりたいことへ一歩踏み出す彼の決断は眩しく映った。自分の不甲斐なさや、置き去りにされるような寂しさも入り混じって、ちょっと強がった返答をした。

「私は壊れてく東京を見届けるかな」

「かっこいー。それもいいね」

けれど、こんなやりとりをしたことを彼は全く覚えていなかった。その後、いろいろなことがありすぎたのだ。

三年後の二〇二三年四月二三日、前述のやりとりをした全く同じ日に、私は福井県のTさん宅前の小川にそそぎ込む小さな沢の土砂をスコップで掻き出していた。ともに作業をするのはY夫妻と私の夫、そして地元の男性二人だ。スコップに石が当たる音が、晴天の空にカツーンカツーンと響きわたっていた。

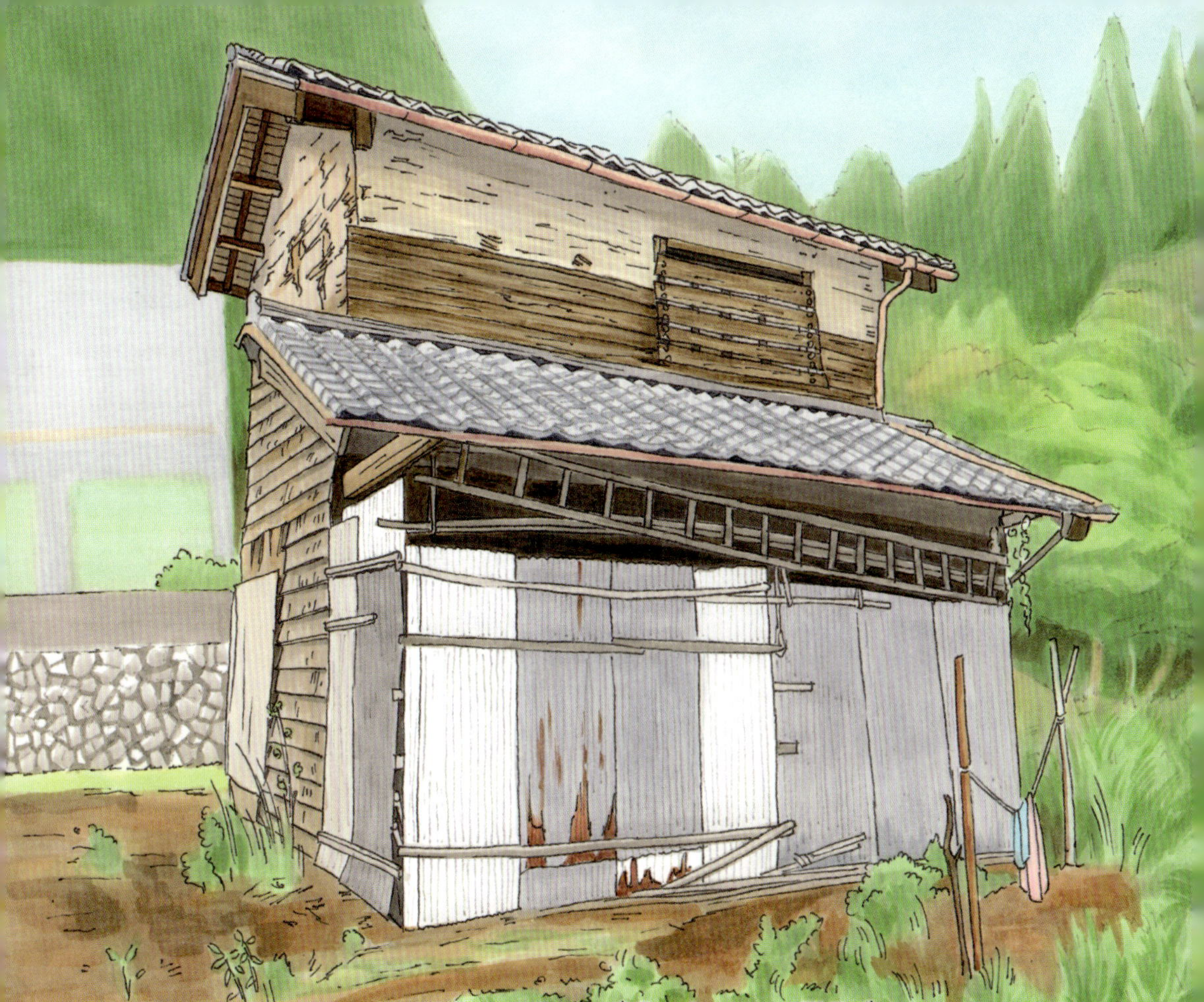

2020年8月、改築前の納屋。壁はボロボロに朽ちていた。手前のトタンは豪雪地帯にかかせない"雪囲い"

出たとこ勝負と助っ人たち

Y夫妻が移住先に決めたのは、Tさんの父親の故郷、福井県の谷あいにある小さな集落で、彼にとっては少年時代、祖父母に会いに頻繁に訪れた思い出の場所だ。田舎暮らしに憧れていた妻のKさんも、ひと目で気に入って移住先に決めたそうだ。

けれど、当初住もうと目論んでいた広めの母屋《おもや》は、雪深い地域での長年の無人状態がたたり、雨漏りで柱が腐っていた。素人が安易に改修できる状態ではないと諦め、夫妻は隣接する納屋をリフォームして住むことにした。これは一九五四年に建てられたものだ。

旅や聖地巡礼の著作を多く執筆し、登山雑誌などにも寄稿しているTさんにとって自然は身近なものだった。田舎暮らしは朝飯前だがDIYは未経験。この改修作業を記録しているYouTube番組「のんびりいこうSimple life」の第一回で、彼はこう語っている。

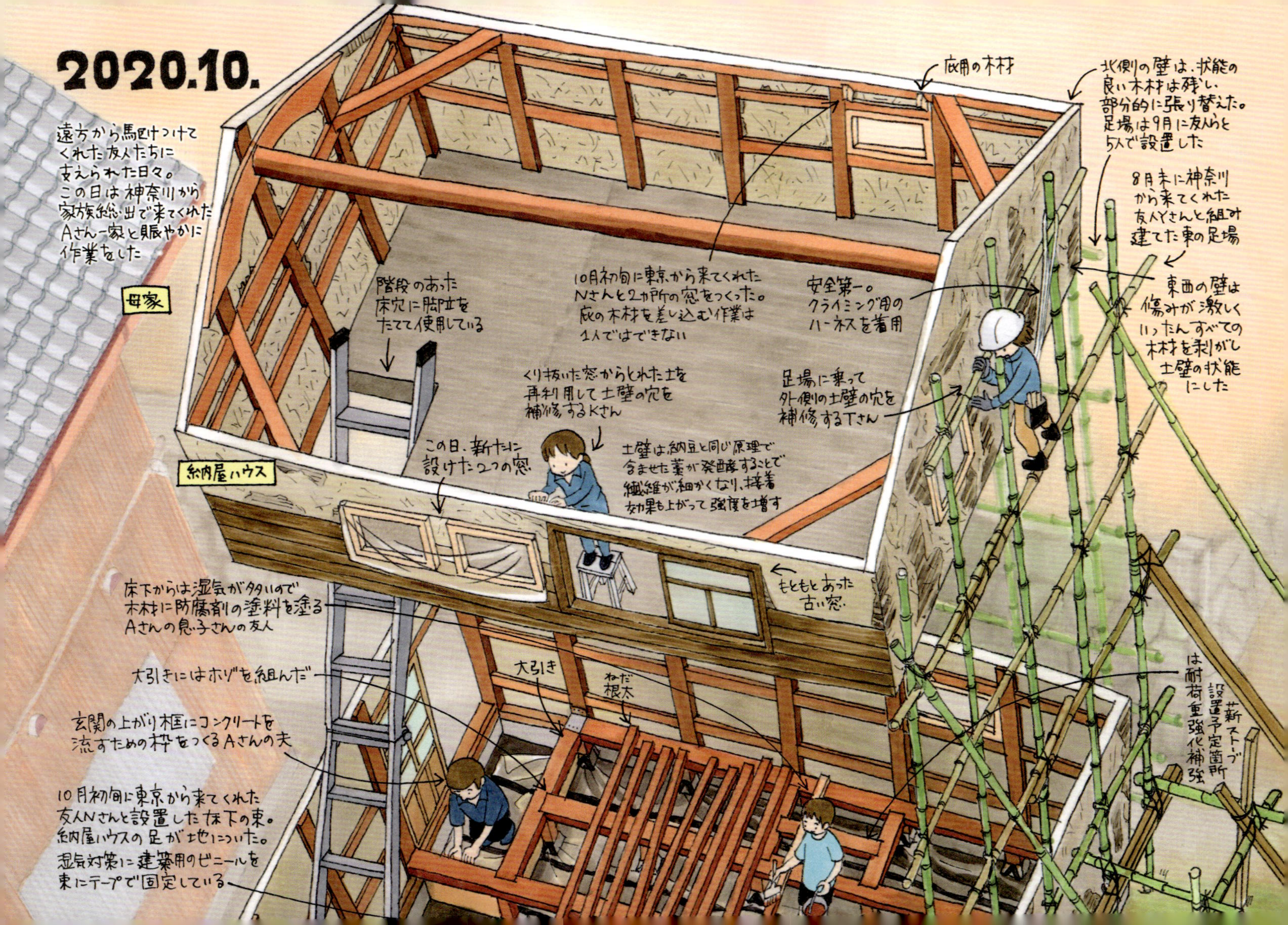
2020.10.
遠方から駆けつけてくれた友人たちに支えられた日々。この日は神奈川から家族総出で来てくれたAさん一家と賑やかに作業をした
母家
納屋ハウス
階段のあった床穴に脚立をたてて使用している
10月初旬に東京から来てくれたNさんと2カ所の窓をつくった。底の木材を差し込む作業は1人ではできない
底用の木材
北側の壁は、状態の良い木材は残し、部分的に張り替えた。足場は9月に友人らと5人で設置した
8月末に神奈川から来てくれた友人Yさんと組み建てた東の足場
安全第一。クライミング用のハーネスを着用
東西の壁は傷みが激しくいったんすべての木材を剥がし土壁の状態にした
くり抜いた窓からとれた土を再利用して土壁の穴を補修するKさん
足場に乗って外側の土壁の穴を補修するTさん
この日、新たに設けた2つの窓
土壁は納豆と同じ原理で含ませた藁が発酵することで繊維が細かくなり、接着効果も上がって強度を増す
もともとあった古い窓
床下からは湿気が多いので木材に防腐剤の塗料を塗るAさんの息子さんの友人
大引きにはホゾを組んだ
大引き
根太《ねだ》
薪ストーブ設置予定箇所は耐荷重強化補強
玄関の上がり框にコンクリートを流すための枠をつくるAさんの夫
10月初旬に東京から来てくれた友人Nさんと設置した床下の束。納屋ハウスの足が地についた。湿気対策に建築用のビニールを束にテープで固定している

勝手口の上がり框を底上げするため、砂利を敷くAさんの息子さん
くり抜いた窓部分の土壁に仕込まれていた格子状の竹
Tさんのおじいさんが植えた柿がたわわに実る
外壁に張る板をサンダーがけするAさん
湿気対策はビニールシートの上に調湿剤のゼオライトを大量に敷き詰め炭も置く
最初に開けた窓
土壁の土を水に溶いて穴埋め用に再利用
最初につくったのはドラム缶風呂。炊くのに夏は1時間、冬は2時間かかる

「僕は一ヵ月半もあれば住める状態にできるだろうと根拠のない自信を持っていた。それはまもなく、大工仕事を舐めたど素人の勘違いだと思い知ることになるのだが、このときはまだ知る由もない」

　その顛末は、YouTubeに先駆けて、二〇二〇年八月からFacebookのグループで、リアルタイムで公開されていた。以後、私は驚嘆の念をともないながら、夫妻の行動を見守ることとなった。

　まずは朽ちた外壁木材を、どう張り替えるべきか。高所の作業に足場は必須だが、外注すれば二～三〇万円の費用がかかってしまう。考えあぐねたTさんは、以前旅先の香港で見かけた建設現場を参考に、裏山のY家所有地の竹を伐り、足場を組むところから始めたのだ。

　彼は体感しながら考えるタイプの人だ。これまでの著作を読んでも基本的に「やってみなけりゃわからない」精神で突き進み、後から思考がついてくるスタイルで物事を描写している。以前、東日本大震災被災者支援を兼ねた写真展示会を企てたときも、まずはイベントグループを立ち上げて、それからメンバーに相談するスタイルで企画を進めていた。

　当然、都度、問題にぶち当たり右往左往するのだけれど、そんな様子を見かねて「しょうがねえな」とばかりに手を貸す人がいる。もちろん人柄の成せる技だが、それだけではない。Tさんが衒《てら》いなく弱音を吐ける人だから、友人たちも気兼ねなく手を貸せるのだ。これは彼の才能だと思う。

　この家の改修も、SNSで様子を見ていた多くの友人たちが東京その他の遠方からはるばる助っ人に馳せ参じていた。片付け作業の他、ドラム缶での五右衛門風呂づくり、竹を組んでの足場づくりや、土壁の穴埋め作業。大変そうではあったが、手伝う友人たちの表情はみな充足感に満ち、夏休みに田舎へ行った子どものように笑顔で輝いていた。

家の実存——基礎と窓

　床下の基礎工事には通常、大量のコンクリートを流すそうだが、狭い路地の先にあるY邸にミキサー車は入れない。そこでTさんは、和歌山に住んでいたときの古民家の三和土《たたき》を参考に、床下の土に消石灰を混ぜ込み、叩き固める方法を考えついたという。

　しかしこのときはまだ、妻のKさんは東京で会社勤めをしていたため、手伝えるのは週末だけ。助っ人もいないときのTさんは、三〇度を超える暗い納屋の中で一人汗を流しながら、手づくりしたタンパー（通称タコ）という道具を使ってひたすら土を叩くという、終わりの見えない作業をしていた。眺めていて、何かが完成していく気配は一向に感じられない。その姿はまるで、「どうかこの家に災いが起こりませんように」と土に願い語りかける、地鎮祭かなにか、祈りの

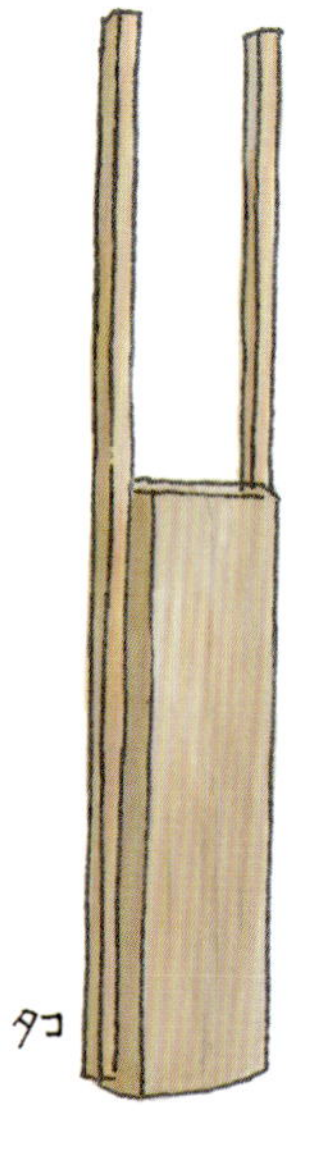

儀式のようにしか見えなかった。

けれど彼の投稿には深く考えさせられるものがあった。物件情報や建築雑誌の俯瞰図を描く仕事をしながら、私が眺め描いているのは「家の中」ばかりではなかったか。ＳＮＳにまろび出てくる物件広告には、「プロヴァンス風メゾネット」だとか「異国情緒漂うコテージ」などと浮ついたキャッチコピーが踊り、そんな情報に日々さらされていると「家の下に土がある」というあたりまえなことまで忘れてしまいそうな自分がいた。前述のYouTube番組では、土を突く彼の姿や、はじめて窓の穴を開けたときの感慨を表した言葉が記録されている。

最初に開けた窓の穴

「わずかだけれど、背後から首筋をかすめて外へ風が流れていくのを感じる。家が新しい呼吸を始めた」

実労働から発せられた言葉には、家にとって「基礎」とは何か、「窓」とは何か、ひいては「家」とは何なのか、そんな実存を突きつけてくる力があった。

迫り来る冬と孤軍奮闘

しかし、のんびりしてもいられない事情もあった。暖房設備もない状態で福井県の冬は超えられない。この冬は妻のＫさんが居る神奈川の賃貸に戻る予定で、それまでに積雪に耐えうる段階まで改修作業を進めなければならなかった。この地域では冬に入る前に〝雪囲い〟の設置も必須だ。最初の頃は興味津々に駆けつけた助っ人たちも、晩秋にはめっきり訪れなくなっていた。

この間Ｔさんは、傷みの少ない母屋の二階で、写真や執筆の仕事を手がけながら寝泊まりしていたが、炊事は外水栓を使ってキャンプ用品で賄い、風呂はドラム缶風呂、睡眠は寝袋でと、ゆったり安眠もできない状態が長らく続いていた。疲れが溜まるばかりか、土を叩く作業で患った腱鞘炎の痛みにも耐えながら、難儀な外壁張りを一人でこなしていた。タイムリミットもある中で、彼は行き詰まり焦っていた。

そしてついに逃亡する。体調不良もさ

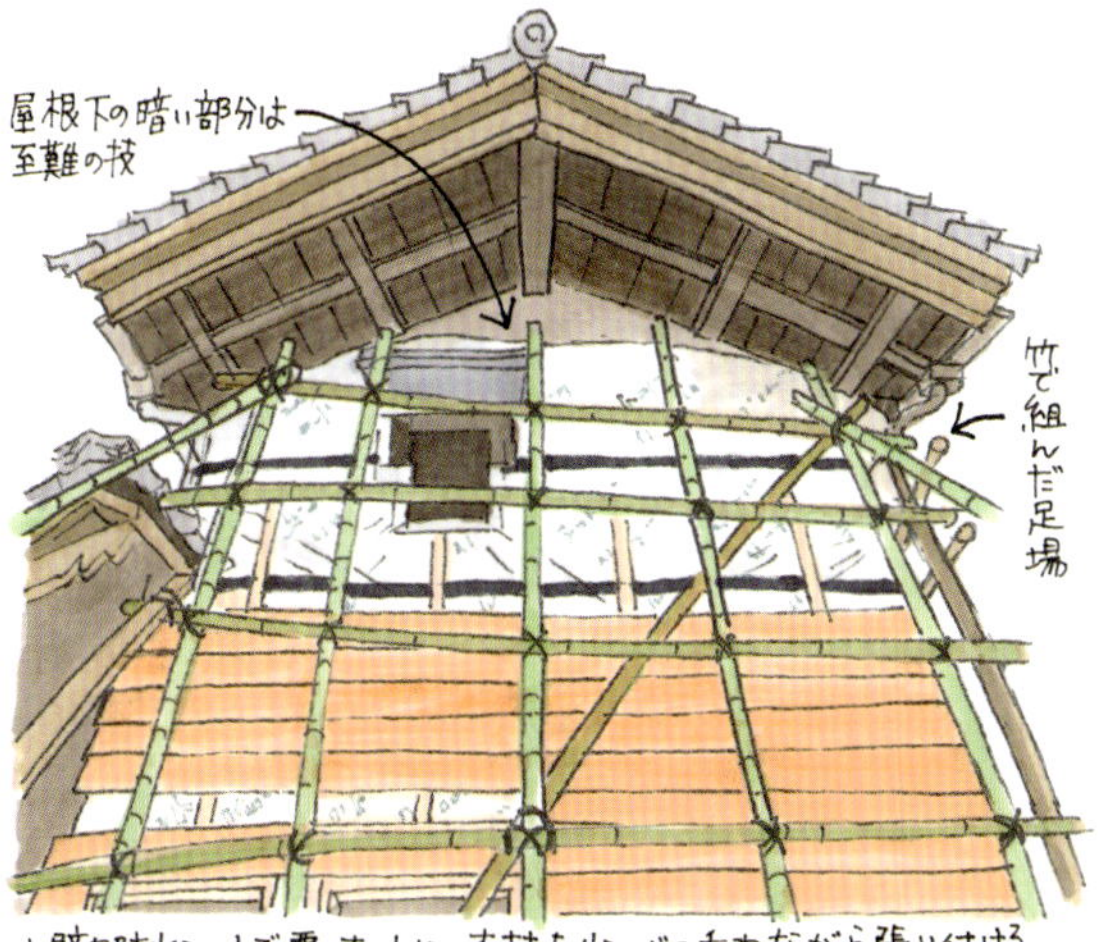
屋根下の暗い部分は
至難の技
竹で組んだ足場
土壁を防水シートで覆った上に、木材を少しずつ重ねながら張り付ける。
長い板を1人で水平に保ちながら釘を打つのは難しく、高所では危険度も増することながら、精神的にもかなり追い詰められていたようだ。心身のケアを考えて、一度現場から離れた方が良いと判断した彼は車に乗り込み、何も考えず西に向かって走り続けた。島根県までの二泊三日の旅になった。直感に従ったその行動は正しく、フル充電とまではいかないまでも身体をニュートラルな状態にまでは戻す効果があったという。

　外壁張り作業を終え、内壁に断熱材を入れ、雪囲いをした次の日に初雪が降った。まさにギリギリセーフだった。

　その年の暮れ、彼は心身ともにボロボロの状態で神奈川の家に帰還した。

二〇二一年春、「ぽんって飛び込んじゃった」

　二〇二一年の早春、まずはTさんが福井に引っ越し、改修作業を進め、四月末には会社を辞職したKさんを迎え入れた。移住を思い立って一年目にしてようやく二人でかの地に移住できたことになる。とはいえ、納屋はまだまだ生活できる状態になく、当面、母屋で寝泊まりしながらの改修作業の日々が続いた。

　二十代の数年間、会社勤めをして以降ずっとフリーランスで働いてきたTさんと違い、Kさんがどの組織にも属さないフリーの立場になったのは社会に出てはじめてのことだった。

「新卒からずっと、毎月決まったお給料を頂く仕事をしてきたから、それ以外の稼ぎ方って想像もできなかった。理想は〝田舎で半自給自足の暮らし〟と言いつつ、どうやって生活の糧を得るのか、そういうビジョンは全く持ってなかったの。なのに、ここに来るって聞いたら、自分でも意外なくらい不安はなくて、ぽんって飛び込んじゃった」

　コロナ禍以降、会社員でさえ安定の保証が揺らいだというのもあるが、どこにいてもリモートワークで案外仕事がこなせることに気づいたことも大きかった。

「やろうと思えばもっと前からできたんだよね。コロナをきっかけにやむをえず導入したら、なんだ、会社に行かなくても、家でもできるじゃんって」

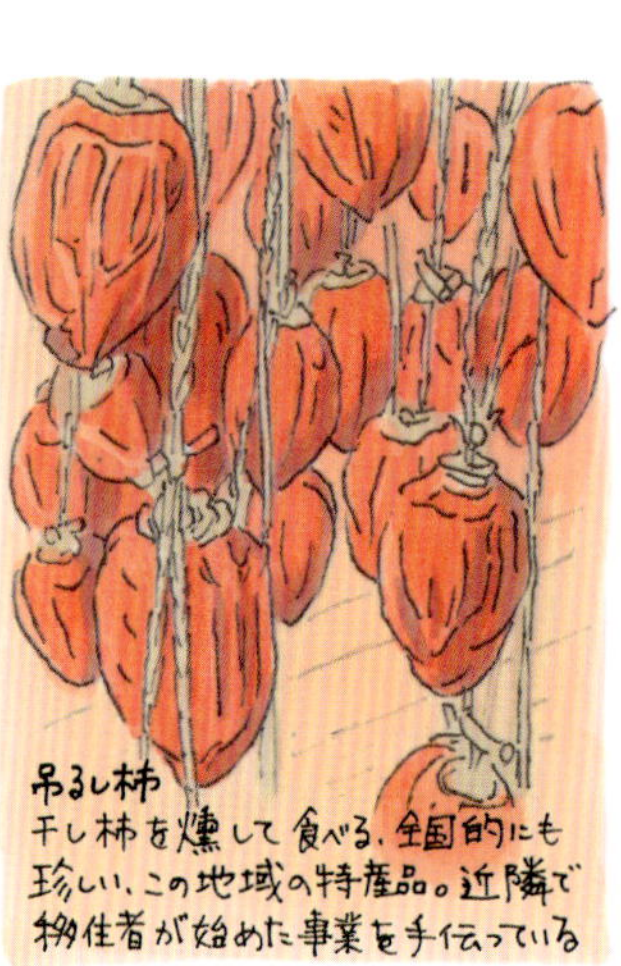

　実際、Kさんは在籍していた会社で担当していた業務を、現在でも外部委託という形で引き継いでいる。週に数回は観光案内のパートを勤め、花はすの収穫や吊るし柿の加工など季節の農産物にからんだアルバイトもしている。また、雑誌のウェブ版で大好きな苔の魅力を紹介する不定期連載もしているため、地域の講座で苔の魅力について語ることも。ときには得意なスペイン語や英語の翻訳仕事も手がけるなど、時間の制約から解放されたかたちで、あらゆる仕事をのびのびとこなしている。

「いわゆる〝お百姓さん〟って、いろ

ウェブ連載ではKさんが執筆し、Tさんが撮影を担当している

んなことやって稼いでいる人なんだよね。畑だけじゃなくて」

「百姓」とは〝百の屋号〟。休耕中は内職をするなど、さまざまな仕事をこなすことから付けられた名称なのだそうだ。

「ここに来る前はTさんも、一つの出版社からの仕事に偏ってたの。そこの本をつくるために他の仕事を断ったり。でも一社だけに偏るのも危険だよねって話していた矢先に倒産して……。だから一つの仕事一筋じゃなくて、お百姓さん的な稼ぎ方の方が安全だねっていう考え方は、ストンと腑に落ちたんだよね」

　彼女がいなければ、ここにくることはなかったとTさんは語っている。どんなに大変なことでも彼女とならば乗り越えられるかも——、人をそんな気持ちにさせる軽やかさをKさんは備えている。

良縁を呼び込む、たくさんの窓

　とはいえ改修作業はエンドレスに見えた。引っ越し荷物は仕舞い込んだまま、寝泊まりしている母屋に仮置きし、キャンプ道具で炊事をするハードな生活は延々と続いていた。

　しかしこの頃、地元の方たちとの出会いがあった。中には大学院で建築を専攻していた人もいて、壁や天井の板張りや、庭の劣化したコンクリートのかち割りなど、大工や力仕事で多大な協力を得られたのだ。

　さらに地元新聞に取り上げられた夫妻の記事を読んで興味を持ち、「手伝いたい」と申し出てくれた方もいた。その方はただ「面白そう」という理由だけで仲間を引き連れ、頻繁に手伝いに来てくれるようになった。Tさんに〝強力助っ人隊〟と呼ばれるその方たちは、「ボランティアは手弁当でするもんや」と、差し出すお菓子も手に取らず、塗装や土木作業の他、他所で廃材となった必要なものをもらってきてくれるなど、細やかで惜しみない協力をしてくださった。

　そして彼らだけではなく、地元でのつながりはみるみる広がっていったのだ。

　隣町の工業高校の先生と知り合えたことも大きかった。特にドアや窓、押し入れなど建具の製作は、先生の専門的なアドバイスがなければ難しかったという。

　これまで住んできた住居も、採光と風通しを最優先に選んできたTさんにとって、窓は外せない要素だった。施工前は二階に一ヵ所しかなく、他にも大きな窓が欲しかったが、柱と渡し木の制約で設置サイズに限りがあった。

　ならば数を増やそうと、後先顧みないTさんは前年の段階で壁に一〇ヵ所もの穴を開けていたのだ。これにはさすがのKさんもおののいたという。また、積雪量の多いこの地域で冬を暖かく過ごすために二重窓にしたかったため、つく

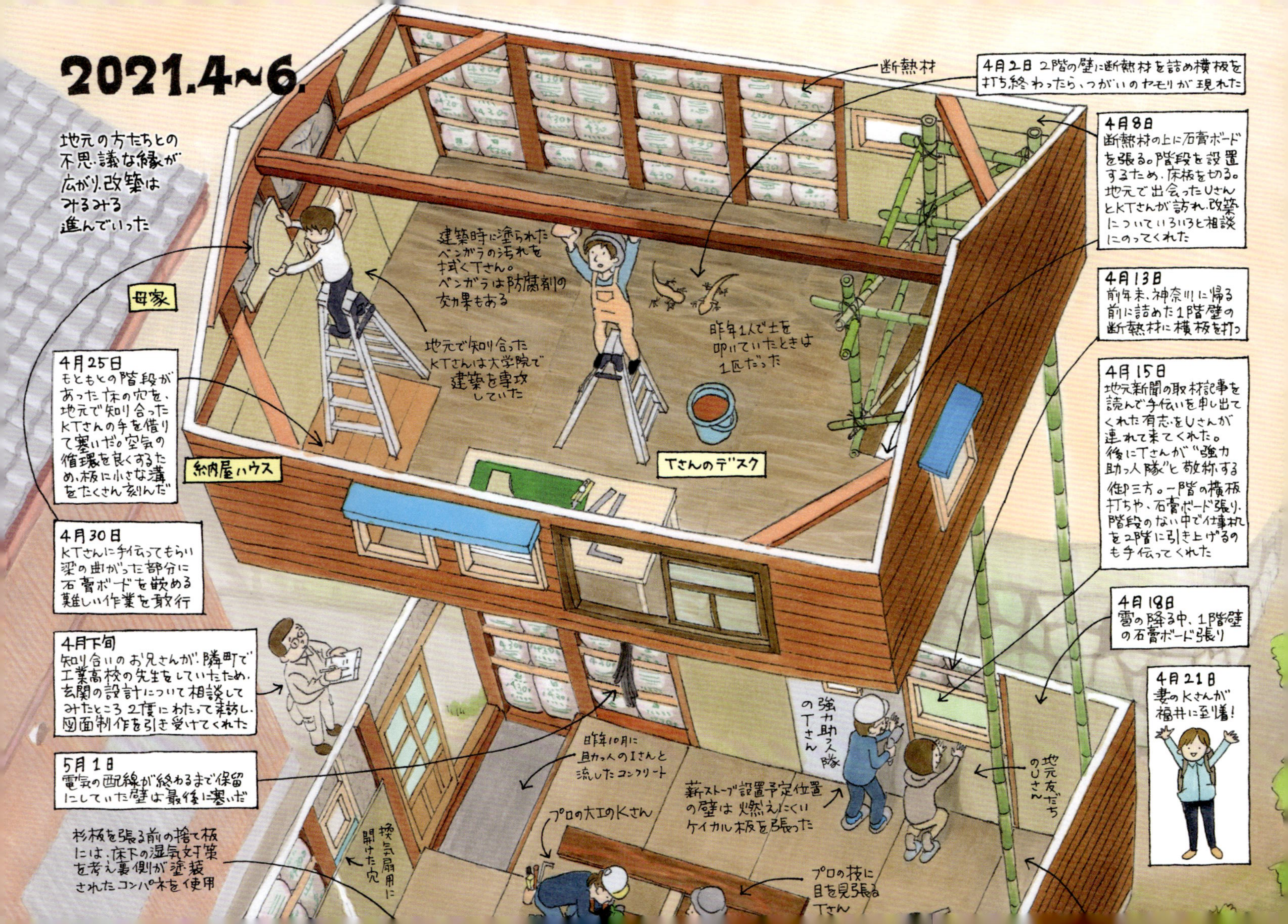
2021.4~6.
地元の方たちとの不思議な縁が広がり、改築はみるみる進んでいった
断熱材
4月2日 2階の壁に断熱材を詰め横板を打ち終わったら、つがいのヤモリが現れた
4月8日 断熱材の上に石膏ボードを張る。階段を設置するため、床板を切る。地元で出会ったUさんとKTさんが訪れ、改築についていろいろと相談にのってくれた
母家
建築時に塗られたベンガラの汚れを拭くTさん。ベンガラは防腐剤の効果もある
地元で知り合ったKTさんは大学院で建築を専攻していた
昨年1人で土を叩いていたときは1匹だった
4月13日 前年末、神奈川に帰る前に詰めた1階壁の断熱材に横板を打つ
4月25日 もともとの階段があった床の穴を、地元で知り合ったKTさんの手を借りて塞いだ。空気の循環を良くするため、板に小さな溝をたくさん刻んだ
納屋ハウス
Tさんのデスク
4月15日 地元新聞の取材記事を読んで手伝いを申し出てくれた有志をUさんが連れて来てくれた。後にTさんが"強力助っ人隊"と敬称する御三方。一階の横板打ちや、石膏ボード張り、階段のない中で作業机を2階に引き上げるのも手伝ってくれた
4月30日 KTさんに手伝ってもらい梁の曲がった部分に石膏ボードを嵌める難しい作業を敢行
4月下旬 知り合いのお兄さんが、隣町で工業高校の先生をしていたため、玄関の設計について相談してみたところ2度にわたって来訪し、図面制作を引き受けてくれた
4月18日 雪の降る中、1階壁の石膏ボード張り
4月21日 妻のKさんが福井に到着！
強力助っ人隊のTさん
昨年10月に助っ人のIさんと流したコンクリート
5月1日 電気の配線が終わるまで保留にしていた壁は最後に塞いだ
地元友だちのUさん
薪ストーブ設置予定位置の壁は燃えにくいケイカル板を張った
プロの大工のKさん
杉板を張る前の捨て板には、床下の湿気対策を考え裏側が塗装されたコンパネを使用
換気扇用に開けた穴
プロの技に目を見張るTさん

5月1日
工業高校建築文化部の生徒さん3人が、玄関の古い庇を解体。使える部材を救出してくれた
工業高校の生徒さんたち
5月3～11日
石膏ボードの隙間はKさんが根気よくパテ埋めした
5月5日
強力助っ人隊のHさんが不要な灯油タンクをもらってきてくれた
5月9日
柱や梁に塗装されていたベンガラの汚れを拭き取る
5月31日
母屋1階居間の杉板を外し水洗い。玄関の上がり框も整えた
5月14～30日
玄関の柱やポーチの施工開始
6月1～2日
環境に優しい施工を手がける大工のKさんと知り合い、床板張りの指南を受ける
6月4日
1階床の板張り完成
6月7日
1階の漆喰塗装を開始
6月9日
下屋壁の腰板張り。強力助っ人隊が不要な灯油給湯器をもらってきてくれた
6月16日
全ての塗装が終わり、マスキングテープを剥がす
防水シートの上に板を張る
強力助っ人隊のHさん
Kさん
Tさん
Kさん
腰板
石膏ボード塗装の工程
① マスキングテープで保護
② 石膏ボード間の隙間や段差をパテで埋める
③ その上にファイバーテープを貼り、さらに隙間を埋める
④ シーラー塗装
⑤ 下地材塗装
⑥ 漆喰塗装で仕上げ
5月12日
2階床に穴を開けた後、脚立がたてられず高所に手が届かなくなっていたため、KTさんとともに竹で作業用の足場を設置。これに登って梁部分の石膏ボード張りや塗装を行った
5月21日
2階の壁の漆喰塗装を開始
5月24日
工業高校の先生と生徒さんが実習の一貫として玄関を測量
5月26日
強力助っ人隊の方が塗りやすいコテを自作してくださった
5月14日
玄関に柱を入れる
水平器
5月15日
強力助っ人隊の3人と玄関の束石を設置。
地面が傾いているので、水平を取るのが難しかった
束石を一旦固めて……
5月19日
束石の固定材が乾き、コンクリートを流すための外枠をTさんが設置。これも水平を取るのが難しい
強力助っ人隊のHさん
5月25日
強力助っ人隊の3人とコンクリートを流し込む。
この日は土木部と左官部に分かれて6人で作業した
紙を敷いて水を打ち3日待つ……
5月30日
外枠を外したら完成。見事な仕上がり！
25日ほど、表面を濡らした状態で保ち、完成させる

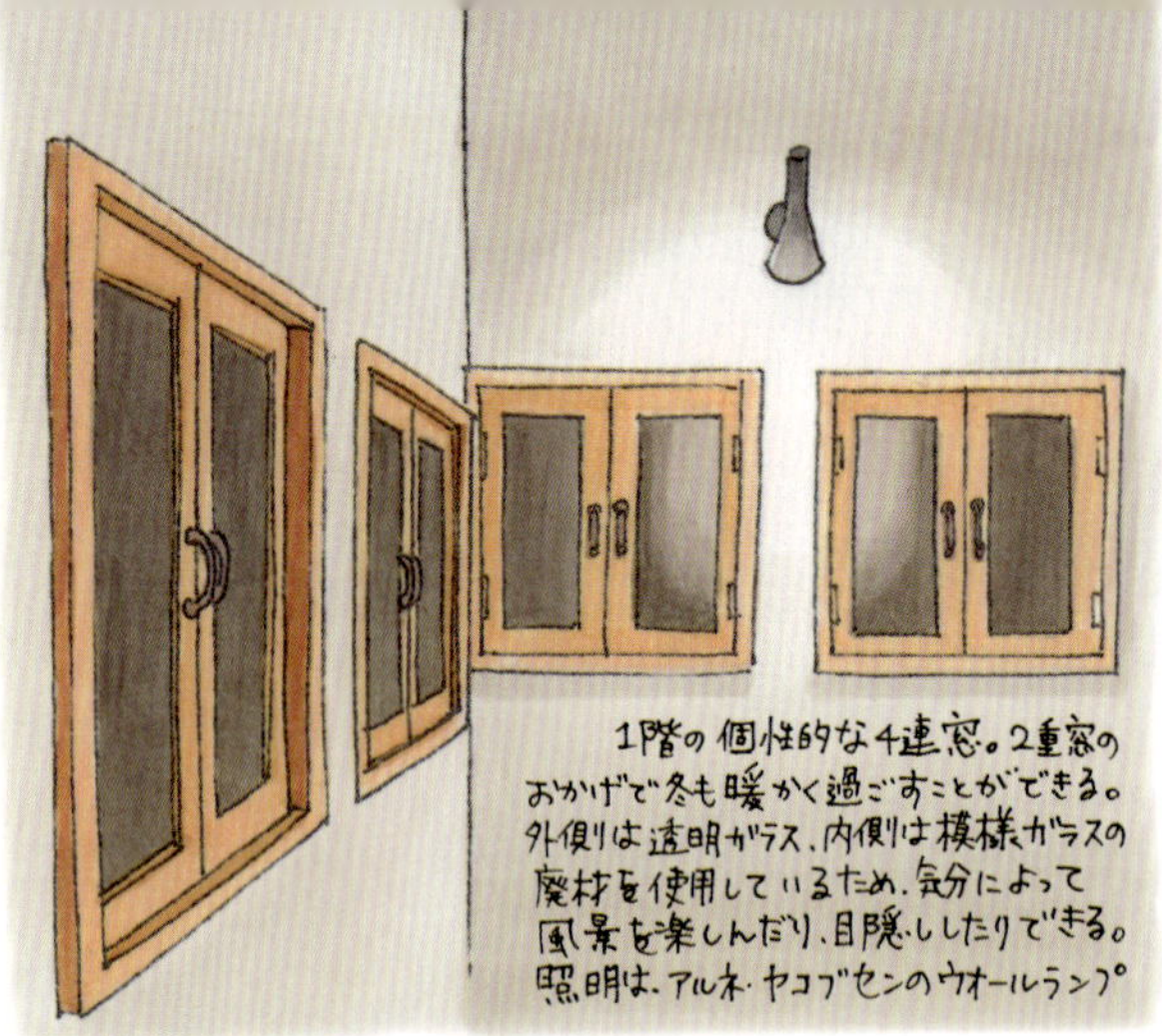
1階の個性的な4連窓。2重窓のおかげで冬も暖かく過ごすことができる。外側は透明ガラス、内側は模様ガラスの廃材を使用しているため、気分によって風景を楽しんだり、目隠ししたりできる。照明は、アルネ・ヤコブセンのウオールランプ

る数も倍になる。内側は開放時に邪魔にならない観音扉にしたかったため、外窓一〇枚、内窓二〇枚、合計三〇枚もの窓をつくらなければならなかった。

技術的なアドバイスの他に、高校にある工房の機材まで使わせて頂けるという先生のご厚意にあずからなければ、細やかな調整を必要とする大量の窓製作はままならなかっただろう。その上、先生率いる建築文化部の生徒さんたちまで、ことあるごとに実習を兼ねて手伝いにきてくださった。彼らは玄関のポーチの制作に尽力してくれたという。

またインターネットの物々交換サイトでは、県内で同様のリノベーションを試みる仲間たちとの出会いもあり、資材や廃材の情報交換のみならず、志を同じくする仲間同士の共感を深めることもできるようになった。

「ほんとにこの家って不思議なことに、困り果てたここぞっていうときに救世主みたいな人が現れて手伝ってくださるっていう奇跡のくりかえしだった」

Kさんは感慨深く振り返る。

夫妻はもはや遠方からの助っ人に頼らなくとも、近隣で多大な協力を得られるようになっていた。前年の孤独な奮闘を思い起こせばそれはまるで、開かれた窓から燦々と降り注ぐ陽光のような良縁だった。目を見張る勢いで改修は進んだが、それでも夥しい数の作業をこなすには、半年間の時間が必要だった。

待望の入居、満ち足りた年の暮れ

「福井に秋物の服の出番はない」と、地元の人は声をそろえて言うらしい。

十月にもなると冷え込む日が続き、夫妻は積雪前には断熱材もなく寒い母屋から、新居の納屋ハウスへ引っ越したいと考えていた。この年もまたタイムリミットが迫っていた。

けれど心強い仲間たちに支えられながら、のろくとも確実に進めてきたこの年の歩みを顧みれば、心の平安は保たれているようだった。Tさんは原稿や写真の仕事をしながら、Kさんもリモートやパートの仕事をしながら、焦らずコツコツやるべきことをこなしていた。

そして十一月のある日、また関東から来てくれた友人たちに助けられ、夫妻はついに納屋ハウスに入居したのだ。改修作業を始めて四五四日後のことであった。Facebookで見ていただけの私でさえ、はじめて納屋で食卓を囲み仲間とくつろいでいる投稿写真を見たときには、

ポリカーボネートでつくった雪囲い。窓枠にフックで取り付けられるようにした

やはり感動してしまった。

十二月、納屋ハウスには恒久的に使える雪囲いをつくり、母家の雪囲いも完了したその晩に雪は降り始め、翌日にはあたり一面を真っ白に染めた。毎年恒例になった雪への備えは、この年もまた滑り込みセーフだった。

何かが完成するたびに味わう達成の喜び、じりじりと身を焦がす焦燥、誤断への悔恨、出会いの喜びなど、およそ人が一生で味わう喜怒哀楽すべてを抱き込み結実してできあがった家だった。そこでくつろぐTさんの表情は、今まで見たことがないくらい穏やかだった。

年末、Kさんの誕生日に街へ繰り出し、戻ってきた自宅で宴に興じた彼は、その晩の投稿でさらりと呟いていた。

「福井へ移り住もうと決めたことが去年のことなんて信じられないくらい、いろいろなことがあったなぁ、と思い返しつつ、まがりなりにもこうして住み始めることができて素直にうれしいっす」

長きにわたり外水栓で調理をしてきたKさんも、綺麗なシンクで皿を洗い、薪ストーブで煮物を温めている。大晦日、彼女は雪に埋もれる外水栓の写真とともに、こんな言葉を残していた。

「少し前まで、皿洗いに米とぎ、水仕事すべてをここでしゃがんでやっていたなんて、とても信じられません。暑い日も寒い日も、どしゃ降りの日も。蚊にたかられたり、びしょびしょになりながら、よく頑張りました。（中略）調理台とシンクが並んでいる便利さ、屋内で水が使えることのありがたみを噛み締めながら、お正月料理をこさえる大晦日です」

雪に埋もれた外水栓

この暮れの投稿にはどれも、夫妻の充足感と安堵の気持ちが満ち溢れていた。

二〇二二年春、思い描いた暮らしに向けて

その冬はよく雪が降った。Kさんははじめての豪雪地帯の雪かきさえ、心から楽しんで取り組んでいるようだった。積み上げなくとも、家の前の小川に雪を落とせる立地条件が彼女の自慢だった。

Tさんは、室内の細々とした建具の製作に励んでいた。小棚をつくって民芸品を飾ったり、ピクチャーレールを設置して絵や写真を飾ったりするうちに、室内は暮らしの豊かさで彩られていった。

また雪解けの頃には“強力助っ人隊”の皆さまの手も借りて、菜園にする予定の隣接する土地を開墾するなど、新たな計画にも着手した。近隣の景勝地や名刹

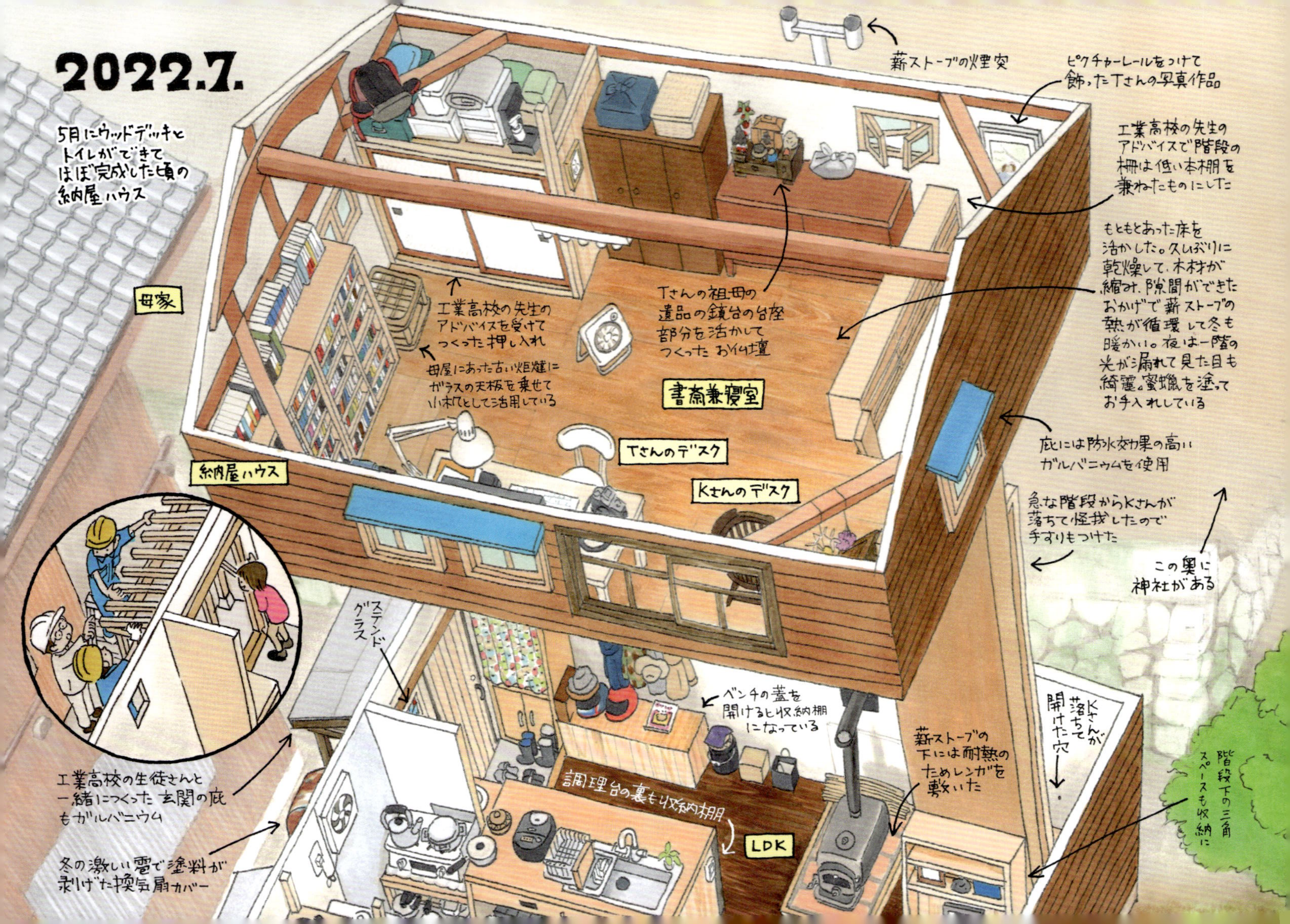

2022.7.
5月にウッドデッキとトイレができてほぼ完成した頃の納屋ハウス
母家
納屋ハウス
薪ストーブの煙突
ピクチャーレールをつけて飾ったTさんの写真作品
工業高校の先生のアドバイスで階段の柵は低い本棚を兼ねたものにした
もともとあった床を活かした。久しぶりに乾燥して、木材が縮み、隙間ができたおかげで薪ストーブの熱が循環して冬も暖かい。夜は一階の光が漏れて見た目も綺麗。蜜蝋を塗ってお手入れしている
Tさんの祖母の遺品の鏡台の台座部分を活かしてつくったお仏壇
工業高校の先生のアドバイスを受けてつくった押し入れ
母屋にあった古い炬燵にガラスの天板を乗せて小机として活用している
書斎兼寝室
Tさんのデスク
Kさんのデスク
庇には防水効果の高いガルバニウムを使用
急な階段からKさんが落ちて怪我したので手すりもつけた
この奥に神社がある
ステンドグラス
ベンチの蓋を開けると収納棚になっている
薪ストーブの下には耐熱のためレンガを敷いた
Kさんが落ちて開けた穴
階段下の三角スペースも収納に
調理台の裏も収納棚
LDK
工業高校の生徒さんと一緒につくった玄関の庇もガルバニウム
冬の激しい雹で塗料が剥げた換気扇カバー

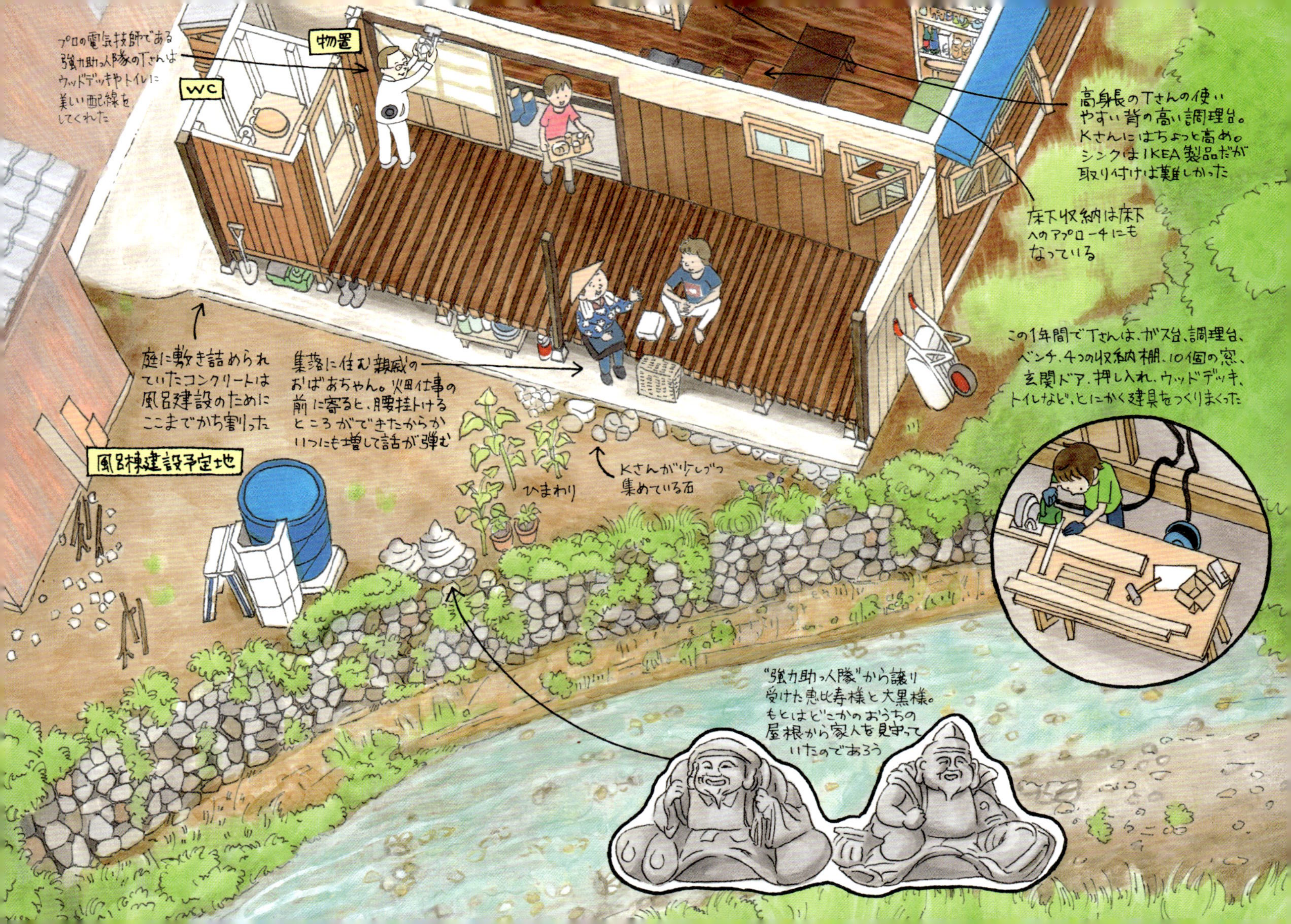
プロの電気技師である強力助っ人隊のTさんはウッドデッキやトイレに美しい配線をしてくれた
物置
WC
高身長のTさんの使いやすい背の高い調理台。Kさんにはちょっと高め。シンクはIKEA製品だが取り付けは難しかった
床下収納は床下へのアプローチにもなっている
この1年間でTさんは、ガス台、調理台、ベンチ、4つの収納棚、10個の窓、玄関ドア、押し入れ、ウッドデッキ、トイレなど、とにかく建具をつくりまくった
庭に敷き詰められていたコンクリートは風呂建設のためにここまでかち割った
集落に住む親戚のおばあちゃん。畑仕事の前に寄ると、腰掛けるところができたからかいつにも増して話が弾む
風呂棟建設予定地
ひまわり
Kさんが少しずつ集めている石
"強力助っ人隊"から譲り受けた恵比寿様と大黒様。もとはどこかのおうちの屋根から家人を見守っていたのであろう

なんとも贅沢なY邸からの風景。春夏秋冬、さまざまな表情を見せてくれるが、初夏には青々とした山が田園を包み込む。
手前の川の石垣には、Kさんの好きな苔や小さな生物が生息し、蛍も舞う。右には元鉄道幹線の土手が道路になっている

を訪れる余裕も生まれ、前から企んでいた狩猟免許取得の勉強も始めた。思い描いた生活を本格的に始動させようと、夫妻は意気込んでいた。

「ふと窓の外に目線を移すと、この緑まみれの景色にいまだハッとさせられます。見慣れたつもりでいても、まだ心に染み付いていないのかな。あ。でも、この驚きはずっと忘れないでいたいな」

目前に広がる最高の景色の写真とともに投稿されたTさんの文章からも、その高揚感は伝わってくるようだった。

四月にウッドデッキ、五月にトイレを順調につくり終え、ほぼ完成したかに見えた納屋ハウスだったが、まだ生活の根幹をなす大事なものが足りていなかった。風呂場、洗濯機置き場、薪小屋だ。

風呂棟はウッドデッキから、川側に延長する形で、新たな棟を新設する。既存の納屋を改修してきたこれまでと違い、一から建物を建設するには基礎工事も必要なので、ぬかりない設計計画を詰めているところだった。

ウッドデッキができた当時の納屋ハウス。デッキ左に堆肥がつくれるパーマネントトイレを設置

環境が心身に及ぼす影響

一方で心配ごともあった。年に一回、集落の男性総出（五人）で行う道普請では枯れてしまった沢を見つけた。近隣で行われる新幹線のトンネル工事の影響なのか、稲作農家も困っているようだった。

他にも同町内には三つの民間事業者による大規模な風力発電開発事業が進められており、合計最大六八基もの風車建設が計画されていた。夫妻は詳しい内容を確認するため、住民説明会を傍聴したが、どの事業者も環境への影響調査は不十分に感じられるものだった。

夫妻の暮らす集落を取り囲むように北に一六基、南西に一三基、南東のG社は特に大規模で、約八三〇ヘクタール（東京ドーム一八〇個分）に高さ一八八メートル（新宿の京王プラザホテルくらい）にも及ぶ国内最大規模の風車が三九基も計画されていた。これは夫妻がいつも眺めている緑豊かな景観の中央に位置している。

G社の環境影響評価準備書には、「景

観資源としての価値が乏しい」ので問題ないと書かれており、夫妻が日々大切に感じ、そのために移住してきたといっても過言ではない景観を、一方的に「価値がない」と切り捨てるような物言いが悔しくて、Kさんは涙を流したという（G社の計画は二〇二三年五月、経済産業省から「抜本的な見直しが必要」と勧告されている）。

エネルギーの供給先は地元とはかぎらず、使われるのは私の住む東京かもしれない。ただでさえ「原発銀座」と言われるほどに原発関連施設が建ち並ぶ福井県が、これ以上、他所のためにリスクをかかえるのは、環境負荷の不平等な分配を正す環境公正の観点からも正しくない。

数年前に立ち上がったばかりのこの計画は地元住民への十分な告知もされておらず、二〇二一年の同町のアンケートによれば回答した住民の四五・八％が「全く知らない」と答えていた。また、自然エネルギーなら良いものなのではと、肯定的に捉えようとする回答も多かった。

私も今まで、自然エネルギーというものは比較的良いものだと、ふわっと考えていた。けれどこの開発を知って少し勉強してみてわかったのは、少なくともこの場所には適していないということだった。その理由は、風、雷、森の三点だ。

夫妻が傍聴した町議会では、議員から「全国的に見て、ここは発電するのに十分な風が吹く場所なのか」という質問に対し、一三基を計画しているC社から「それほど強い風が吹く場所ではないが、採算が取れるようにしていきたい」と、漠然とした返答しか得られなかったという。風車先進国の欧州各国では、風量の見込めない陸上から洋上への設置に移行しつつある中で、「それほど強い風が吹く場所ではない」陸上に大量の風車を建設する必然性が感じられない。

また、これもはじめて知ったのだが、福井県は石川県についで二番目に雷の多い県なのだ。日本海側からの寒気で発生する冬季雷は、低い位置で起きるために建造物への被害が多い。全国でこれまで壊れて廃止された風車の内、自然災害による故障は三分の一を占め、その大半は落雷により、北陸を中心とした日本海側で起きている。福井県でも既に一基、落雷による故障で廃止された風車がある。全国的には、補助金目当ての業者が開発するだけしておいて、維持や廃棄まで責任を負わないケースも多い。

開発による生態系の破壊は全国的な問題だが、手付かずのブナ林が多く残るこの地域での大規模な伐採はあまりにもったいない。盛り土による土砂災害、水脈の枯渇、猛禽類のバードストライクの懸念には、イヌワシ、絶滅危惧種のクマタカ、隣町で繁殖する天然記念物コウノトリも含まれる。いずれも一度失ってしまったら取り返しがつかない。

地域的な問題の他、一番身近な問題として心配なのは健康被害だ。低周波音による睡眠障害、めまい、耳鳴りなどの訴えは各地で報告されていて、引っ越しを余儀なくされた人もいる。そしてそれらの報告例と比較しても、この町で予定されている開発計画は、明らかに規模が大きかった。

Kさんは移住前後に、自身の心や身体について気づいたことが多くあったという。一つはグルテンアレルギーだ。あるきっかけで米食のみの生活を送ったときに、持病により身体中の関節に感じていた痛みの症状が緩和したという。以降、調味料や外食に気をつけることで穏やかに暮らせている。

また、環境感受性が強く、光や騒音など外部の影響を過剰に受けとるところがあったため、情報過多の都会では生きづらかったのだ。福井に来てからは人工的な刺激が少なく、苦手な運転も難なくこなせるようになったという。

風車の低周波音による各地の健康被害報告を調べれば調べるほど、彼女のことが心配になる。

おとぎ話のような世界

その夏、私ははじめてY邸に遊びに行った。そこで過ごした日々は心身の疲労を見事に癒してくれるものだった。

日がな一日、青々とした景色を眺めながらおしゃべりし、人生初のドラム缶風呂にも入った。直火で炊かれたお湯には身体の芯まで温める浸透力があるのか、あがってからもずっとポカポカと温《ぬく》もっているような心地よさが感じられた。

サンダル履きで川に浸れば指先に水の流れを感じとり、Kさんお手製の旬のご馳走を頂き、天の川もくっきり見える満天の星空を眺めた。なかなか寝つけない性分なのに、カエルの鳴き声や小川のせせらぎを子守唄に横たわれば、ストンと心地よく寝落ちできた。その数日間、身体中の細胞がぷちぷちと活性化し息を吹き返すような感覚があった。

玄関でリスのドアノッカーがお出迎え。小さな設えが日常を彩る

「〝よく移住したね〟って、皆に言われるけど、なんでそんなことを言うのかな。私にとっては夢が叶って嬉しいだけなのに」とKさんは言っていた。

ウッドデッキから眺めると、小川と田んぼの向こうに、山を背にした一本道が見える。もともと鉄道幹線だったというその道は、少し高い土手の上にあった。夜になると星空に山かげが浮かびあがり、その土手を走る機関車はきっと、宮沢賢治の『銀河鉄道の夜』のようだったのだろうな、と想像する。

一本道の最奥にあるこの集落まで来る車は、地元住民か、さらに奥の新幹線のトンネル工事車両くらいだった。雑誌の

Y邸名物のドラム缶風呂

取材で山に行っていたTさんの帰りを待つ私たちは、ときおりウッドデッキ越しに車が来ないか眺めていた。するとKさんがハッと立ち上がった。

「Tさんだ！」

暗闇の土手に二つのヘッドライトが光っていた。車種などまるで判別できないがKさんにはわかるらしい。彼女は暗闇に向かって大きく両手を振りながら、両足を後ろに蹴り上げ、ぴょんぴょんと跳ねあがった。

「わーい、Tさんだ！　Tさ〜ん！」

その無邪気な後ろ姿は、私の目に焼き付いてしまった。絵本に出てくるような景色の中で、夫を迎えるその光景が、現在ではあり得ない神話的なものに感じられたからだ。

都会ならば、〝迎える〟と言っても玄関か門、頑張ってもせいぜい通りの角まで。たいていは家の中から「おかえり〜」の一言で済ませていると思われる。それもまた良し。

けれどそんなたわいもない日常も、豊かな自然を背景に繰り広げられると、これだけ美しく貴重な一瞬に思えるものかと、なんだか涙が出そうになった。

そして彼女がここでの暮らしをどれほど愛おしく感じているか、その姿を見て一瞬で理解できたのだ。

美しさとは、多様であること？

帰ってきたTさんは、これからの計画を楽しそうに語ってくれた。

「一九七〇年代にオーストラリアで体系化されたパーマネントアグリカルチャーっていう考え方があって、本当は生き方自体も変えていく奥深い思想なのだけど、そこまでは実践できないから〝なんちゃってパーマカルチャー〟ぐらいな感じを目指してる」

生態系が持つ生産力を最大限に活用し、多様な要素を有効的に配置することで持続可能な環境づくりを目指していく実践法なのだそうだが、Kさんがわかりやすく説明してくれた。

「例えば、畑に鶏を放つ。鶏が糞をすると栄養になるし、虫を掘り起こしてくれたりもする。鳥もハッピーだし、土も元気になるし、植物も健康に育つ。そういうサイクルをつくりだすの」

さらにTさんが補足してくれた。

「一番高いところに水のタンクがあって、その流れに沿って畑をつくり、水はけの良いところ、悪いところでそれぞれに適した野菜を配置する。要は自然そのものを再現するんだよ。イギリスにはベジタブルガーデンっていうのがあって、それは畑じゃなくて庭なんだよね。二人が食べるくらいなら一つ一つの野菜の量は少なくても良い。それより多種多様な野菜が見栄え良く混在していて、眺めていても楽しいような〝野菜が綺麗に見える庭〟って感じにできたら良いな。せっかく川があるから、いずれは小規模な水力発電にも挑戦してみたい」

生態系の循環を実感できる小さな世界が、このウッドデッキから眺められたらどんなに楽しいだろう。美しさとは多様性と同義語なのかもしれない。

玄関を入ったところにある洗面台は、アフターコロナの時代に便利。右のステンドグラスは、ヤフオクで購入した一品。斜めのカーブを枠にはめる施工は難しかったという。左の鏡はTさんの祖母が使っていた鏡台から外して使っている

そして風景だけではなく、この家もまた同じように美しい空間だった。この狭い空間に四人で滞在していてもまるで窮屈に感じなかったのは、おそらく空間の隅々まで気が配られ、物や建具が然るべき位置に配置されているからだ。動線に無駄がないので、気疲れやストレスを感じさせない。この家自体も、物と複数の人間が共存するためにつくられた小さな生態系のように感じられた。近隣からも遠方からも、多種多様な人がこの家に引き寄せられるのには、そんな理由もあるのかもしれない。

またお風呂ができたら遊びにくるねと言って、そのときはお別れした。福井県を線状降水帯が襲ったのは、その一週間後のことだった。

二〇二二年夏、激変した風景

テレビのニュース画面に、見覚えのある風景が何度も映し出されていた。県道からY邸に向かう一本道に入ってすぐのところにあった踏切が濁流に呑まれ、傍に軽トラが倒れていた。

洪水被害のあったその日、Y夫妻は他県の友人宅に宿泊していた。集落の区長さんから、橋が落ちて入れないから、しばらく帰ってこない方がいいと連絡を受けたという。夫妻は友人宅にもう一泊させてもらったものの、家のことが心配で何はさておき帰ることにした。

町に着くと、やはり一本道に車両は入れず集落は孤立していた。町内の友人宅に身を寄せて、Tさんだけが道中で購入した支援物資の水を背負って、徒歩で

一時間かけて集落へ向かった。

道は惨憺たる状況だったようだ。道路は抉《えぐ》られ、アスファルトは土砂で埋もれていた。倒れかかった電柱、濁流に落ちた大きな橋……、Tさんの投稿で、変わり果てた光景を見た私は絶句した。とても、先週訪れた同じ場所には見えなかった。

集落には、一階の天井近くまで土砂と瓦礫で埋まってしまったお宅や、蔵が流されてしまったお宅もあった。Y邸母屋も床上浸水し、ドアには腰の高さまで泥の痕跡が残っていた。しかしおそるおそる自宅へ向かうと、なんと納屋ハウスは無事だった。床上浸水は免れ、出かけたときの状態を保っていたという。

それどころか、川岸ギリギリにあったドラム缶風呂まで、中の水を保ったままそこにたたずんでいた。奇跡としか言いようがない。母屋の外壁に堰き止められていた大量の倒木や瓦礫を見た彼は、ご先祖様が守ってくれたと感じたそうだ。

けれど悲しいことに景色は激変してしまった。あの澄んだ小川のせせらぎは茶色い濁流となり、土砂で埋まった川底は極端に浅くなっていた。抉られて落ちた対岸の石垣、その向こうにあったはずの一面の緑はすべて流され、変わり果てた茶色い荒地に隣家に聳えていたはずの大きな欅が横たわっていた。

友人宅に身を寄せていた夫妻は、花はすの収穫を手伝うなど、体を動かすことで平常心を保って過ごし、自宅へ戻れたのは災害から一週間後、落橋箇所に迂回路が設けられてからのこととなった。

母屋が受け止めてくれた瓦礫。この向こうに納屋ハウスがある

物に注がれる夫妻の眼差し

復旧作業は、母家周辺に堆積した瓦礫の除去から始まった。これは遠方から駆けつけてくれた友人やご近所さん、ボランティアの方々のマンパワーで、なんと一日で除去できたそうだ。翌日は母屋の床上と床下の土砂をスコップで掻き出し

目前の景色は変わり果て、対岸に隣家の欅が横たわっていた。奥には電柱が傾いている

た。まだ水道は復旧していなかったが、手おなじみ〝強力助っ人隊〟の面々が、手際よく上流の沢にエンジンポンプを設置して水を通してくれたおかげで、床の水洗いも同時に行うことができたという。

自宅と並行し、被害の甚大な近所の家の泥の掻き出しや片付けも手伝った。納屋ハウスの床下浸水も放っておくわけにはいかず、敷き詰めた調湿鉱石や土砂を取り出す作業をしていたところ、今度は夫妻揃ってコロナウイルスに感染してしまった。弱り目に祟り目だ。作業は強制的に一時休止せざるをえなくなった。

九月に入り、母屋の片付けを再開した頃、Kさんはこんな投稿をしていた。

「床上浸水すると合板の家具はカビから救うことが出来ず、廃棄するしかありません。（中略）その一方で、母屋の片隅から出てきたちゃぶ台は天板がぱっくり割れているものの、修理すればこれから何年も使えそう。無垢材の強み。（中略）新しい素材や製品が生まれ、時代の流れに乗って進化しているようでいて、でも、昔ながらのものが無くなりはしないのには、ちゃんと訳があるのですね」

都会で会社員をしていた頃から、移住や改築、災害復旧に至るまで、彼女は常に一貫した眼差しで物を見つめていた。

Kさんが勤めていた会社は、雑貨や家具のショップだが、ただ物を売るだけではない。その公式サイトに、「〝ロングライフデザイン〟をテーマとするストアスタイルの活動体」と書かれているように、深い企業理念のある会社なのだ。

安全性が高く、長く使い続けられる商品を提供するに留まらず、生産地域の個性の尊重や、作り手の経済状態まで配慮した価格設定など、物を取り巻くデザイン環境をトータルに持続可能とするシステムの構築を試みている。

彼女がその会社に転職したのも、Tさんと出会い励まされたのがきっかけだったそうだが、物を長く大事に使うという点において夫妻の考えは徹底していた。

Tさんの祖父がつくったという前述のちゃぶ台は、その後直してウッドデッキ

流れ着いた福助人形
母屋から出てきたTさんの祖父がつくったちゃぶ台は工業高校の先生のアドバイスを受けながら修理した

で使っている。それどころか、土砂と一緒に漂着した物まで救出しているのだ。どこからか流れてきた天神様や福助さんの人形は、洗って大事に飾られている。

また対岸に倒れた隣家の欅の木は、Tさんが子どもの頃から眺めていた思い出深い木だった。これは遠方に住む主の許可を得て、再利用することにしたという。枝葉の部分は薪に使い、幹の一部は手が空いたら木彫にチャレンジし、かつての記憶や水害を忘れないために、何かのかたちを刻みたいと考えている。

切るのではなく、結んでいきたい

ボランティアや友人たちに助けられながら少しずつ自宅は復旧していった。けれど、どうにも元に戻らないものがあった。あの大好きな風景だ。あいかわらず川は濁り、倒木が横たわり、橋は落ちたままだった。特に気がかりだったのは川底に堆積したままの土砂だ。底上げされた川は、またいつ溢れるかわからず、少しの雨にも怯えながら過ごす日々が延々と続いていた。

激甚災害指定されたこの水害で全壊認定を受けた住家は福井県内で六軒あり、その内五軒が夫妻の住む集落にあった。解体が決まった家屋は空き家を含め七軒、十数軒しか住家のない集落にとっては甚大な被害だったが、崩落した橋の奥に位置するこの地の復旧作業は、他所に比べて明らかに遅れていた。そして近隣では、この土地を離れるという話もポツポツと聞かれるようになっていった。

川を広範囲にわたって一メートル以上も底上げするほどの大量の土砂がどこから流れてきたのか。Tさんは災害前の道普請で見た山を思い起こしていた。

自宅の裏山に登ると沢筋ごとに大量の土砂と流木が堆積しており、その一ヵ所は集落の民家に隣接していた。放っておけばまた豪雨が来たときに凶器となり、夫妻の住む集落へと流れ襲ってくるだろう。復旧作業の落としどころについて行政との話し合いが進められる中で、彼はこの裏山の流木除去を要望した。けれど河川などの公共空間とは権利関係の異なる個人所有の山林への施業は困難なため、行政の反応は鈍かった。

災害復旧の土木工事は、「原状復旧が基本」らしいが、必ずしも字義通りではない。「原状復旧」なら、もともとあった川の石垣も維持し整えるのかと思いきや、そのような作業には対応していない。川からは土砂を取り除き、石垣の崩れた部分にはコンクリートで擁壁をつくる。今後の対策としては周辺の山に数ヵ所、砂防ダムを建設する。土木的な対処法し

雪がやさしく包み込み、
すべてを隠してくれた

か選択肢にないのだが、莫大な建設費に見合う効果のほどは疑わしかった。

Tさんは、せっかく多額の税金を使うのなら、災害が起こった場所を元に戻すだけの対処法ではなく、環境を見極めて最適な方法を探り、再び災害が起こっても被害を最小限に抑えられるよう、山を整えていくことの方が大事と考えていた。深く山に関わってきた彼には当然の帰結だったが、規格化されたコンクリート施工をあてはめていく行政の考え方とは噛み合わなかった。やりきれない気持ちを吐露する投稿の中で、彼はこんな言葉を残していた。

　切るのではなく、結んでいきたい。
　壊れたものを、よりよくしたい。
　動くときは、人を思いたい。
　群れの心理に飲まれてはならない。
　近くだけでなく、遠くまで見たい。

家と記憶、それぞれの物語

こんなときこそ、同じ課題を抱える集落住民が触れ合う機会を設けたいと考えたTさんは、NPO団体の協力も得てBBQ大会や、年末の餅つき大会を開催した。住民のみならず、今は遠方に暮らす住民の家族も参加して、久しぶりに一息つける楽しい会になったそうだ。

そんなふうに、なるべく前向きに考え行動してきた夫妻だったが、頑張りすぎたようだった。二〇二三年、年明けの頃の投稿でTさんは、「もう何もしたくない」と正直な気持ちを吐露していた。

災害NPOの方の話では、「被災直後は頑張ることができても、生活再建の段階に入ると健康障害が出てくるケースがある」という。ましてや、激変してしまったまま変わらぬ被災後の風景を、何ヵ月も日常的に眺め続けなければならないストレスは計り知れない。どうしたって目に入ってしまう目前の風景は、ボディブローのようにじわじわと心を蝕んだことと思う。景色を雪が覆った頃、彼はこんな投稿をしていた。

「谷に冬将軍がやってきました。壊れた家も山積みの瓦礫も潰れた田畑も黒い

土嚢も道の穴もみんな真っ白。なんだか心のどこかで少しホッとしたような」

しかし春が来て雪のベールがはずされても魔法は起こらなかった。変わらず荒れ果てた姿のまま立ち現れたその景色は夫妻の日常に横たわり続けた。そして被災した家屋の解体が本格的に始まった。

納屋の改築で、母屋をはじめ、各所で集めた廃材に命を吹き込み再生した夫妻には、壊される家の柱や梁などの材が、今ではどれだけお金をはたいても手に入らない貴重なものか、わかっていた。せめてもの思いで家主に了承をとり、解体前に建具の一部を取り外し、また活かせる日まで保管させて頂くことにした。

破壊音が鳴り響く日々、気になったKさんは締切仕事も手につかず、集落をうろうろと歩きまわって写真を撮った。普段見かけない人もちらほらと。声をかければ以前この谷に住んでいた元住民の方たちで、壊される家を見守りながら、住んでいた頃の思い出や家の歴史を、皆それぞれに語り始めたという。

Kさんが住民から伺った往時の集落情景
鉄道幹線が廃線になる直前の1960年頃は約40世帯が住み、にぎやかに暮らしていた
急勾配の峠越えがあるこの区間はパワーのあるD51が配備され、後ろから押すため、補機も連結されていた。この時代はディーゼル機関車が牽引し、輸送量も格段に増えたため、鉄道の飯場があったこの集落も、一番栄えていた頃だ
集落には鉄道職員が多く夫が忘れたお弁当を妻が竹竿に吊るして渡すことも
鉄道職員のお父さんが街で買い物してきた物品を木箱に入れて転がして家族に渡したりした
この上に神社がある
狛犬
建設当時の納屋ハウス
茅葺き屋根だった頃のY家の母屋
隣家に聳えていた欅の木
子どもたちが遊べるよう大人が石で囲ってつくってくれた小さなプールに裸で飛び込んで遊ぶ子どもたち
線路に釘やコインを置き、汽車に轢かせてメンコにして遊ぶのは全国的に流行っていた
Tさんの祖父は近隣で線路の枕木に使われる栗の木を育てていた。実はいらないのでよく子どもたちが拾いに来た
集落名物の霧島の花
川は子どもの遊び場だった

Kさんは解体作業が進められたこの二週間で、これまで住んできた二年間よりも多く、住民や関係者と語らう時間を共有した。それはとても貴重なことに思えたという。そして各々が胸に抱く、今にも消えそうなこの集落への記憶や思いを、何かのかたちで残したいと考えた。

Tさんは水害前、母屋に入ると祖父母が生きていた時代に引き戻されると言っていた。家は単なる箱ではなくて、当人が意図せずとも記憶装置として機能する。無垢で幸福な幼少期を思い浮かべる人もいれば、逃げ場のない鬱積を思い起こす人もいるだろう。けれど、どちらにとっても失うときの喪失感は大きい。

そして、そんな内部の事情にかかわらず、外から見ればたちまち家は外部の人間の風景の一部となる。そこでは住民の知らないところで、全く別の物語が展開されている。家の外壁や垣根、窓から滲む明かりや匂い、庭の木や植物、隣家との間の空間までもが、誰かの人生を彩る舞台であったはずだ。

家はほとんど茅葺き屋根。
昭和50年代以降、
続々と瓦屋根に葺き替えられた
お寺
集落唯一の
商店があった
最後尾にも
D51が連結されている
集落の
シンボルツリー
の大きな欅
この頃、納屋建設が
ちょっとしたブームだった
スカンポという植物に
塩をつけて食べるのが
子どもたちのおやつだった
Tさんが祖父母の家に遊びに
来ていたのはもっと後の時代だが、
やはりこの欅の下で洗濯する
祖母の隣でよくウグイを釣った
かくれんぼをして
見つからなくなる子がいると、
たいていどこかの家の納屋で寝ていた

家が壊れるということは、その全てに幕が下りるということだ。

　そんな中、第二幕が開かれた家もあった。Tさんが長年仲良くしている埼玉在住の友人が、セカンドハウスとして利用するため、床下浸水して解体が予定されていたY邸隣の空き家を購入したのだ。手伝いで頻繁に通う内に、この地域の魅力に惹きつけられたという。それは荒涼とした風景の中で、一筋の光が差すようなできごとだった。

　四月になると、カジカガエルが鳴いた。多くのものを濁流に押し流されたこの谷で、もう二度とその鳴き声は聞けないのではないかと思っていたTさんは、嬉しくて涙を拭った。六月には源氏蛍も戻ってきた。新たに蠢く生命の息吹も、未来に向けて何かが動き出す小さな希望の灯火だった。

二〇二三年春、山を荒らしたのは誰？

　その頃、私は再び納屋ハウスを訪れた。冒頭で触れた、Y邸の脇を流れる沢の土砂除去のお手伝いをしたのはこのときだ。とはいえ普段から運動不足の私のこと、当然役立たずの屁っ放り腰だ。

　けれど石や流木ばかりではなく、流れ着いた獣害よけの金網など、人工物まで複雑に絡みあい堆積していたその土砂を、みんなで地道に解きほぐして除去し、水がサラサラと流れ始めたときには、なんだかとっても爽快な気分になった。風水という言葉の如く、やはり風や水が流れるべきところを流れてこそ、物事の道筋は見えてくるのかもしれない。

　Tさんの案内で登った裏山は素人目に見ても酷い状況だった。背の高い杉が生い茂る暗い谷に、無数の流木が朽ち果てていた。それらに根はなく、あきらかに人為的に間伐されたものだった。

　杉林は、そのほとんどが戦後の材木需要のために単一種ばかり植林された人工林だ。本来なら地中に真っ直ぐ伸びる杉の根だが、植林によるものは育苗時に根が曲がってしまったり、植えやすいよう直根を切ってしまうため、まっすぐ伸びずに倒れやすい。葉は雨露も吸収せず土の保水力も弱くなる。抗菌作用が強いため分解されずに残る葉は土を覆い、含んだ樹脂が土壌の石灰分を溶解し酸性の強い漂白土に変えてしまう。微生物も繁殖せず、新たな苗木も成長しにくい、やせて貧弱な森にしてしまうという。

　ところが尾根に登り詰めると一気に植生が変わっていた。新緑の季節だからなおさら一目瞭然だった。今までの深くて暗い緑から、一気に軽やかなエメラルドグリーンの景色に変わり、木漏れ日が降り注いでいた。広葉樹の雑木林だ。

　ブナ、ミズナラに代表される広葉樹林は、枝も根も四方八方に伸びている。網目状に広がる根は地盤を固くし、枝葉は雨樋の役目を果たす。上層、中層、下層の多様な樹木の枝葉が雨水の落ちる速度にリズムをつけ水量を調節し、跳ね返す工程でいくぶんか蒸発もさせる。春先に芽吹く葉は日陰をつくり、根元に積もった雪解けの速度もゆるやかにする。

　落とした枝葉のクッションが微生物を

養い、有機物に富んだ豊かな土壌をつくり出す。この腐葉土が海綿体のような働きをして大量の水を蓄えるため、〝天然のダム〟と言われている。どんぐりなど豊富な果実も落として動物を養い、餌を探しに里に出る獣害を防ぐ利点もある。環境省のウェブサイトを確認しても、ブナ凶作の年と、クマが人里に現れ被害を及ぼす件数は確実に比例している。

「あの向こうに見える稜線にダーッと風車の建設が計画されているんだよ」

その一六基の風車を支える土台は、どれだけ多くの〝天然のダム〟を破壊するのだろう。足裏で豊富な落ち葉の感触を確かめながら、この開発の危うさが身に迫まって感じられた（このJ社の事業は、「風況が想定を下回り、事業性の確保が困難」として二〇二四年四月に中止が発表された）。

けれどもっと驚いたのは、別の事業社C社の計画だ。今回氾濫した川の上流にあたる集落南西部の開発が計画されていて、そこに土捨場《どすてば》もつくり工事で出る土砂三六万トンの盛り土を計画しているという。水害で谷を襲った土砂の総量一一〇万トンのおよそ三割にも及ぶ量だ。流域全体が大規模な洪水に見舞われた後だというのに盛り土計画が見直されるそぶりもないなんて、人命軽視と言えないだろうか（二〇二四年九月の環境省の意見書でも「残土の発生量を可能な限り抑制」し、「区域外への搬出」や「再利用」を「引き続き検討すること」とあり、見直しには至っていない）。

新緑の緑が瑞々しい尾根を東に向かって歩き、別の沢筋を下りていくと、また針葉樹の林に戻る。とたん足元の腐葉土がなくなり滑りやすくなった。崩れた林道をしばらく歩いていくと、二〇〇一年建設の砂防ダムがあった。

「うちの裏の沢筋に土砂が来なかったのはこの砂防ダムのおかげだってみんな言うけれど……」

巨大なコンクリートのダムに立ち、ひやっとしながら下を覗くと、多少の枝葉と砂がある以外大きな流木などは溜まっておらず、呆気にとられた。土砂はここまで至っておらず、このダムが功を奏したようには思えない。

　さらに下りると沢の合流地点で、どれだけ激しいぶつかりあいがあったのか想像するだけで怖くなるほど夥しい数の流木が絡み合っていた。まるで航空機が墜落した事故現場のようだ。昨今、全国各地で起こる大雨の要因が気候の変化によるものだとしても、甚大な被害を引き起こす一因には山が荒れていることもあるのだと、私も改めて思い知った。

　日本の中部北陸から東北にかけての積雪地帯は本来、広葉樹の自然林に覆われていた。明治以降、大規模な開発が進み、戦中は軍需物資のため伐採され、全国各地に禿山ができた。戦後は住宅難からの木材不足で檜や杉の植林が国に推奨された。山の所有者は皆こぞって杉を植えたが、育った頃には集合住宅も増え、新建材が出回っていた。自由化による外材輸入の増加も相まって、国内材の価格は暴落。お荷物となった杉林は放置され今に至っている。

「でね、私、山が荒れてるの知ってたから、水害の後からずっと、誰だ！　こんなに山を荒らしたのは！　ってプリプリしながら調べてみたら、細かく区切れた土地の地権者はご近所さんとか、はたまたY家だったりとか……」

「国有林じゃないんだよね。もう尾根のところまで民有林」とTさん。

「Tさんのおばあちゃんも杉植えたもんね。田んぼ潰して……。誰だよって言ってたら、自分らだった……」

「生計が立てられるかどうかで必死だったんだよね。でももう親父の世代は都会に出て、見向きもしなくなった」

　植林し、間伐し、放置したのは誰？　そのワン・オブ・ゼムは身内かもしれない。自然破壊の問題に目を向けると、おそらくすべての人にとって、それは自分ごととして返ってくる。

二〇二三年夏、行政という山が動いた

　Tさんはこの春から林業の講習に通い始めていた。行政との話は噛み合わないが、崩れた山を放っておくのも不安が募り、木を扱う技術を身につけたくて藁にもすがる思いだったのだ。しかし彼が学んだ〝自伐《じばつ》型林業〟というものは解決への道筋を示してくれるものだった。木の伐採を最小限に抑えるなど環境に配慮し、省力化によって収益を上げられる持続可能型の林業なのだ。最低二人から施業可能なスタイルも、自分たちにもできるかもしれないと希望を与えてくれた。

　家の前の小川は行政の浚渫《しゅんせつ》工事で土砂が取り除かれても、大雨が降るたびに川底が上がり、再び工事車両が入るというイタチごっこが続いていた。山に溜まった土砂が問題と考えていたTさんは、学んだ技術を使って裏山に堆積している土砂や流木を除去したいと、町や集落に働きかけた。しかし「崩れている上流から手を入れなければ同じことの繰り返し」と訴えても、「復旧は下流、人家の近くから」というセオリーを繰り返すだけの行政に、夫妻は絶望しかけていた。

　けれど八月、ついに大きな山が動いた。具体策をともなった働きかけが功を

奏して、集落支援の枠で補助金を受けられることになったのだ。Kさんは喜びとともにこう語った。

「主体的に動いて具体的な計画を示せば、行政も耳を傾けてくれるんだね」

夫妻は即座に狩猟を営む地元有志と四人で、生態系や人々の暮らしに配慮した森づくりに取り組む団体を立ち上げた。すると、行政との対話はこれまでに比べてスムーズに進むようになっていったという。Tさんはこう振り返る。

「たとえ少人数でも団体ってかたちをとれば、個人よりずっと信頼されることもわかってきた。これまで自由気ままに生きてきて世間知らずだったけど、先方の立場で考えれば、個人に訴えられても動きようがない。行政と対話するにはそれなりのやり方があるんだなって」

とはいえ、たいていの人なら諦めてしまう。断念せずにさまざまな手段で対話を試みた夫妻の努力には感服する。

最初の活動は集落に隣接する裏山の整備で、自伐型林業の学校運営団体が施業を引き受けてくれた。もちろんTさんも参加し、Kさんも急いで油圧ショベル操作の講習を受けに行った。

だが最初の難関は地権者への連絡だ。流木を除去するための作業道整備予定地の個別の地権者すべてに連絡し、書類を揃えるところから始まった。一部保安林には災害時の緊急伐倒申請書類を作成。砂防指定地は土木事務所に確認を取るなど、複雑怪奇で慣れない事務処理の連続だったという。

油圧ショベルを操作するKさん。神奈川にいた頃は、車の運転さえろくにできなかったというのに、人生わからない……

同時に九月、災害以来ストップしていた風呂棟建設に着手。災害後Y邸は既存不適合建築物に指定され、増改築不可物件となってしまった。住家は新設できないが、風呂棟なら届けを出せば建設できる。猶予期間の二〇二五年までなら届出の必要もなく、水害から一年強のブランクを経て基礎工事に取り掛かった。

あの災害を経てもなお、いやそれまで以上にこの土地と家が自らにとって宝であることを自覚した二人は、この地を守り、住み続ける覚悟をした。

「いっときは行政から、川幅の拡張工事による立ち退きや、集団移転の話も出たの。〝この家が壊されてしまうかも〟って思ったときの心の動揺から、どんなにこの家を大事に思ってるか再認識した」

そう語るKさんは、こう続けた。

「好きな土地で、自分らと仲間たちにも助けられて手づくりしたこの家は、もはや単なる〝箱〟じゃない。体の一部や延長線とも言える存在で、とてもしっくりきているの。床下の土の存在や、流した水の行方なんて、街で暮らしていたときには考えもしなかった。だからこの家に暮らしていて毎日とても幸せに感じている」

Tさんも、

「〝ここに居続けるべきなのか？　居続けたいのか？〟って、すごく突きつけられた。〝もう出ていくんでしょ〟ってあたりまえのように言われたし」

川の怖さも知ったけれども……。

「そもそもここに来た理由はその川があったから。集落内に居るけどうちからの眺めには家の一軒も見えなくて、山と川と谷しかない。それが良くて来たんだから、仮に〝集落内のもっと高所に移転しますか？〟って言われたとしても、そんなもんいらない。やっぱりここに居たい。でもそのためには治山をしないと」

自然の摂理に向きあって、きちんと手入れをしていけば、川が氾濫することはないと確信があるのだろうか。

「いや、常に自然の方が上回るから、絶対大丈夫とは思っていない。でも今は酷すぎるから、治山をすることで危険性を低くはできる。その方が美しいし住み心地も良いと思う。だからそうしたい」

そして十月、ついに裏山の土砂と流木の整備を開始した。

二〇二三年秋、山を治める道筋

まずは散乱した流木を整理するため、軽トラが入れる作業道をつくる。自伐型林業の学校運営団体が施業できる日は限られていて、普段はTさん一人か、手伝ってくれる研修仲間とだけで施業していた。十一月に再訪した私は現場を見て驚いた。以前一緒に散策した裏山に新たな道ができている……！　流木は一ヵ所にまとめられ、同じ場所とは信じがたい整然とした風景が整いつつあった。

Kさんが流木にワイヤーをくくりつけ、Tさんが重機で持ち上げ移動する。「二人からできる治山」とはこのことだ。

しかし漫然と道をつくっていたわけではない。流木を再利用し、道に五〇センチおきに埋め込むことで補強している。山側から崩した土を谷側に盛る〝半切り半盛り〟という工法は残土も出さない。削る高さを一・四メートル以下に抑えているのは、これ以上高くすると崩れやすくなるからだ。谷側の盛り土部分は緑化し、植物の根を張らすことで地盤を固くする工夫も凝らしている。

沢を跨ぐ部分には橋を架けず、常時、道の上に水を流す〝洗い越し〟工法でつ

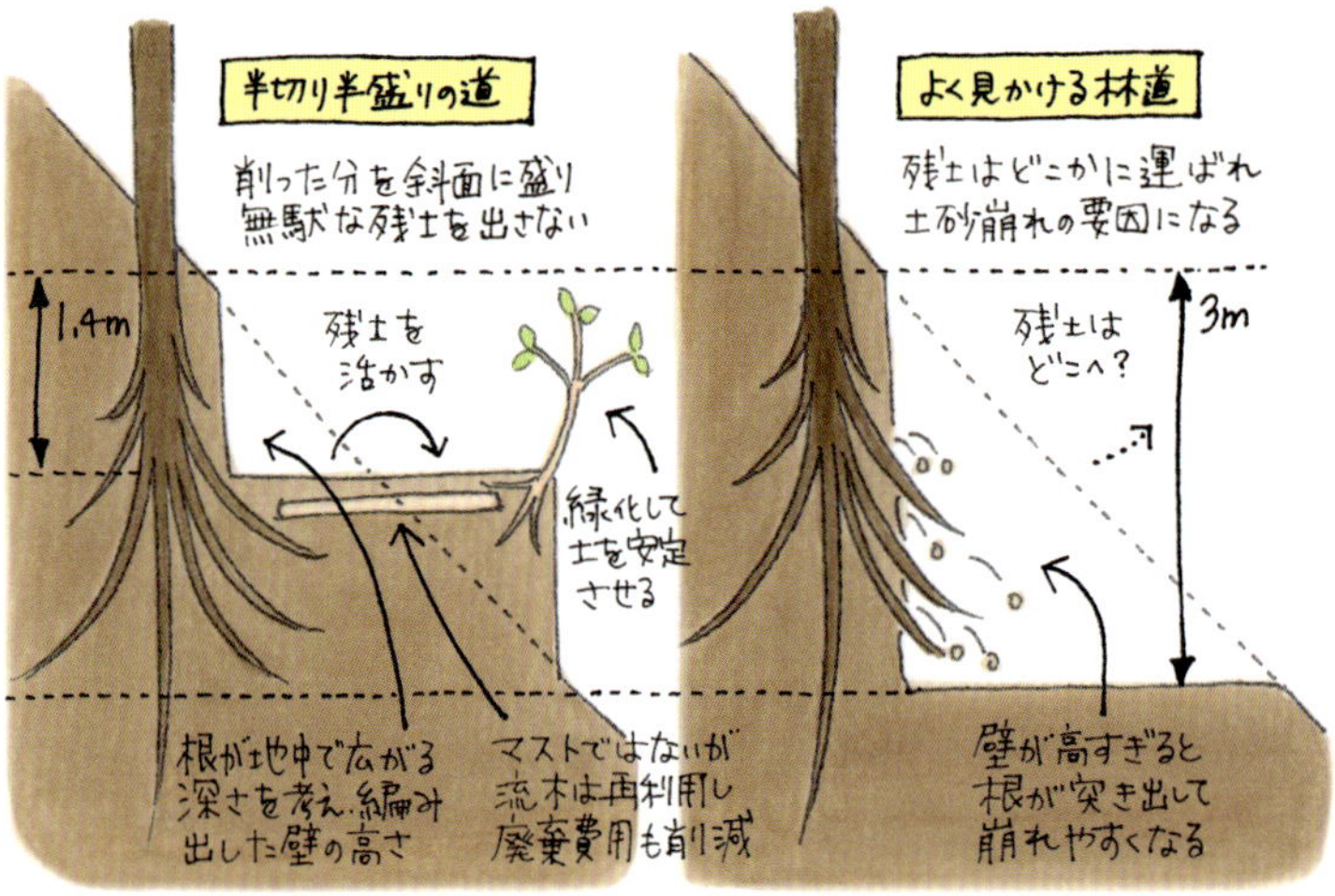

くられていた。重機を使いながらも細やかな細工が施され、生態系や水の流れを極力壊さないケアがなされている。

　裏山の西側から円弧を描きながら東側の神社につなげる予定の道は、すでに神社に至る急勾配の手前に達し、これから最後の難関に取り掛かるところだった。積雪と重機の返却期限が迫る中、駆けつけた研修仲間とともに、夫妻は日が暮れても施業に取り組んでいた。

　見かねた私の夫は同行した友人とともに風呂建設の基礎工事を手伝い、土砂降りの雨の中、ミキサーでこしらえたコンクリートをせっせと流しこんだ。

　皆でウッドデッキで休憩していると、傍にも働く人たちの姿があった。行政の災害復旧事業で川にコンクリートの擁壁をつくっている作業員たちだ。Y邸のミキサーとは比較にならない大きなミキサー車から吐き出されたコンクリートが、重機で吊られた生コンバケットから続々と河岸に流し込まれていた。似たような作業の後だけに、お茶のあてにして皆で興味津々に眺めてしまった。

「おつかれさま」と思いながらも、あの美しかった石垣がコンクリートの擁壁に塗り替えられていくのはただ寂しく、けれど成す術もなく見つめることしかできなかった。

風や水をいなす先人の知恵

　治山の傍ら、黙っていれば進んでしまう風車建設も気になっていたY夫妻は、十二月にシンポジウムを開催した。「巨大風車建設計画地　その足元を考える～山と人のいとなみ～」と題し、日本各地で生物多様性の保全に尽力する環境活動家の坂田昌子先生に登壇してもらった。東京からオンラインで参加した私は、気が重い内容だろうと案じていたが、そんな杞憂はあっさり裏切られた。坂田先生のお話がとても面白く、参加者も不思議と楽しそうだったのだ。

　各地の土砂災害は、どのような仕組みで起こっているのか、道路の下でいったい何が起きているのか。山から流れてきた水はアスファルトの道路に浸透せず、道下に潜り込み、空洞を少しずつつくり拡げ続け、何かのきっかけで一気に雪崩れ打つ。

　物心ついたときにはすでにアスファルトで塗り固められた環境で育った私には、想像もつかない地中の世界。考えてみればこれだけ身近に溢れているのに、コンクリートのことも、アスファルトのことも、よくわかっていなかった。

　坂田先生は、Y邸近隣にあるアカタン砂防や、武田信玄がつくった山梨県釜無川の霞《かすみ》堤を例にとり、昔の人が水や風を〝いなす〟技を持ち、日本人はそれに長けていたと話していた。〝いなす〟、いかにも日本らしい良い言葉だ。

　当時の人の技術を支えていたのは環境を見極める目だ。風についても日本語には二千以上もの名称があるという。つむじ風、疾風《はやて》、そよ風、春一番、東風《こち》、貝寄せ、薫風《くんぷう》、青田風、盆東風《ぼんこち》、野分《のわき》、いなさ、金風、木枯らし、おろし、空っ風などが紹介されていたが、書き出したらキリがない。日々の暮らしで活かしたり、いなしたりするためには、風の性質を見極め、知る必要があったのだろう。

　そんなふうに、先人たちが築いてきた豊かな知恵があったのに、高度経済成長期以降、何もかもコンクリートで固めるだけになってしまった。頑強であるほど環境との調和力は弱く、想定を超える災害があったときの被害も甚大になる。

　けれど堅固な物にすがりたいだけならまだ理解できる。問題は日本の土木事業が本当に必要なものをつくるためだけではなく、しばしば経済を回すことを目的化していることだ。戦後長い間、インフラ整備事業頼りで地方の雇用を賄ってきた弊害だろうが、効力の疑わしい巨大な砂防も、補助金目的で建設ラッシュの風車やソーラーパネルも、本当に必要なのだろうか。そして地元の方たちは、本気でそんな風景を望んでいるのだろうか。

　シンポジウムで一番心に残ったのは、坂田先生の「風景はそこに住む人の思想」という言葉だった。


　兵庫県豊岡市は「コウノトリと暮らす町」をテーマにかかげた街づくりをしているそうで、きっかけは一枚の白黒写真だったという。川にたたずむコウノトリの大群の中、水牛をひきながら歩く村人が写った昔の写真を見て、「あたりまえにあったこの風景を復活させたいね」と皆が思い、一度は絶滅したコウノトリを繁殖させ、野生復帰を実現させた。今ではコウノトリがいる農耕地の畦道を、登下校中の子どもたちが歩く風景が日常的に存在しているという。

兵庫県豊岡市の日常風景

　きっと多くの人が「たかが風景」と思うのだろう。でも故郷を思うとき、まず思い浮かべるのは風景だ。都会に出た子どもたちが、いつかは帰りたいと思える風景が、そこになくて良いのだろうか。

　この年の夏、夫の故郷、和歌山県の居酒屋で歓談していたとき、ふいにおかみさんが言った言葉を思い出す。

「帰ってこなくなったのは、あんたらの世代以降やね」

　一九八四年に上京した私の夫のことだ。確かに夫より年長の親類には、一度は上京しても早めに故郷に戻って事業を始めた人もいる。ほんの一例だけで単純化はできないけれど、私はそのおじさんと夫の違いをずっと考えていた。そして風景という問題に思い至った。

　夫の故郷の街は、街の真ん中にあった丘を切り崩して開発された歴史がある。坂が多くて不便だし、消し去りたい過去の記憶もあったのだろう。丘が切り崩されたときは便利になって喜んだと、そのおじさんも言っていた。他所者である私にどうこう言う資格はないが、おかみさんが言っていた世代論は、開発前の風景を知っているか知らないかの違いなのではないかとも思えたのだ。

もともと故郷に愛着を感じていなかった夫だが、その度合いは帰るたびに増している。綺麗になるほどよそよそしく、もはやショッピングモールの城下町と化した現在の風景を慈しむのは難しい。

それは都会でも同じことで、都内にしては緑が多い私の住む地域でも、年々畑が潰され、跡地に建つのはよそよそしいなりをしたマンションや建売住宅群ばかりだ。豊かな文化を発信する本屋が潰れた跡地には、すでに溢れかえっている薬局がまた出来た。悲しいけれど、「ああ、このつまらなさがこの街の住む人の思想なのか」と合点がいってしまう。

家も風景をかたちづくる大きな要素だ。間取りに始まり、家の中ばかり覗いてきたのに、納屋ハウスを覗いていたらいつの間にかひっくり返って見えてきたのは周囲に広がる緑豊かな風景だった。誰にとっても心の拠り所であるはずの風景に、どんな開発事業社だろうと土足で踏み込んで良いわけがない。

「自然エネルギーなら悪いものではないのだろうから」「お荷物になっている山林を活用してくれるのなら」「皆がそう言っているから」など、世間への気遣いや自分の後ろめたさはいったん横に置いてもらって、素直でわがままな願望を聞いてみたい。

どんな風景の中で暮らしたいですか？

長く生きると、大人の事情に埋もれてしまって、自分の本来の願望ほど見極めるのは難しくなってしまう。でもその答えはきっと、時代で変化する経済状況に左右されない、子や孫の世代にまで共感される幸せのかたちであるはずだから、誰に遠慮することなく、自信を持って言葉にしてほしい。

二〇二四年夏、水の道を蘇らせる

シンポジウムを無事に終わらせた直後、夫妻は裏山の道を完成させた。積雪前の駆け込みはもはや年末の風物詩だ。

それにしてもたった二ヵ月で道までつくってしまったTさんに、私は感心を通り越して呆気に取られていた。実直で前にしか進めない。でもその分自分の願望がわかっていて、迷いがなくて力強い。その瞳の先にはきっと、私なんかの濁った目には見えない遠くの風景が広がっているのだろう。だからまっすぐ進んでいけるのだろう。

けれど散乱した流木を片付けたからといって治山が終わったわけではない。むしろここからが始まりだ。

二〇二四年六月、夫妻は坂田先生を講師に招き、生態系のレベルから裏山を蘇らせる長期的なプロジェクトを開始した。私も参加した八月開催の二回目のワークショップには二二名が参加し、中には母親がこの集落出身という中学生もいた。福井新聞でこのイベントを知り、夏休みの自由課題のテーマに選んだという。二年前の水害でどんなことを感じたのか、真剣な眼差しでレクチャーに聞きいり、作業に勤しんでいた。

自伐型林業は個人でも木を伐採できるよう、極力環境を壊さない作業道づくりを行うが、坂田先生はより生物に寄り添うかたちで、土地ごとの生態系を見極め、環境に適した保全活動を行っている。水の流れは特に重視しているようだ。

「水はとても頑固で、人間が地形を変えようが、コンクリートで固めようが、地中に潜り込んででも、流れる方向を絶対に変えません。だから昔の人は水には逆らわなかった。方向が変えられないならゆっくり行ってもらうしかない。しがら組みも石積みもそのためにあります」

〝しがら〟は〝しがらみ〟と同じ意味で、枝と枝がしっかり組まれて身動きが取れない状態のことをいう。『万葉集』にも出てくるそうで、今では悪い意味ばかりで使われている言葉が、昔は良い意味でも使われていたことが新鮮だった。

明日香川しがらみ渡し塞《せ》かませば
流るる水も のどにかあらまし
柿本人麻呂が天智天皇の皇女、明日香皇女《あすかのひめみこ》を偲んで詠んだ歌。「しがらみを組めば明日香皇女の魂が去っていくのも緩やかになるだろうに…」との思いが込められている
しがら組み
土に深く食いこませ、固定した枝を基に次々と枝を絡ませて外れないように固く組んでいく。枝の間には落ち葉をぎっしり詰めて隙間に水を通すことで流れを緩やかにして土砂を止める。簡単そうだが、やってみると、枝がポキポキ折れて、かなり難しい
離れたくても離れられない
それが〝しがらみ〟
動かない
水の流れる箇所でコケが生えていない場所などを見極めて設置する。植物の根はしがらを好みしがらに向かって根を伸ばす。草が生えたら、しめたもので植物の根で自然と強度も増していく。環境の自己治癒力を活用している

沢をまたぐ作業道の〝洗い越し〟部分から下流の谷側にかけて、水が枯れているのを見た先生は、〝洗い越し〟に使った地中の丸太を外すよう指示し、中の土がグライ化（長期間水が滞留し、酸素が欠乏することで土の鉄分が還元されること）していることを発見した。グライ化した土は粒子が泥より細かく、空気や水を通さず滞留させてしまうのだそう。掘り出した土は藁をすき込み再生させ、〝洗い越し〟には、水が濾過され通りやすい石積みをつくることにした。

制作途中で放置すると崩れてしまうため、石積みはその日のうちに完成させなければならない。時間内に終わらず日も暮れてきたが、完成を見届けたい多くの人が残って作業を手伝った。そして辺りがすっかり暗くなった夜の七時頃、立派な石積みが完成した。

翌日、東京に帰る前に立ち寄ってみると、石積みの隙間から澄んだ水がちょろちょろと流れていた。

Y邸近隣にあるアカタン砂防は、やはり土砂災害に悩まされた明治時代、地

大きな石を根石にして、かたちを見極めながら積んでいく。内部には片手で握れるサイズのグリ石と藁がミルフィーユ状に詰まっていて水を濾過する。完成直後に台風10号が来たときには、根石の隙間から透き通った水が溢れだした

域の人たちが協力しあって築いたえん堤や護岸だが、これはそのミニバージョンのようだった。いまだに周辺地域を守って水田を潤し、緑豊かな風景をもたらしているアカタン砂防を眺めていると、先人に感謝する気持ちが自然と湧いてくる。私たちも、小さいながらも一つの風景を築いたのだと思うと感慨深かった。

　Y夫妻はあと数年かけてこの谷を再生させていく予定だが、ここがひと段落すればまた別の場所に赴くのだろう。

　それにしてもワークショップのために用意した石は合計五トン。軽トラいっぱいに積んでおよそ一三杯分だ。どこからそんな大量の石を集めたのか伺うと、

「知り合いの方が畑から出てきた石や藁をわけてくれたの。しがらに使った枝は、近所の県道沿いで桜の木を剪定していた方から譲ってもらえた」とKさん。

　石も藁も買おうと思えば買うこともできる。しかしそれは単なる〝消費〟でしかない。複数の場所に何度も取りに伺うのは確かに手間だが、そうした手間をかけることで、消費行動では絶対手に入れられない宝を夫妻は得ていた。

「畑から出てきた石なんて、その人にとってはただの邪魔者でしかない。重くて動かせないからしょうがなく放置していたものを貰ってくれたらスッキリするし、もしかしたら石を置いていた場所も畑にできるかもしれない。こっちもありがたいし、ウィンウィンの関係だよね。でもきっと彼にしてみたら謎なんだよ。自分が邪魔に思っていたものを欲しがるなんて〝一体何に使うんだ？〟って。どうせならそれが活かされて、喜んでる姿も見てみたい。そう思って見に来てくれるんだと思う」と、Tさん。

　実際、石を譲ってくださった方も藁を譲ってくださった方もワークショップに参加し、ともに楽しく作業をしていた。

「出どころのわかっているもので、この山が整備されていくのも嬉しい」

　そう微笑むKさんは、できあがった石積みやしがらみを見て、石がもともと置かれていた畑の広大な風景や、県道沿いに舞い散る桜を思い起こす。

　夫妻の周囲には、神奈川で街暮らしをしていたときには想像もできなかった人との縁が絡みあい、しがらのようにたおやかだが、頑強な根城が築かれていた。

　きっと年末にはまた恒例の風景を見せてくれるのだろう。積雪前にワタワタしながら、誰かに手伝ってもらって風呂を建設している夫妻の姿が、今から目に浮かんでくる。

終章——記憶の中の家を俯瞰する
増築を重ねて迷宮化した、昭和初期の文化住宅

著者の生家

祖父の持ち家｜O家：11DKS＋書庫＋土間、M家：4DK（二世帯住宅）
面積不明｜東京都

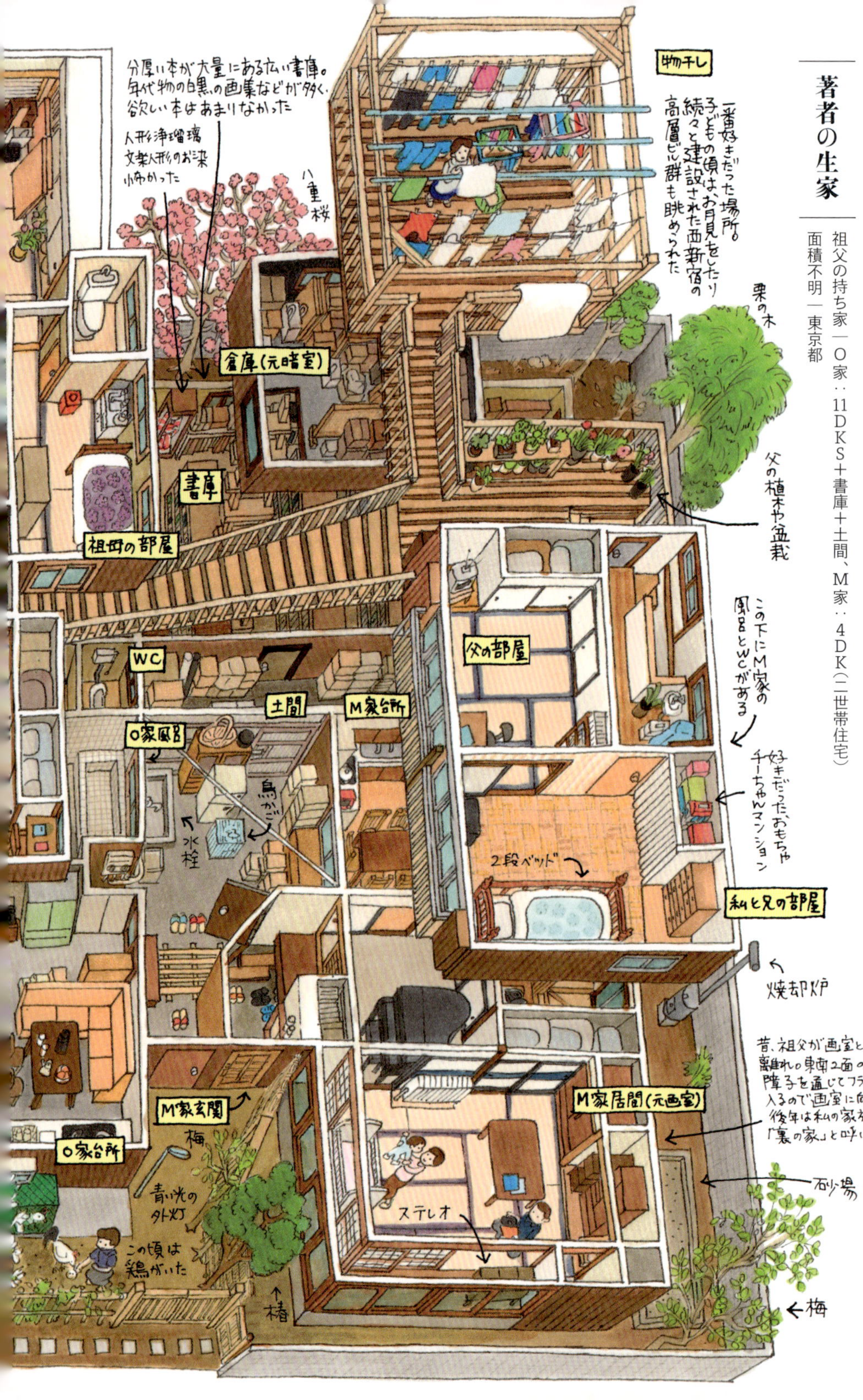

1978.4.

祖父の画室
竹
T伯父一家の部屋
祖父とY伯母の部屋
ブランコ
ししおどし
灯篭
沈丁花
百日紅
茶室
副画室
K伯母一家の部屋
つつじ
棕櫚
金木犀
O家玄関
茶の間
松
応接間
バラ
こぶし
枇杷
大谷石の門の石柱。幾何学的な意匠は、フランク・ロイド・ライトの帝国ホテルの内装に似ており、当時の流行が伺える
この家で一番高い泰山木の木に登るのが好きだった
応接間は典型的な文化住宅の洋室。窓の鉄製グリルや、庭のスペイン瓦に昭和初期の面影が残っていた
私の家族、M家はこの路地から出入りしていた

記憶の中の家

最後に私の生まれ育った家を描いた。一九九三年に建て替えられたこの家で、私は成人するまでの二〇年間を過ごした。おおまかに言うと、表玄関に面した左側が母の実家のO家で、土間を挟んで右側に私の家族M家が住み、「裏の家」と呼ばれていた。

昔住んでいた家を記憶を頼りに描くというのは、本書の意図から大きくくずれるのではないかと躊躇していたが、いざ描き始めると、作業自体は他の家を取材して描くのとさして変わらなかった。

ここまで明確に描けたのは、この家を壊すときに二〇歳の私が詳細な写真記録を残していたからだ。本書の取材では一軒につき三〇〇〜八五〇枚もの写真を撮ったが、まだフィルムだったこの時代に私は、スナップ写真には決して映らないトイレから倉庫まで一九〇枚の写真資料を残していた。まるで未来の自分にこの家の俯瞰図を描けと言わんばかりだ。

写真を頼りに俯瞰図を描き起こす作業は、取材してから三日後に描くか、三〇年後に描くかの違いしかなく、そう考えればどんな家も、〝記憶の中の家〟と言える。一度しか訪れていない家の場合、間取り図がないと距離や空間把握が難しいけれど、まだ感覚も研ぎ澄まされていた人生最初の二〇年を過ごしたこの家の空間は、まるで昨日まで居たかのように身体感覚に刻まれていた。M家の玄関から土間を通じてO家の台所へと毎日行き来していたが、その段差を跳ねるようにステップする子どもの軽い足取りを、脳内で自由に再生できるのが愉しかった。

洋館と棕櫚のある風景

描いたのは一九七八年の春の様子だ。妹が生まれたばかりで、翌年にK伯母一家が引っ越すまでのこの一年は、私の家族の他、祖父母とT伯父一家、Y伯母とK伯母一家の総勢一五人が賑やかに暮らしていた。世間では核家族化が始まったばかりの時代の東京で、これだけの大所帯は特異だったと思う。多くの大人に見守られ遊び相手にも困らない。子どもにとっては恵まれた環境だった。

でも当時は核家族でマンション住まいの友だちの家の方が垢抜けていてかっこいいと憧れていた。自分の家はなんとなく古臭くて冴えない家だと思っていた。

三〇代の頃、落合の文化住宅街を散歩したことがある。広めの庭に、洒落た洋風の応接間と背後に連なる日本家屋。これが文化住宅というものかと人ごとのように鑑賞していたが、ときおり見かける大谷石の塀や棕櫚の木には見覚えがあった。生家の応接間の前にも三本の棕櫚があり、うっすらと南国風を漂わせるそのたたずまいが好きだったのだ。

昭和初期から中期にかけて流行した棕櫚の庭木は、東京のどこでも見かける光景だと思っていたが、もともとは文化住宅の洋館とセットでアピールされていた様子を知り、そういえば自分の生家も純和風ではなかったと遅まきながら気がついたのだった。

スパニッシュスタイルの残り香

　そういう視点で資料写真を眺めていくと、当時は気にも留めなかった点を発見する。幾度も増築を重ね巨大化したこの家は、建築当初の原型も霞み、設計意図などまるでわからなくなっていたが、応接間周辺にだけその名残りがあった。荒い仕上げの白い壁、庇の青いスペイン瓦、側壁の窓の鉄製グリル、それらは大正末期から昭和初期にかけて流行ったスパニッシュスタイルに見られる洋式だ。

『【新版】図説・近代日本住宅史』（内田青蔵・大川三雄・藤谷陽悦編著／鹿島出版会）の「スパニッシュスタイルの流行」の章によれば、W・M・ヴォーリズが日本で広めたこの洋式は、一九二二〜二九年までが導入期で、一九三七年までが普及期（丸山雅子）とされている。

　国土地理院のサイトで閲覧できる昔の航空写真でこの家の位置を確かめると、一九三六年にはまだ一面畑だらけだが区画整理のみされている。一九三三年に最寄り駅が開業したため、分譲して売り出そうとしていた頃なのだろう。そして一九四一年には、同じような敷地サイズの邸宅が何軒も並んでいた。

　新宿以西の武蔵野大地が現在のような住宅街として開発されたのは関東大震災のあった一九二三年以降のことだ。大正時代の自由な雰囲気の中で開発されてきた和洋折衷の文化住宅を分譲し、東京の西側に田園都市的な風景を築こうとしていたことが伺える。おそらくこの家もそうした流れの一貫で、スパニッシュスタイルが一般に普及した一九三七年くらいに中産階級向けに開発された、ちょっと豪華な建売り住宅だったのだろう。

　けれど続けて航空写真を見ていくと、一九四七年には向かいの四軒がきれいになくなっていた。戦争の爪痕だ。東京大空襲は下町だけでなく、当時郊外だった東京西側の一部にも襲来していた。祖父が中古で売り出されたこの家を購入したのは戦後の一九五一年なので、その前にどんな人が住んでいたのかわからない。

　戦時中、一家を他県に疎開させていた祖父は、戦後一足先に東京に戻り、混乱が落ち着いてきたのを見計らってこの家を購入し、家族を東京に呼び戻した。当時一〇歳だった母の記憶では、その頃は近隣の家の庭にもまだ防空壕の跡が残っていたと言う。家の歴史を紐解いていくと、昭和初期に存在していた都市計画のヴィジョンが、戦争でリセットされた様子が生々しく蘇った。

私の家族と高度経済成長期

　その後の航空写真もつぶさに眺めていくと、一九五六年には田んぼだらけだった近隣の川辺も、七年後の一九六三年には住宅でびっしり埋まっていた。戦後の住宅難の解消が急がれたこの時代は、家の工法も土壁などの湿式から、石膏ボードや合板を張る乾式へと変わった時期であり、家も大量生産が可能になっていったのだろう。翌年にオリンピックを控えた東京の再開発の勢いが感じられるが、昭和初期には存在した都市計画は、どこへ行ってしまったのか。

母には六人の兄弟姉妹がいた。コロナ禍のおうち時間に家の片付けにハマっていた母は、古い8ミリフィルムを掘り出してデジタル化できないかと私に頼んできた。専門業者に依頼しデータ化してもらうと、そこには私の知らない時代、一九六〇年前後のこの家と家族の姿がいきいきと記録されていた。

まだ元気だった祖父がステテコ姿でラジオ体操をしたり、庭の石からおどけてジャンプする姿。改築前の台所にはタイル製のシンクがあり、そこで洗い物をしている祖母の姿。茶の間の火鉢で魚を焼きながら姉たちと食事をする母の姿。庭には二匹の犬もいて、私が子どもの頃にはペットを飼うなら家出すると嫌がっていた祖母が餌をやっている（世話をするのはいつも自分だから嫌だったのだろう）。

そこに映る祖父や伯母や叔父は、私が知っていたのとはちょっと違う、もっと安心しきったような天真爛漫な笑みをたたえていた。自分が生まれてくる前に、この家に流れていた穏やかな時間を垣間見て、何もかもが新鮮だった。

母によれば、もともとは広い裏庭があり、小さな二階と、細い通路を通じた離れがあるだけの、もっとこじんまりした邸宅だったという。土間を拡大し、書庫や暗室、二階の画室、物干しという風に数年おきに増築されていったようで、M家の台所と二階ができたのは私が生まれたあとの一九七七年だから、うっすら記憶に残っている。

母の兄弟姉妹が結婚ラッシュを迎えた一九六〇年代は、人の出入りが激しく右往左往していたようだ。最終的に母と伯父がこの家に残ったのにはさしたる理由もなく、ただのなりゆきのように感じられた。家に対する思い出は住んでいた人の数だけ存在するが、私が描けるのは自分が見た風景でしかない。

ホーム・スウィート・ホーム

広くて増築できた分、ありえないほど巨大化し、建築意図も不明瞭になってしまった建物は、そのまま家族の混乱を表しているようでもあったし、時代の勢いに押されながら、ただ蒙昧に邁進していたこの時代の日本の姿のようでもある。

迷宮化した我が家には、ほとんど足を踏み入れたこともない謎の空間や怖い場所もたくさんあった。日常のすぐ隣に未知の領域があるという感覚は、世の中はきっと目に見えるものだけではなく不思議なもので満ちていると教えてくれた。

多くの人間に囲まれながら育ったことは、多様性や、高齢者のゆったりした時間の流れに足並みを揃える優しさも教えてくれた。大人になって核家族で育った友人の悩みを聞くにつれ、親以外の逃げ場があった幸運も噛み締めた。

そして何より、画家だった祖父を傍らに見て育ったことは確実に、この歳までまがいなりにも絵を描き続けてきた原動力になっている。幼い私にとって祖父は得体の知れない存在で、どこか妖怪じみていた。それこそ日常の隣に存在する異形のものだ。妖怪と一緒に住んでいることが、私はとても嬉しかった。なんなら一〇〇歳を境に若返り、二〇〇歳まで生きるんじゃないかと本気で思っていたのに一〇一歳で亡くなったのでびっくりした。最後まで好きな絵を描いていた祖父を見ていたから、好きなことをするのが一番正しいと迷いなく思えた。いろんな意味で、本当に恵まれていたと思う。

けれど成人する頃の私にとって、この家は一刻も早く出たい場所に変わっていた。祖父が亡くなる前後で、家の中が慌しかったせいもある。大勢いるけれど、誰にも分かってもらえない。だから一人でいるよりも、余計に淋しい。そんな風に感じていた。家に帰りたくないばかりに、美大で遅くまで絵を描いていた。家から逃げ出したいばかりに、一人で旅するのが好きになった。

矢野顕子の「Home Sweet Home」という曲の冒頭に、「大きい家　小さなアパート　人が寝るところ　どこも少し淋しいね」というフレーズがあり、心を掴まれた。「誰もわかってくれないの　ここにいられない　やっとひとりになれるね」という言葉に共感し、「壊した家をつくる」という矛盾に涙した。今思えばこの曲は、男女間の心のすれ違いを歌っていたのかもしれない。けれど、当時の私にはまるで違う響きを放っていた。

〝家〟というものは無機質ななりをしているのに、その内部にはどうにもダメでドロドロした〝家族〟というものを内包している。けれどそれをおくびにも出さない。なんて淋しいたたずまいなのだろう。そんな風に感じていたから、家の絵を見るのも描くのも好きになった。

俯瞰図制作という遺品整理

東京のどこでもそうであるように、今の実家は土地の一部を売り払い、残ったスペースに私の両親と伯父の一家が住んでいる。別個になった二軒の家に、特に思い入れはない。相続できる財力もないので、おそらくあの土地に戻ることはないのだろう。生家というのはそんなもので、誰かにバトンタッチされていく。

三〇年のときを経て描いたら、もう少し懐かしく感じるのかとも思ったけれど、そうでもなかった。私にとって絵を描くという行為は、あまり感傷的ではない。むしろ未整理な感情を画面に定着させることで、成仏させるのに近い。特に俯瞰図は、ほとんどが膨大な情報整理だから、そのモチーフが実家ならなお、遺品整理に近いのかもしれない。

無駄に長い反抗期がようやく終わった今だから、素直に描くことができた。〝あの家〟を描くと言うと母は嬉しそうだった。わからないことがあると何度も電話して質問したが、懐かしい記憶をたぐるのが楽しいのか、些細なことでも答えて協力してくれた。

ただ描きながら、土間の通路部分にだけなぜかノスタルジーを感じていた。あそここそが両家をつなげていた絆であり、私にとっては異空間へワープする、あの家の象徴だったからかもしれない。

あとがき

現在の家に落ち着いて三年ほど経った二〇一四年、ふと思い立ち、我が家の俯瞰図を描いた。いろんな人の暮らしを俯瞰図で楽しみながら、住まいについても考えられる本がつくれないかと、本書の構想をぼんやりと思いたったのだ。

友人知人にお願いしていくつか俯瞰図を描かせてもらったが、いざ文章を書こうとすると何を書けば良いのか見当がつかなかった。そのうち仕事が忙しくなり、しばらく忘れてしまっていた。

二〇二二年の初頭、あるきっかけで再びこの本に取り組み始めた。一邸宅分の文章とイラストを仕上げて工作舎に持ち込んでみたところ、なんと出版していただけることになった。

その夏から本格的な取材を開始した。依頼をし、日程を調整し、インタビューをして文字を起こす。今まで文章を発表したことはたった一回きりなので、ほとんどすべてが初めての経験だった。

文章を書くのは美術と似ている。慎重に言葉を選ぶのは絵の具の色を選ぶようで、文節をつけたりとったりしながら推敲するのは粘土で造形するようだ。そうしながら求めるイメージに近づけていく工程は美術と同じく楽しい作業だった。建築にもインテリアにも詳しくないけれど、住民を主体に見極めていけば書くことができた。それは仕事で実在人物のリアルな人形をつくるのと同じように、少しだけ魂を削る作業でもあった。

俯瞰図はなるべく全体を見せながらキーポイントにパッと目がいく構図を決めることが重要だ。アングルにより描けない部分も出てくるため、どこを犠牲にするか判断するのは難しい。でも構図を考えるときが一番面白い。建築図面ではないので現場でサイズは測らない。感じた印象第一に、重要な箇所は実寸より大きくするなどデフォルメもする。複層階の建物などは、なるべく全フロアを隠さず見せるため大きな〝嘘〟をつく。騙し絵の調整弁として階段を利用するため、どの家も階段や梯子が急勾配になってしまったのはご愛嬌で。

当初は絵と原稿を同時に進めていたが進行が遅く、なかなか本の全体像が把握できないため、途中から原稿を優先して進めることにした。そのため、ほぼ原稿を書き終わったこの夏以降は豪快に広げた風呂敷の回収が待っていた。溜まりに溜まったイラストラフを仕上げなければならない。序章に描いたロフトのアトリエは、今年のような酷暑だとエアコンをつけても三五度以下に下がらず、汗が垂れないように腕サックをつけながら大量の細かい線を描いていくのは息の詰まる作業だった。でも色を塗り始めると、まるで息を吹き返すように命が宿り、現場の匂いまで蘇ってくるようだった。

オールカラーを最大限に活かすため、ほぼ全ページに入れたイラストカットは、俯瞰図に描ききれない箇所を説明するためにも必要だったが、こればかりは何度、「写真なら一発だよね……」と脳裏をよぎったかわからない。大量の空き箱だらけの部屋を描いているときなど、私はいったい何をしているのだろう……と冷静にならざるをえなかったけれど、ＳＮＳに飽和する写真表現にはない何かをきっと感じていただけるはずと念じながら四ヵ月、なんとか完遂したのが昨日のこと。さすがに精魂尽き果てた。

取材先は口コミを頼りに慎重に決めていった。四半世紀のおつき合いの方もいれば、初めて出会った方もいる。つき合いが長ければ書きやすいかと思ったらむしろ逆で、よく知っているほど、どこを切り取って伝えるべきか迷ったし、知っているようで知らないことも多かった。

自分の関心領域ゆえ、クリエイターの方が多くなってしまったのは否めない。面白い家を探していくと、結果的に創作活動をしている人に行き着くことも多かった。また遠方取材も行ける範囲に限界があり、国内は関東と近畿の間に限られた。またの機会があるなら北海道や沖縄、海外も取材してみたい。

都会志向と田舎志向、どちらのお話もバランス良く伺いたかった。どう生きるか真剣に考えて暮らす人の言葉には含蓄があり、それぞれに頷けるところがあった。取材を進めるうちに、シェアして助けあう暮らしを手探りする人々の姿も浮かび上がってきた。東日本大震災以降、個人主義や競争が行き過ぎた社会に疑問を感じる人が増えたのだろう。またコロナ禍の影響も見逃せなかった。リモートワークを効率的に感じた人もいれば、不便に感じた人もいる。「おうち時間」でＤＩＹに励むなど、家に直接的に及ぼした影響も大きかったようだ。

過去を振り返れば、関東大震災以降に鉄筋コンクリートが普及し、阪神・淡路大震災以降には耐震基準が厳しくなるなど、災害が家に及ぼす影響は常に大きい。東日本大震災後に構想し、コロナ禍を経て本書を完成させるまでの十年間は、温暖化による災害級の酷暑や、各地で頻繁に起こる集中豪雨による洪水や土砂災害も見過ごせなくなった時代だった。

福井県のＹ邸は家がほぼ完成した時点でまとめるつもりだったが、取材直後に被災し、災害という問題に向きあわざるをえなくなった。これまでボランティアさえ経験してこなかった私が、被害に見舞われた方の気持ちに寄り添うことができるのかと迷ったが、夫妻の了解を得て復旧の過程も見守らせていただいた。諦めずに問題に向き合い克服していく夫妻の姿には、多くを学ばせてもらった。

そしてＹ夫妻だけではなく、本書に登場していただいたすべての方に多大な示唆をいただいた。古いものを愛しむ感覚に共感を覚えることが多いのは単なる懐古主義ではなく、第二章のＦ夫妻と同じく、私も手で物をつくるのが好きなため、質感を重視するからだ。

絵と文章、どちらかが脇役ではなく、どちらも主役で拮抗するような本が欲しい。でもなぜ少ないのだろうとずっと疑問に思っていたけれど、そういう本をつくるのは大変だからだと、実際につくってみて思い知った。

本書は工作舎の佐藤ちひろさんが作成したインデザインのドキュメントに、私が直接原稿を書き、イラストラフをレイアウトしながらつくりあげた。どんなサイズのイラストでも嵌め込むことのできる汎用性の高い組版にはとても助けられ、自在に表現することができた。ポップでキュートでありながらも洗練されたカバーデザインも素晴らしく、人にデザインしていただける贅沢さを堪能した。

本書でやりたかったことをすべて肯定してくださった編集者の石原剛一郎さんへの感謝は語るに足りない。慣れない執筆に不安を感じながらおずおずと原稿を提出すると、いつも余計な言葉一つ発せずプロフェッショナルな校正のみで対話をしてくださった。適切なアドバイスで拙い原稿がブラッシュアップされていくことに感激し、校正の中に書かれたほんの一言の激励ですべての不安が拭われた。取材に同行してくださった珍道中も楽しい思い出で、人生最後の走馬灯ストックにしっかり保存させてもらった。

面白い家に住むご友人を紹介してくださった奥村良太さん、桑島幸男さん、山田江美さん、二〇一四～一五年に俯瞰図を描かせていただいたけれど本書には掲載できなかった皆様、私以上に出版を喜び激励してくれ、なにくれと手伝ってくれた夫にも、心から感謝します。

そして何より、本書に登場してくださった皆様に最大の謝意を捧げます。プライバシー保護のため、お名前をあげることは叶いませんが、各方面で活躍される、尊敬する方々にご登場いただけたのは本当に幸せなことでした。大切な暮らしの舞台を惜しみなく披露してくださった一四世帯の皆様がいなければ、本書は成立しなかった。

絵画、造形、デザイン、漫画、執筆と、やれることはなんでもやり、側《はた》から見れば何がしたいのかわからない私だが、ボヤッとしたビジョンだけはずっとあった。

〝丹念に磨かれた宝石が連なってネックレス状の円環をなしているようなものをつくりたい〟

もちろん実際のアクセサリーをつくりたいわけではなく、まったく漠然としたイメージでしかなかったのだけれど、本書の完成が近づくにつれ、この本がそれだと気がついた。取材させていただいたお宅の一つ一つは、それぞれの住民が丹念に磨きあげた宝石のようで、それが一四個連なっている。留め具の金具は序章と終章で、私の〝現在〟と〝過去〟が円環を閉じて結んでいる。

そんな宝物を、高校生の頃から憧れていた工作舎で出版できたのは人生最大の喜びだ。今よりもっと面白そうな本が溢れていたあの頃、嘆息しながら眺めていた書店の棚にはいつも工作舎の本があった。難しくて読めなくとも、世の中にはこんなに未知の世界が広がっているんだとワクワクさせてくれた。この本がその末席にちょこんとならぶだなんて。

本書が誰かの手元に届き、末長く愛されていただけたら嬉しい。そんな未来を夢見ながら、長いこと握り続けたコピックマーカーをそっと納めます。

杉本彩子

二〇二四年、暖かい晩秋の夜に

杉本彩子（すぎもと・さいこ）

Kucci

1973年東京生まれ。武蔵野美術大学造形学部日本画学科卒業。デザイン事務所に勤務後、2001年からKucciのペンネームで、立体イラスト、平面イラスト、漫画、デザイン、執筆を手がける。雑誌の立体イラストや、TV報道番組の政治家人形など、造形物制作の他、建築、住宅関係誌、情報誌、絵本、教科書など、幅広い領域で独特なデフォルメを施した俯瞰イラストを制作。『名建築が生まれた現場　世界のトップ設計事務所』（日経BP、2016）で俯瞰イラスト、『ジャジューカ――モロッコの不思議議な村とその魔術的音楽』（太田出版、2017）に、イラスト・文章を寄稿。

Home Sweet Home

ホーム・スウィート・ホーム／杉本彩子

ホーム・スウィート・ホーム

発行日――2024年12月27日第1刷　2025年6月20日第2刷

著者――杉本彩子

編集――石原剛一郎

エディトリアル・デザイン――佐藤ちひろ

印刷・製本――シナノ印刷株式会社

発行者――岡田澄江

発行――工作舎 editorial corporation for human becoming

〒169-0072　東京都新宿区大久保2-4-12 新宿ラムダックスビル12F

phone: 03-5155-8940　fax: 03-5155-8941

www.kousakusha.co.jp　saturn@kousakusha.co.jp

ISBN978-4-87502-573-3

＊本書は、公益財団法人 窓研究所 2022年度出版助成を受け出版されたものである。